全国医学高等教育"十三五"规划教材

人际沟通

(案例版·第4版)

贾启艾　编著

东南大学出版社
SOUTHEAST UNIVERSITY PRESS
·南京·

内 容 提 要

人际沟通是研究人们相互之间交换信息、相互影响和作用的特点及其规律的一门学科。本书着重阐述人际沟通的一般概念、原理,人际沟通与人际关系的相互联系,人际沟通的具体手段,人际沟通的表现形式。该书信息量大,理论体系新颖独特;案例丰富,实训模式简便易行。每章后附有思考与练习题。

修订后的本书更适合于高等职业技术教育开设"人际沟通"基础课程的学生使用,也可作为有关专业的学生以及在职人员自学修炼的自助性教材。

图书在版编目(CIP)数据

人际沟通:案例版/贾启艾编著. —4 版. —南京:东南大学出版社,2019.6(2020.12 重印)
 全国医学高等教育"十三五"规划教材
 ISBN 978 - 7 - 5641 - 8441 - 4

Ⅰ. ①人… Ⅱ. ①贾… Ⅲ. ①人际关系 Ⅳ. ①C912.11

中国版本图书馆 CIP 数据核字(2019)第 113365 号

人际沟通(案例版·第 4 版)　　Renji Goutong(Anliban · Di-si Ban)

编 著 者	贾启艾
出版发行	东南大学出版社
出 版 人	江建中
社　　址	南京市四牌楼 2 号
邮　　编	210096

经　　销	全国各地新华书店
印　　刷	南京京新印刷有限公司
开　　本	700 mm × 1000 mm　1/16
印　　张	15.25
字　　数	303 千字
版　　次	2002 年 7 月第 1 版　2019 年 6 月第 4 版
印　　次	2020 年 12 月第 2 次印刷
印　　数	3501 — 6500
书　　号	ISBN 978 - 7 - 5641 - 8441 - 4
定　　价	48.00 元

(凡因印装质量问题,请与我社营销部联系。电话:025 - 83791830)
本书封面贴有东南大学出版社防伪标签,无标签者不能销售

案例版前言

沟通无处不在,无时不有。传播学名言:The quality of life is the quality of communication。但是,沟通就像水和空气一样的平凡,伴随着人们的生活。如果我们注意思考沟通问题,往往就是遇到了人际关系的麻烦:朋友生气地离开,生意谈不成功,恋人关系告吹,婚姻濒临破裂,等等。在这种情况下,我们应该"做什么""怎样做"?必须思考如何有效地进行人际沟通,如何改善人与人之间的关系。

本书所研究的就是人与人之间的沟通问题,为读者提供人际沟通具体的思想方法和行动方法,帮助读者理解和分析各种人际沟通现象,揭示人际沟通的规律。

1. 修订说明

历经近20年的岁月变迁,《人际沟通》前3版经过修订多次重印,已经不能够完全适应社会的发展和教学形势的变化,迫切需要修订。为此,在保持原有框架的基础上,为建立一个更加科学的人际沟通理论体系与教学体系,使人际沟通在理论上更系统,知识方面更全面,便于更多相关部门或机构选用,便于更好地教与学,作者根据20多年的人际沟通教学经验,结合教材使用单位和广大读者的反馈意见,大胆地突破原有的编写风格和体例,进行更大篇幅的修订,力图反映人际沟通的新理论、新技术、新方法,例如情商、网络沟通,等等。

2. 第4版特色

新版《人际沟通》的修订重点问题在于,第一,"学生怎样学?""哪些概念和原理是学生难以理解和掌握的?""这些概念和原理如何与学生的生活密切联系?"。第二,"教师怎样教""如何帮助教师理解教材""如何帮助课堂中的教师运用教材?"解答这些问题,始终是想像学生坐在教室里,师生一起讨论这些概念和原理,这就是写作新版《人际沟通》的情境。本书的核心概念和重要原理都使用了大量事例,从身边熟悉的人、日常的生活、平凡的工作、普通的校园生活中列举这些例子,尤其是影视作品中鲜活的案例,所有这些都是把理论运用于实践的最好方式。

3. 教学理念

本书研究的核心是如何掌握并运用语言和非语言技巧,建立巩固和谐的人际关系。因此,如何改进人际沟通技能将贯穿全书始终。本教材凸显"学生主体、能力目标、任务训练"的宗旨。对于老师来说,要秉承"授之以鱼,不如授之以渔"的观念;对于学生来说,要坚持"师傅领进门,修行在个人"的信念。师生营造"在快乐中学习,在学习中分享快乐"的氛围,生活化、创造性地分享人际沟通;学生在课堂上始终处于"三位一体"的情境中,即既是观众、演员,又是导演,在学中做、做中学、做中教,这样的教学过程就是师生将教材这一"脚本"的艺术创作成果,定格于特定荧幕的"课堂";教材也就成为教本、学本、练本"三本合一"的综合体。

4. 知识体系

本书分为五大知识论域:谁在沟通? 沟通内容? 如何沟通? 沟通形式? 沟通目的? 与之相对应的是五大知识模块——沟通的主体是人;沟通的内容是信息;沟通的手段是语言和非语言;沟通的形式是听说读写(倾听、交谈、演讲、阅读和书写);沟通目的是交流信息,和谐人际关系。

5. 结构体例

全书共分九章。第一章沟通概论,第二章人际沟通,前两章为总与分关系;第三章人际关系,与第二章为手段、目的关系;第四章言语沟通,第五章非语言沟通,这两章是人际沟通的具体手段;第六章倾听,第七章交谈,第八章演讲,第九章阅读和书写,这四章是人际沟通的表现方式。

6. 教学体系

本书的教学体系是以学生为主体,构建人际沟通的理论体系和训练体系,培养学生人际沟通的良好态度,提高人际沟通的能力,和谐人际关系。作为教材必须回答"学生怎样学",必须帮助教师"如何生活化地传授沟通的概念和原理",让学生好学,教师好教。

7. 教学手段

本书注重实用,力戒"说教型",力主"教练型",重点突出如何理解与实践,而不在于检验人际沟通的理论模型。课堂实践活动根据学习内容采取"读一读""想一想""议一议""做一做""看一看""链一链"等多种途径,助力提升人际沟通水平。

8. 装帧设计

影视海报,美观有趣;图表演示,直观醒目;漫画图标,雅俗共赏;内容编排,留有空间;思考练习,拓展视野。

贾启艾

2018 年 12 月

目 录

第一章 沟通概论 (1)
第一节 沟通含义与类型 (2)
一、沟通含义 (2)
二、沟通类型 (5)
第二节 沟通过程及其因素 (6)
一、沟通过程 (6)
二、沟通因素 (7)
第三节 沟通特点与功能 (9)
一、沟通特点 (9)
二、沟通功能 (10)
第四节 沟通模式 (10)
一、拉斯韦尔沟通模式 (10)
二、申农沟通模式 (11)
三、奥斯古德-施拉姆人际沟通模式 (12)
第五节 沟通能力及其培养 (13)
一、沟通能力及其必要性 (14)
二、沟通能力培养 (16)

第二章 人际沟通 (20)
第一节 人际沟通性质 (22)
一、人际沟通基本界定 (22)
二、人际沟通特征 (25)
三、人际沟通类型 (27)
第二节 人际沟通影响因素 (28)
一、移情 (28)
二、自我暴露 (34)
三、约哈瑞窗 (36)
四、情商 (38)
五、自我概念 (41)
六、人际信任 (46)
第三节 性格类型与人际沟通 (48)
一、内向性格与人际沟通 (48)
二、外向性格与人际沟通 (49)
第四节 网络沟通 (51)
一、网络沟通界定 (51)
二、网络沟通特点 (52)

第三章 人际关系 (55)
第一节 人际关系性质 (56)

一、人际关系含义与因素 …………………………………………（56）
　　二、人际关系特点 …………………………………………………（57）
　第二节　人际关系与人际沟通 …………………………………………（60）
　　一、人际关系与人际沟通辩证关系 ………………………………（60）
　　二、人际关系与人际行为模式 ……………………………………（62）
　　三、控制程度与人际吸引规律 ……………………………………（63）
　第三节　人际关系成功之道 ……………………………………………（65）
　　一、改善人际关系的三种行为 ……………………………………（66）
　　二、因应人际关系的三种心态 ……………………………………（68）
　　三、和谐人际关系的三种角色 ……………………………………（70）
　第四节　人际关系理论 …………………………………………………（73）
　　一、马克思社会交往理论 …………………………………………（73）
　　二、马斯洛交往需要论 ……………………………………………（74）
　　三、米德象征性符号互动理论 ……………………………………（76）
　　四、主体—环境相互作用论 ………………………………………（78）

第四章　言语沟通 ……………………………………………………………（83）
　第一节　言语沟通性质 …………………………………………………（84）
　　一、语言与言语的辩证关系 ………………………………………（84）
　　二、言语沟通的含义、类型和功能 ………………………………（86）
　第二节　言语沟通基本原则 ……………………………………………（88）
　　一、目的性 …………………………………………………………（88）
　　二、情境性 …………………………………………………………（89）
　　三、正确性 …………………………………………………………（89）
　　四、得体性 …………………………………………………………（90）
　　五、适应性 …………………………………………………………（91）
　第三节　言语沟通艺术 …………………………………………………（92）
　　一、言语精确 ………………………………………………………（92）
　　二、吐字清晰 ………………………………………………………（93）
　　三、语速适中 ………………………………………………………（93）
　　四、适度停顿 ………………………………………………………（94）
　　五、语气得当 ………………………………………………………（94）
　　六、语调协调 ………………………………………………………（96）
　　七、言随旨遣 ………………………………………………………（99）
　　八、幽默有度 ………………………………………………………（100）
　第四节　言语沟通综合应用 ……………………………………………（101）
　　一、言语沟通表达方式 ……………………………………………（101）
　　二、言语沟通应答艺术 ……………………………………………（102）

第五章　非语言沟通 …………………………………………………………（110）
　第一节　非语言沟通性质 ………………………………………………（111）
　　一、非语言沟通方式和含义 ………………………………………（111）

二、非语言沟通类型 …………………………………………(112)
　　三、非语言沟通特点与作用 …………………………………(113)
第二节　主要非语言沟通概述 ……………………………………(118)
　　一、部分人体语 ………………………………………………(120)
　　二、时间控制与空间控制 ……………………………………(128)
　　三、副语言 ……………………………………………………(129)
　　四、非语言沟通禁忌 …………………………………………(130)

第六章　倾听 …………………………………………………………(133)
第一节　倾听性质 …………………………………………………(134)
　　一、倾听相关概念 ……………………………………………(134)
　　二、倾听层次与倾听方式 ……………………………………(137)
第二节　有效倾听 …………………………………………………(139)
　　一、倾听障碍 …………………………………………………(139)
　　二、有效倾听艺术 ……………………………………………(141)

第七章　交谈 …………………………………………………………(148)
第一节　交谈性质 …………………………………………………(149)
　　一、交谈含义与特点 …………………………………………(149)
　　二、交谈过程 …………………………………………………(150)
　　三、交谈方式 …………………………………………………(150)
　　四、交谈态度与规范 …………………………………………(152)
　　五、交谈作用 …………………………………………………(153)
第二节　提问艺术 …………………………………………………(154)
　　一、提问作用 …………………………………………………(154)
　　二、提问类型 …………………………………………………(154)
　　三、提问方式与技巧 …………………………………………(155)
第三节　核实技巧 …………………………………………………(158)
　　一、反映与重复 ………………………………………………(158)
　　二、澄清与阐明 ………………………………………………(158)
　　三、沉默 ………………………………………………………(159)

第八章　演讲 …………………………………………………………(162)
第一节　演讲性质 …………………………………………………(165)
　　一、演讲含义 …………………………………………………(165)
　　二、演讲过程与特点 …………………………………………(165)
　　三、演讲基本要素及其相互关系 ……………………………(166)
　　四、演讲目的、类型与作用 …………………………………(167)
第二节　演讲写作 …………………………………………………(168)
　　一、选好讲题 …………………………………………………(168)
　　二、选好材料 …………………………………………………(169)
　　三、精心安排结构 ……………………………………………(169)
　　四、认真推敲语句 ……………………………………………(177)

第三节　演讲非语言表达技巧 (178)
　　一、表情 (178)
　　二、眼神 (178)
　　三、身姿 (179)
　　四、声音 (179)
第四节　演讲心态与上台演讲 (185)
　　一、演讲心态 (185)
　　二、上台演讲 (186)

第九章　阅读和书写 (191)
第一节　阅读性质 (192)
　　一、阅读含义和过程 (192)
　　二、阅读方法 (193)
第二节　阅读能力构成及其培养 (195)
　　一、阅读能力构成 (195)
　　二、阅读能力培养 (197)
　　三、提高阅读质量 (199)
　　四、图表阅读 (199)
第三节　书写性质 (201)
　　一、书写含义与要素 (202)
　　二、书写类别与类型 (203)
　　三、书写特点与功能 (204)
第四节　提高汉字书写水平 (205)
　　一、书写汉字基本要求 (205)
　　二、书写技能要求 (207)
　　三、书写速度与书写质量 (207)

附录 (213)
　　附录一　医学领域容易读错常用字 (213)
　　附录二　医学领域容易写错常用字 (218)
　　附录三　影得学习法 (222)
　　附录四　人际沟通英文词汇索引 (223)
　　附录五　《人际沟通》课程标准 (225)

参考文献 (230)
后记 (231)

第一章 沟通概论

本章目标

1. 解释沟通的含义和特征。(认知目标)
2. 识别沟通的过程、要素。(认知目标)
3. 举例说明沟通的特点和功能。(能力目标)
4. 认识沟通的重要性。(情感目标)
5. 树立敢于沟通的意识。(情感目标)
6. 客观评估自身的沟通能力。(能力目标)
7. 运用沟通的知识原理,与陌生人进行一次沟通实践。(能力目标)

 关键词

沟通　信息　发送者　接收者　渠道　沟通模式　沟通能力

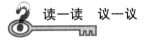 读一读　议一议

斯大林的不动声色

1945年夏天,美国、英国和苏联的领导人在波茨坦举行会议。有一次,正值美国总统杜鲁门主持会议,他与英国首相丘吉尔决定,对斯大林发起一场心理战。杜鲁门找了一个机会,走向斯大林对他透露说,美国已成功地研制了一种威力异常大的新炸弹。当时,杜鲁门没有说出"原子弹"这个名称,但他说话的那种异常严峻的神情,大大加重了他用在"炸弹"前面的那几个形容词的分量。他想制造一种令人心悸的神秘气氛。

当杜鲁门说这番话的时候,丘吉尔在远处使劲地盯住斯大林的脸。他期望能从斯大林的脸上看到一种惧怕之情,至少他希望能看到斯大林听后会做出某种能推断出他心理活动的反应。

但是,丘吉尔没有从斯大林毫无表情的脸上看到有任何异常。斯大林照旧叼着烟斗,神情安详而又自若。他深深地吸了一口烟,然后把淡灰色的烟雾缓缓吐出。淡青色的烟缕从烟斗里冒出来,袅袅上升,与他吐出的淡灰色的烟雾混在一起,渐渐消失在大厅里。

这时,美英领导人交换了一下眼色,他们都以为斯大林没有弄明白他们向他透露的内容的分量。

其实,对杜鲁门透露的内容的分量,斯大林心中一清二楚,他也做出了反应。回到寓所后,斯大林立刻发出了指示。他要求苏联研究人员尽快研制出自己的原子弹,同时,做出了对日本关东军下手的决定。

链一链

得知美国试爆原子弹成功,斯大林终于按捺不住对日本关东军下手了。

议一议

结合背景资料和相关视频,请你观察思考三国领导人在沟通中的表现。

第一节 沟通含义与类型

一、沟通含义

(一) 什么是沟通

乔丹与皮蓬一起创造了当时美国最优秀的篮球队芝加哥公牛时代。皮蓬被誉为乔丹身边的"蝙蝠侠"。公牛队的"飞人"乔丹与"圣斗士"皮蓬曾说:"我俩在场上的沟通相当重要,我们相互从对方的眼神、手势、表情中获得对方的意图,于是,我们传、切、突破、得分;但是,如果我们失去彼此间的沟通,那么,公牛队的末日就来临了。"两位球星之间所发生的这一切,正是沟通活动。

1. 沟通是人类的一项活动　沟通,本意指开沟使两水相通。《左传·哀公九年》:"秋,吴城邗,沟通江、淮。"公元前486年吴王夫差开凿扬州至淮安的"邗沟",沟通了长江和淮河,这是京杭大运河最早的一段。沟通后来的意思是指两方能通连。

(1) 人类是需要沟通的。沟通是形成人际关系的手段。人们通过沟通与周围的社会环境相联系,社会又是由人们互相沟通所维持的关系所组成的网,每个参与沟通的个体就是这张网上的千千结。沟通就像血液流经人的心血管系统一样流过社会系统,为整个有机体服务。人的生命就像一张不断从外界接收信息又不断向外界传播信息的各种传播关系的地图。衣食住行和沟通才是现代生活的完整真实的写照。一个人每天四分之三的时间都在从事沟通活动。因此,沟通是一项自然而然的、必需的、无所不在的活动。

(2) 沟通的主体是人。但是,沟通不是人类特有现象,人类社会以外的自然界也存在沟通现象,例如电闪雷鸣、鸟语花香,等等。

 读一读

汉语"人际"一词历史久远。我国《四库全书》的经、史、子、集都可以查到"天人际""小人际"。汉语"际"字,古时作"際",为左右结构,其偏旁是左耳刀,形状如人耳,有人的倾听之意。右边的"祭"字从象形上讲,有"将肉放在祭台上,对天神、地祇、人鬼进行祭拜"的敬畏。"际"的本义,"墙的缝隙""际,壁会也"(《说文》),清代文字训诂学家段玉裁注为"两墙相合之缝也"。汉语的"际"有"边缘""中间""彼此之间""近旁""交界""交会"等基本含义。与这个字搭配形成的常用词有:"天际""人际""边际""国际""交际""心际""胜败之际""无际"等。从"际"字上看,该词与"沟通""交流"或"交往"之意更为接近。

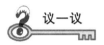 议一议

如果"人际"是一堵墙,"沟通"是一条河,那么,人际沟通就是一艘船,人际沟通就是一座桥。

2. 沟通是一门科学　作为一门学科,沟通是与传播学相联系的。传播学是海外学者于20世纪70年代末80年代初引入中国的。

(1) 沟通的渊源。作为传播学的核心概念,原译自英语communication,从翻译角度又可译为"传达、传染、通信、交换、交流、交通、交际、交往、沟通"等等。对于communication使用哪个汉语词汇,国内一般有三种译法,即"沟通""交流""传播"。本书将以"沟通"作为学科的中心术语。在日常使用中,人们一般也以"传播""交流""交往"作为表述"沟通"的近义词或同义词。

读一读　议一议

依据戈茨概念化的三层次框架,第一层次为基本层,也是核心概念所在层,如"人际沟通"。作为人际沟通理论命题所使用的核心概念,位于第一层次。人际沟通概念的第二层次就有三个维度"传播""交流""交往"作为定义项,且作为"人际传播"概念家族的一分子,不仅丰富了人际沟通的内涵,而且在"人际"语境下,用作建构拓展人际沟通的不同维度,使"人际沟通"概念可以得到更完整、更丰富表述的机会,即由这些概念构成的家族相似性功能表明,"某一特性的缺失,可以由其他特性所取代"。如果"传播"一词不能准确表达人际沟通的结果,那么就使用其他相似概念,例如用"交往"或"交流"来替代。但是,绝对不可以一口气使用"传播""沟通""交流""交往"。这种沟通概念使用的乱象,网络搜索比比皆是,甚至连一些教材名称都使用"沟通交流"。

辨一辨

"沟通"与"交流"一起使用,即"沟通与交流"有没有不妥之处?为什么?

(2)沟通的学科定义。据不完全统计,沟通的定义迄今为止有上百个,有代表性的大致有四种。

①共享说。强调沟通是传者与受者对信息的分享。如美国著名传播学家施拉姆认为:"我们在沟通的时候,是努力想同谁确立'共同'的东西,即我们努力想'共享'信息、思想或态度。"

②交流说。强调沟通是有来有往的、双向的活动。如美国学者霍本认为:"沟通即用言语交流思想。"

③影响(劝服)说。强调沟通是传者欲对受者(通过劝服)施加影响的行为。如美国学者露西和彼得森认为:"沟通这一概念,包含人与人之间相互影响的全部过程。"

④符号(信息)说。强调沟通是符号(或信息)的流动。如美国学者贝雷尔森认为:"所谓沟通,即通过大众传播和人际沟通的主要媒介所进行的符号的传送。"

链一链

请用网络搜索沟通定义的相关资讯。

(二)信息与沟通

公元前490年9月12日发生了一场战役。这场战役是在离雅典不远的马拉松海边发生的,是波斯帝国为了扩张版图而入侵希腊,史称希波战争,雅典人最终获得了反侵略的胜利。为了让故乡人民尽快知道胜利的喜讯,长跑能手菲迪皮茨不顾伤痛,以飞快的速度从马拉松不间断地跑到雅典中央广场,对盼望的人群激动地喊道:"欢乐吧,雅典人,我们胜利了!"之后,菲迪皮茨就倒在地上再也没有起来。这是人类原始方式的最快的沟通记录,也是马拉松运动的历史渊源。

1. 信息的含义　信息是事物(物质和能量)的存在方式(运动状态)以及对这种方式(状态)的直接或间接的表述。这一定义把信息与物质相关联:世界是物质的,物质是运动的。也就是说,信息是无时不有、无处不在的,它普遍存在于整个自然界中,鸟语、花香、电闪、雷鸣……无一不是信息。

2. 沟通的内容是信息　将沟通定义为信息传授行为,就已经间接地说明了两者的关系,即:沟通=信息的运动;信息=沟通的材料。形式与内容,两者密不可分。世界上既没有不沟通的信息,也没有无信息的沟通。信息沟通是指可解释的信息由发送人传递到接收人的过程。具体地说,它是人与人之间思想、感情、观念、态度的交流过程,是情报相互交换的过程。那么,信息可以是思想、感情、观念、态度等等。

教师在授课过程中所传播的信息,包含了哪些内容?

二、沟通类型

1. 沟通的分类　将沟通的手段、规模、性质作为标准,沟通可以分为三类:人际沟通、组织沟通、大众沟通。从学科视角,沟通学相应地分为三大分支学科:人际沟通学、组织沟通学、大众沟通学(见图1.1)。

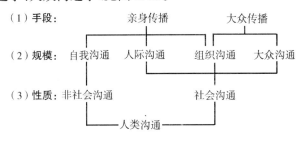

图 1.1　沟通学的分类

（1）从沟通的手段看,自我沟通、人际沟通、组织沟通都使用亲身沟通手段(语言方式、非语言方式)。当然,全面依赖大众沟通的,属于大众沟通。

（2）从沟通的规模看,人际沟通、组织沟通和大众沟通属于社会沟通,而自我沟通属于非社会沟通。两者之和构成人类沟通。

（3）从沟通的性质看,沟通学的研究内容理应是社会沟通。因为自我沟通即 I 和 Me 的对话,其实一贯被当作心理学的研究对象看待。心理学是人际沟通的科学基础,这是因为研究者把"人际"看作一种交流的行为,理解行为必须运用心理学的描述。事实上,人际沟通研究的历史也主要以心理学为开端,因为理解沟通的行为需要运用心理学的描述,这构成了人际沟通研究的科学基础。

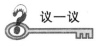

你认为,沟通学与礼仪、心理学、人际关系学有什么联系和区别?

2. 人际沟通学的学科体系　作为学科的人际沟通学,分为五大知识论域构建学科体系:谁在沟通?沟通内容?如何沟通?沟通形式?沟通目的?与之相对应的是五大模块:沟通的主体是人,沟通的内容是信息,沟通的手段是语言和非语言,沟通的形式是听、说、读、写(输入信息和输出信息),沟通的目的是交流信息与和谐的人际关系(见

图 1.2)。

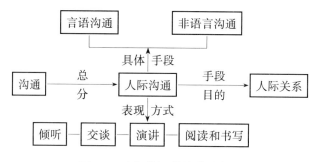

图 1.2　人际沟通学的学科体系

作为教材的《人际沟通》,其结构体例共分九章:第一章沟通概论,第二章人际沟通,前两章为总分关系;第三章人际关系,与第二章为手段、目的关系;第四章言语沟通,第五章非语言沟通,这两章是人际沟通的具体手段;第六章倾听,第七章交谈,第八章演讲,第九章阅读和书写,这四章是人际沟通的表现方式。

第二节　沟通过程及其因素

一、沟通过程

1. 沟通过程的描述　温德尔·约翰逊从心理学角度描述了沟通过程,大致有十个环节。

(1) 一个事件发生了……

(2) 这一事件刺激 A 先生的眼、耳朵和其他感觉器官,造成……

(3) 神经冲动到达 A 先生的大脑,又到达他的肌肉和腺体,这样就产生了紧张情绪,未有语言之前的"感觉"等等,然后……

(4) A 先生开始按照他惯用的语言表达方式把这些感觉变成词句,而且从"他考虑到的"所有词句中……

(5) 他"选择",或者抽象出某些字句,他以某种方式安排这些词句,然后……

(6) 通过声波和光波,A 先生对 B 先生讲话。

(7) B 先生的眼和耳分别受到声波和光波的刺激,结果……

(8) 神经冲动到达 B 先生的大脑,又从大脑到达他的肌肉和腺体,产生紧张情绪(张力),产生讲话之前的"感觉",等等。

(9) 接着 B 先生开始按照他惯用的语言表达方式把这些感觉变成词句,并且从"他考虑过的"所有词句中……

(10) 他"选择"或抽象出某些词,以某种方式安排这些字词,然后相应地讲话或做出行为,从而刺激了 A 先生或其他人。这样,沟通过程就继续进行下去……

约翰逊直观形象的简要说明,描绘出两个人在一起交谈时所发生的情形。如果是两人以上的小组,一个讨论会,一个演讲会,等等,沟通的过程都是与此相同的。

2. 沟通过程图示 为了便于理解,人们建立了如图 1.3 所示的沟通过程。

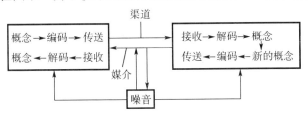

图 1.3 沟通的过程

二、沟通因素

1. 沟通过程图示 为了方便理解沟通,学者们直观地构建了如图 1.4 所示的沟通过程示意图。

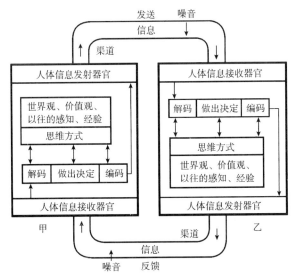

图 1.4 人际沟通的详细过程

2. 沟通因素 结合沟通过程示意图,沟通一般包括九个元素。

(1) 信息(information)。信息是沟通活动能得以进行的最基本的因素,没有信息的材料不需要渠道去传递,也不需要接收者去解码,因此信息是沟通的灵魂。

(2) 发送者(sender)。指发送信息的主体,它可以是个人、群体、组织、国家,等等。

(3) 编码(encode)。指将所要交流的信息,依照一定的码规,编制为信号。编码中要选择恰当的代码或语言,要适应接收者的理解和语言能力,还要有适合沟通的渠道和使用的媒介,等等。例如论文发表的特定文体、学术报告的规范术语、企业宣传的广告,等等,这些都是编码活动。

(4)渠道(channel)。渠道是信息得以传递的物理手段和媒介,是连接发送者和接收者的桥梁,如语言或非语言媒介。信件、电话、电传、通信员、信鸽、烽火台等是常见的个人媒介,报刊、书籍、广播、电视、电影等是常见的大众沟通媒介。

(5)接收者(receiver)。指收到信息的主体,可以是个人、群体、组织、国家,等等。

(6)解码(decode)。指将所接收到的信号,依照一定的码规,解释、还原信息。解码既可能是将信息由一种语言翻译为另一种语言,如同程翻译;也可能是点点头或眨眨眼的非语言方式,表示理解发送者的意思。

(7)接收者的反应(reflect)。指接收者有意或无意地回应信息。成功有效的沟通是接收者的反应与发送者的意愿正好相同。

(8)反馈(feedback)。指接收者把接收的信息加以编码,通过各种渠道回传给信息发送者。此时此刻,接收者充当的是信息发送者角色,原信息发送者此刻便成了接收者。反馈因素决定沟通的特点是双向的。

(9)噪音(noise)。噪音特指沟通渠道中交流模式的噪音,即所谓的外在噪音(external noise)。噪音也可能出自沟通内部,包括生理噪音(physiological noise),因生理因素而干扰信息的接收,如生病、疲倦、失聪等。沟通心理噪音(psychological noise),即因内在力量干扰造成无法理解的信息。例如,电话杂音及"蜂音"、收音机的失真、电视机荧光屏上的"雪花"干扰等,都是一种噪音。噪音可能产生于沟通过程中的任一环节。噪音使得信息编码、解码中的不确定性因素增多,导致信号在传送和接收时发生信息失真,从而模糊和干扰了信息发送者的意图,也妨碍了信息接收者真实有效地理解信息。

人际沟通的"噪音理论":该理论认为,人际沟通过程中的每一个环节都会出现噪音干扰。所谓"噪音",不仅来自外部环境(如交谈时的电话铃响或汽车鸣笛)和沟通通道(如声带沙哑、咳嗽、电话杂音、字迹模糊),还来自沟通双方的情绪(如偏执、急躁)、态度(心不在焉)或者是服饰不当,等等。如果要提高人际沟通的有效性,就必须想方设法避免或降低"噪音"。

3.沟通要素 沟通有多种因素,但是,沟通过程中必不可少的四个基本要素是发送者、接收者、渠道和经过编码的信息。

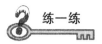

请分析人际沟通的详细过程所展示的沟通因素。

语言学家一般用信息论的术语来说明言语交际过程:编码—发送—传递—接

收—解码。也就是说,沟通的一方为了表达某一信息,就要寻找合适的词语,按照某种规则组合起来,这就是编码过程;然后,通过发音器官发送出去,再通过各种可能的渠道(空气、电话线路等)传递出去;沟通的另一方接收后对信息进行解码,还原成发送者的编码,这样就完成了一个言语交际的过程。

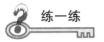

设想:你要去医院探视你昔日的老师,看望一位乡下大娘。请你依据不同对象,对沟通元素有机整合,要求让对方恰如其分地理解你所表达的信息。

秀才买柴

有一个秀才去买柴,他对卖柴的人说:"荷薪者过来!"卖柴的人听不懂"荷薪者"(担柴的人)三个字,但是听得懂"过来"两个字,于是把柴担到秀才面前。

秀才问他:"其价如何?"卖柴的人听不太懂这句话,但是听得懂"价"这个字,于是就告诉秀才价钱。

秀才接着说:"外实而内虚,烟多而焰少,请损之。"(你的木材外表是干的,里头却是湿的,燃烧起来,会浓烟多而火焰小,请减些价钱吧。)卖柴的人因为听不懂秀才的话,于是担着柴就走了。

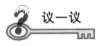

请从沟通因素角度,说一说这次交易不能成功的原因。

第三节 沟通特点与功能

一、沟通特点

分析沟通过程和沟通要素,呈现出沟通的四个特点。

1. **互动性** 沟通是发送者和接收者之间信息的交换活动。也就是说,沟通必须有两人或两人以上的沟通主体参与,是发送者和接收者相互作用的活动,即参与沟通的一方都试图影响另一方;每一方既是发送者又是接收者,各自不断发出信息,期待对方做出某种反应。

2. **动态性** 沟通是信息的动态流动。沟通既是一个过程,也是一个结果;某个结果又转变为信息的传递过程,形成信息动态的循环往复的过程。说明信息本身就具有流动的性质。

3. **不可逆性** 沟通信息一旦发出是不能收回的,不像微信或QQ那样,发出的信息在一定时间内可以撤回,这种情形被形容为"覆水难收"。

4. 社会性　人类能够运用信息来沟通彼此的思想,调节规范个体行为服从社会整体行为,从事各种社会活动。沟通与社区(community)、公社(commune)有共同的词根,这说明:没有社区,就不会有沟通;没有沟通,社区也难以实现。

你能说出沟通的另外一些特点吗?

二、沟通功能

美国著名哲学家理查德·麦基翁(Richard Mckeon)认为:"未来的历史学家在记载我们这代人的言行的时候,恐怕难免会发现我们时代沟通的盛况,并将它置于历史的显著地位。其实沟通并不是当代新发现的问题,而是现在流行的一种思维方式和分析方法,我们时常用它来解释一切问题。"联合国教科文组织国际交流委员会综合各国学者的意见,认定沟通在任何社会制度中都具备五方面功能。

1. 获得消息　情报收集、储存、整理和交流必要的新闻、数据、图片、事实、意见、评论,以便获得周围环境的情况从而及时做出反应和决定。

2. 社会化　提供知识,使人们能在社会中从事活动,并增强社会联系和社会意识,积极参与公共生活。

3. 动力　促进各个社会的当前目标和最终目标,激励人的意愿和理想,鼓励为实现共同商定的目标而进行个别活动和社会活动。

4. 辩论和讨论　为便于达成一致意见或澄清不同观点而提供和沟通必要的事实,促进人们关心本国和国际问题并普遍参与其中。

5. 教育　传播知识以便促进智力的发展,培养人的品格,并使其在人生各个阶段获得各种技能和能力。

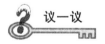

你是否相信,沟通能够实现下列功能:财富增值、地位提升、亲情至纯、友情醇厚、爱情甜蜜、婚姻美满、家庭幸福、事业成功,等等。

第四节　沟通模式

沟通模式是直观而简化地再现人类沟通活动的理论描述方式,就是科学地、抽象地在理论上把握沟通的基本结构与过程,描述其中的要素、环节及相关变量的关系。沟通的模式多种多样,但没有一个沟通模式是能够被普遍认同的。本书仅列举三种代表性的沟通模式的基本内容与基本特点。

一、拉斯韦尔沟通模式

1. 基本内容　最早的沟通模式是美国政治学家哈罗德·拉斯韦尔(Harold

Lasswell)提出的 5W 模式(见图 1.5):"描述沟通行为的一个方便的方法,是回答下列五个问题:谁? 说了什么? 通过什么渠道? 对谁? 取得了什么效果?"哈罗德·拉斯韦尔的传世之作《社会传播的结构与功能》,确立了其传播学奠基人的地位。5W 模式是奠定传播学大厦的五大要素:谁(who)、对谁(whom)、通过哪种渠道(which channel)、说什么(what)、取得了什么效果(what effects)。

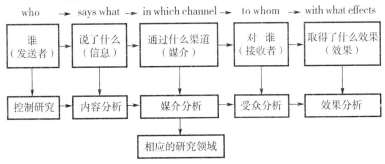

图 1.5 拉斯韦尔沟通模式

2. 基本特点　5W 沟通模式是一种线性沟通模式,是构建人际沟通学的重要基石。5W 沟通模式注重沟通效果,沟通主体(传播者)、沟通对象(受众)、沟通渠道(媒介)、沟通内容(讯息)决定沟通效果。拉斯韦尔沟通模式尽管简单,但是至今仍是指导人们沟通的方便有效的综合性方法。

3. 注意事项　(1) who,谁是信息接收者:确定信息接收对象,如何引起接收者的注意,接收者的观念、文化程度、风俗,接收者的需要,接收者的情绪,等等。(2) say what,说什么:确定信息的内容,"语言＋肢体语言"会使信息内容更准确,信息主题是什么,涉及哪些要点,采用什么风格和语气,强调并围绕重点,使用熟悉的语言,等等。(3) which channel,选择有效的发送信息方式:接收方倾向于什么方式,沟通的本质是什么,哪种方式会收到最迅捷的回应,是否保密,等等。(4) to whom,跟谁说:对谁说,说的对象是谁,对老板说,对同事说,对同学说,谁与谁说,等等。(5) with what effects,是信息接收者在认知、情感、行为各层面的反应,是检验人际沟通成功与否的重要尺度。

二、申农沟通模式

1. 基本内容　美国科学家克劳德·申农(Claude Elwood Shannon),是信息论的创始人和数字通信之父,他认为"通信的基本问题就是精确地或近似地在一点复现另一点所选择的信号"。通信就是两个系统之间的信息传递。复杂的通信过程可以简化为信源、编码、信道、噪音、译码、信宿所组成的信息始发、传递、加工、接受系统(见图 1.6)。信源就是发出信息的客体——信息源,它一般以符号的形式表现出来。这种代表信息的一串符号称为消息。信源发出的消息具有随机性、不确定性。编码就是把信息转变为信号的措施,它使得消息变成适合于信道传输的信号。信道是传递信号的物理设施,包括信息的存储设备。噪音是通信过程中受到内部和外部的干扰。译码亦称解码,译码过程是编码过程的反变换,即把信号再变为消息。信宿就是信息的接收者。

图1.6 申农沟通模式(通信系统模型)

2. 基本特点　申农沟通模式是线性模式之一。该模式提出了噪音概念,表明发出的信息和接收者收到的信息并不总是相同的。申农提出的"通信系统的随机模型",首次从理论上阐释了通信的基本理论问题。申农的通信理论模式为实现信息社会化提供了坚实的理论基石。

三、奥斯古德-施拉姆人际沟通模式

1. 基本内容　威尔伯·施拉姆(Wilbur Lang Schramm)在奥斯古德的研究基础上,提出较为流行的环形沟通模式,即奥斯古德-施拉姆的人际沟通模式(见图1.7)。它将沟通的双方看作一个传播单位,任何一方既是编码者,又是释码者和译码者;当双方进行交流

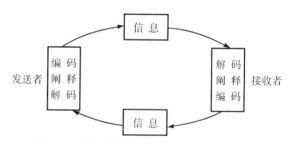

图1.7 奥斯古德-施拉姆人际沟通模式

时,实际上是双方不断编码—传播—译码—释码—再编码—再传播……这样一个循环、流动的过程,直至交流结束。发送者和接收者在编码、阐释、解码、传递、接收时,形成一种环形的、相互影响的和不断反馈的过程。

2. 基本特点　该沟通模式突出了传播的双向性和循环性特点,结束了线性沟通模式;这一沟通模式对于人际沟通的情境更具有概括性和适应性,是一个易于分析的人际沟通模式;这些代表性模式都有助于人们理解普通意义上的沟通,并从中可以寻找出沟通的基本因素;每一个环节都是传播学研究的对象,提出了编码、解码、反馈概念;参加交流的人既是信息发送者,又是信息接收者的双重角色;对信息的编码、解码构成了人际沟通,该模式更注意沟通的过程,而不是沟通的效果。

请分析系统沟通模式(见图1.8)所呈现的沟通要素。

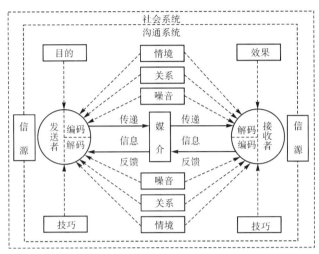

图1.8 系统沟通模式

第五节 沟通能力及其培养

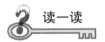

戴尔·卡耐基(Dale Carnegie,1888年11月24日—1955年11月1日),美国现代成人教育之父,《人性的弱点》和《人性的优点》作者。这个被誉为20世纪最伟大的心灵导师和成功学大师,是西方现代人际关系学和成人教育的奠基人。卡耐基,现在不仅仅是一个名字,更多代表的是一种道德与精神。卡耐基用他的成长历程带领着一批人走出失落的低谷,重新站起来,走向人生的巅峰,这就是卡耐基的力量,他留给世界的不仅仅是他的著作,更是一种精神,一种让人奋发向上的力量。

卡耐基从小家境贫寒,但是母亲总是积极乐观,这种积极乐观的心态也影响着他。大学时,卡耐基找到了能让他成名的方式,那就是演讲。但是,对于演讲天赋薄弱的卡耐基而言,要在演讲中大放光彩是一件很困难的事情。虽然卡耐基是第一次参加演讲,很多人都嘲笑他,但是这些都没有成为卡耐基退缩的理由,反而成了他进步的动力。此后,卡耐基参加了12次比赛,屡战屡败。他花了几个月的时间练习演讲,有一次他爬到谷仓中一堆草上手舞足蹈地大声演讲,将鸽子都惊飞了,但他一次又一次地失败了。失败带来的失望和灰心,甚至使他想到自杀。30年后,卡耐基谈及第一次演说失败时,还以半开玩笑的口吻说:"是的,虽然我没有找出旧猎枪和与之相类似的致命东西来,但当时我的确想到过自杀……我那时才认识到自己是很差劲的……"然而第二年里,卡耐基以一篇名叫《童年的记忆》的演说,迎来了他的第一次成功,这次演讲让他获得了勒伯第青年演说家奖。他在后来的回忆中不无自豪地说:"我虽然经历了12次失败,但最后终于赢得了辩论比赛。更为激励我的是,我训练出来的男学生赢了公众演说赛,女学生也获得了朗读比赛的冠军。从那一天起,我就知道我该走怎样的路了……"

说一说

卡耐基的人生成功之路,对你提升人际沟通能力有哪些启发?

一、沟通能力及其必要性

人是社会的动物,社会是人与人相互作用的产物。马克思指出:"人是一切社会关系的总和。""一个人的发展取决于和他直接或间接进行交往的其他一切人的发展。"因此,沟通能力是一个人生存与发展的必备能力,也是决定一个人成功的必要条件。

(一)沟通能力的含义

一般说来,沟通能力是指沟通者所具备的能胜任沟通工作的优良主观条件。沟通能力包括思维能力、表达能力、争辩能力、倾听能力和设计能力(形象设计、动作设计、环境设计)。沟通能力看起来是外在的东西,而实际上则是个人素质的重要体现,它关系着一个人的知识、能力和品德等综合素质。

(二)沟通能力的必要性

研究证实,无论在哪一个领域,沟通能力对于工作顺利、事业成功、家庭幸福来说都是至关重要的。沟通能力的高低决定了一个人是被聘用还是被拒绝。在一个持续多年的大规模调查中,雇主们列出了他们心中理想的应聘者所需具备的技巧和能力。其中,沟通能力一直排在这个列表的顶端,领先于技术能力、工作主动性、分析能力和电脑技巧。

在另一项调查里,全国各地的经理人把有效地表达与倾听列为使应届生在激烈的职场中脱颖而出的最重要的两项能力,它们比技术能力、工作经验和获得特定的学位更重要。当170家知名商业公司与工业企业被要求列出拒绝应聘者的最主要的原因时,最常见的回答就是"不能沟通"或"沟通水平很差"。

一旦你被雇用了,对沟通技巧的应用在每一个行业都很重要。工程师花费大量的工作时间去讲述和倾听,而且大部分是在一对一的或者小团体的情境中。会计师和聘用他们的公司一直都把有效地沟通当作事业成功的必要条件;电脑业巨头阳微系统公司(Sun Microsystems)的执行官有力地说道:"在这个行业中,如果有一个技巧对于成功来说是必需的,那么它就是沟通技巧。"一位评论家在《科学家》杂志中回应了这种观点,他写道:"如果要我给出任何建议,那便是针对你整体的沟通技巧,训练是永远不够的。"

1. 人的社会化需要沟通能力 人的成长首先是社会化历程,在自然人向社会人转化的成人教育过程中,沟通能力和社会交往能力是必备的能力。也就是说,人的社会化源于人的交往活动。无论沟通发生在个人、群体、社会、文化之间,还是扩大到国家或国际交往层面,人之为人的发展或关系的变化都会受到这种"具有普遍性、重要性和复杂性的人际交往活动的塑造和影响",从而使人成为真正意义上的社会人。美国普林斯顿大学曾对1万份人事档案进行分析,结果发现:"智慧""专业技术"和"经验"只占成功的25%,其余75%决定于良好的人际沟通。收入最丰厚的人,往往不是对核心技能懂得最多的人,而是那些既拥有核心技能,又能高效沟通领导和鼓舞他人的人。如果说一个人的成就99%是因为核心技能,1%是因为沟通技能,那么如果没有这个1%,其余的99%也许不一定会有意义。这就是有些人的能力差不多,工资却是千差万别的原因。

2. 职业工作需要沟通能力　各行各业,无论是会计、社会工作者、工程师,还是医生、护士、教师、推销员,沟通的技能都非常重要。沟通能力在每一份职业中都是必需的,它们甚至可以决定生死。洛杉矶警察局(Los Angeles Police Department)解释警官在枪击事件中发生的过失时,最常引用的原因就是"沟通不良"。有效沟通的能力对于医生、护士和其他医疗工作者来说同等必要。研究发现,"糟糕的沟通"是造成超过60%的医疗事故,包括死亡、严重的身体伤害以及心理创伤的根本原因。《美国医学协会杂志》(Journal of the American Medical Association)就刊载了一篇文章,揭示了面临医疗事故案索赔的医生与善于沟通的没有上述指控的医生之间的重要区别。许多职业不但需要专业知识和技能,而且越来越需要与他人沟通的能力。例如护士职业的服务对象是病人,尤其需要人文关怀,除护理专业服务外,人际沟通是传递人文关怀的必备能力。提高护生人际沟通的素养,是护理学发展的需要,是营造和谐统一的护患关系的需要,是良好的护患关系的前提。世界医学教育联合会《福冈宣言》指出:"所有医生必须学会交流和处理人际关系的技能。"

据权威的1995年英文版《工商管理硕士就业指南》所载,经过对全球近千家企业的调查分析,在十项MBA才能指标中,最为重要的三种能力是分析判断能力、商业经营思想和良好的沟通能力。哈佛大学就业指导小组1995年的调查结果显示,在五百名被解职的男女中,因人际沟通不良而导致工作不称职者占82%。

3. 社会活动需要沟通能力　人们在生活中每时每刻都离不开实践活动,总不免要与他人沟通。但是,沟通本身也不是非常容易的事。要向他人表达一个意思,始终说不清楚;要为他人办一件好事,但有可能弄巧成拙;本来想与他人解除原有的隔阂,但可能弄得更僵。所以说,现实的实践活动需要有一定的沟通能力。日本企业之神,著名国际化电器企业松下电器公司的创始人松下幸之助有句名言:"伟大的事业需要一颗真诚的心与人沟通。"松下幸之助正是凭借其良好的人际沟通艺术,驾轻就熟于各种职业、身份、地位的客户之中,赢得了他人的信赖、尊重与敬仰,使松下电器成为全球电器行业的巨子。

4. 美好生活需要沟通能力　与家人沟通,能使你享受天伦之乐;与恋人沟通,能使你品尝到爱情的甘甜;在孤独时,沟通会使你得到安慰;在忧愁时,沟通会使你得到快乐。英国著名文学家、哲学家培根有句名言:如果把快乐告诉朋友,你将获得两个快乐;如果把忧愁向朋友倾吐,你将被分担一半忧愁。

人际传播水平与生活品质密切关联。马尔科姆·帕克斯(Malcolm Parks)的研究表明,无论在家庭成员中,还是朋友之间,那些缺少沟通能力或沟通不畅的人,无疑会受到致命伤害,其身心健康会受到严重影响,如诉诸暴力的夫妇可能养育出有暴力婚姻的子女,离婚有可能引发暴力,自杀常常源于缺失良好的人际关系。科学研究表明,一个人终止了重要关系,可能会导致人体免疫系统的紊乱。人际关系不良还可诱发吸烟、危险驾驶等自我伤害性行为。学者们通过分析许多沟通事例,对欺骗、背叛、暴力、责难、误解,甚至刻板印象、社会性别、族群中心主义等伤害性讯息进行研究,进一步证明了人际沟通与生活质量之间的密切联系——没有科学有效的人际沟通,就不可能具有美好生活。

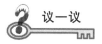

请联系个人、家庭和社会实际,谈谈你对人际沟通重要性的认识。

二、沟通能力培养

人际沟通学作为传播学的一个分支,在国外已发展成为较成熟的一门学科并广泛应用于管理领域,如美国的MBA核心课程"管理沟通",菲律宾、澳大利亚等国家的职业教育部都规定开设"人际沟通"或"沟通技巧"课程;在我国,人际沟通学则处于起步阶段,人们也习惯称之为"人际交往"。为了将中国的职业教育与国际接轨,各类职业教育在构建教育计划时开始重视把"人际协作与沟通能力"作为核心概念,将"人际沟通"列为必修课程。美国劳工部制定的21世纪人才素质标准,把沟通能力摆在诸多能力要素的首位。从我国目前大、中专学生以及青少年所反映出的心理问题、人际关系障碍、就业恐惧等方面来看,中国也急需加强人际沟通方面的教育。

沟通能力不是某些人所独有的,也不是可望而不可即的。只要勇于实践、积极沟通,沟通能力就必然会提高。但青少年缺乏沟通实践,对沟通的惧怕、忧虑和不适应,会造成沟通缺陷的恶性循环(见图1.9)。害

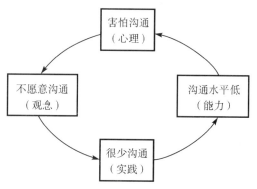

图1.9 沟通缺陷的恶性循环

怕沟通是心理现象,有可能是生理反应,但更重要的是由于自身缺乏沟通能力所导致的;不愿意沟通是一种观念,可能是由于生活中的挫折等因素所导致的,但害怕沟通是其存在的一个主要原因;很少沟通属于一种实践活动,主要受人们不愿意沟通的观念支配;很少沟通的结果必然是沟通能力低。因此,实践活动是最基本的、最关键的因素,它不仅明显地影响着人们的沟通心理和沟通认识,而且直接制约着人们的沟通能力。

沟通能力是可以通过后天学习提升的。从某种程度上来说,生物因素对于沟通风格的影响是注定的。针对同卵和异卵双胞胎的研究显示,包括社交能力、愤怒、放松在内的人类特质似乎是我们基因组成的功能的一部分。一些研究发现,特定的人格特质使人易于遵循某些独特的能力技巧。幸运的是,生物性并非是塑造我们沟通形态的唯一因素,沟通能力提升训练已经证实能够有效帮助人们成为优秀的沟通者。阅读本书或者选修"人际沟通"是提升沟通能力的有效途径。

沟通能力的提高没有捷径,只有遵循"敢于沟通,坚持沟通,善于沟通,走向成功"的理念。记住它,一分钟;理解它,一学期;实践它,一辈子。因为"听过、看过、做过,会理解得最好"!请永远相信:人类最伟大的成功来自沟通!人生最大的失败来自不愿意沟通!

议一议

你认为人际沟通课程与你的专业课程相比较,哪一个更重要?为什么?或者说,人际沟通能力与你的专业能力相比较,哪一个更重要?为什么?

想一想

你是否也有过下列困扰:"当人们要求我站起来讲话时,我就感到很不自在,心里害怕极了,脑子也乱得像一锅粥,顿时无法清晰地思考,也不能集中注意力。我记不清自己说了些什么,也不知道下一句该说什么。我特别希望自己表达得更自信、更自然、更有感染力!可是我越希望如此,却越达不到自己的要求。当众讲话,成了我的噩梦,一说要开会发言,自己就会提前紧张,手心冒汗,非常痛苦……"

读一读

总统也必须学习的功课

沟通是事业成功的金钥匙。"人的本质是社会关系的总和。"西方人才学理论认为,个人事业成功受两大因素的制约:自身因素和社会环境。就个人才能发挥来讲,人际沟通状况是一个尤为重要的社会环境。事实证明,这个社会环境直接或间接地影响着人的事业。

一个平民百姓不太懂人际沟通,还不是一件什么大不了的事,但如果一国首脑自以为居于万乘之尊而无须学习人际沟通,别人只有听他的话的份,那么,问题可就大了。翻翻一部中国政治史,太平盛世多有明君。何为明君?"兼听则明"之君。倘若君王一意孤行、闭塞视听、我行我素,天下除了一个声音,余下万马齐喑,那么,国家的灾难也就来临了。

从这个意义上说,君王的人际沟通能力甚至可以决定国家的命运。愈是位居高位者,愈应该自觉地把人际沟通当成一门必修课。对于君王来说,最重要的人际沟通素质莫过于"包容"二字,也就是容得下、听得进臣属的讲话。唐太宗正是因为能包容魏征等谏臣,才创造出中国历史上最辉煌的"贞观之治"。德国国王威廉一世也是因为能容忍并支持"铁血宰相"俾斯麦,才使得德国在第一次世界大战前强盛一时。当时,威廉一世回到后宫中,经常气得乱砸东西,摔茶杯,有时连一些珍贵的器皿都被砸坏。皇后问他:"你又受了俾斯麦那个老头子的气了?"威廉一世说:"对呀!"皇后说:"你为什么老是要受他的气呢?"威廉一世说:"你不懂。他是首相,一人之下,万人之上。下面那许多人的气,他都要受。他受了气哪里出?只好往我身上出啊!我当皇帝又往哪里出呢?只好摔茶杯啦!"真是国王肚里更能撑船。

在美国,人际沟通几乎成为历任总统的必修功课。这在很大程度上源于美国的总统竞选制。由于民主选举,党派竞争,能否赢得民意就成为竞争胜败的关键。在这方面,美国的历任总统无不下足了苦功。在美国历史上声名最好的几位总统,更堪称是一流的人际沟通大师。

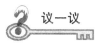

你认为沟通能力的提升,对于你有何重要意义?

《后来的我们》

《后来的我们》是由刘若英执导、张一白监制的一部青春文艺电影,该片男女主角由井柏然、周冬雨主演。影片讲述了一对男女在过年回家的火车上相识,历经恋爱、分手、错过、重逢的故事。男女主角的故事,说明缺乏有效沟通的爱,无论多少的爱,都有可能失败。男女情感中最重要的就是要有效沟通。

思考与练习

1. 沟通的基本因素是什么?它们是怎样相互联系的?
2. 当你要传递一些信息给你的亲朋好友,可以写信,也可以与他们交谈,比较这两种方式的优缺点。

3. 假如你是个护士,要告诉两个患者:
   (1) 一些好消息(病情好转)。
   (2) 一些坏消息(病情危重)。
   你准备如何通知他们?为什么要采取这种方式?
4. 识别沟通的特点:录下或记录下你参加过的某次谈话,分析在谈话中涉及沟通的哪些特点。
5. 填表。

三类沟通特点比较

项目 手段(媒介)	人际沟通	组织沟通	大众沟通
规模			
空间			
周期			
角色			
反馈			
信息			

6. 黑色幽默说明:选择沟通就是选择……(续写)。

有3个人要被关进监狱3年,监狱长允许他们3人每人提一个要求。

美国人爱抽雪茄,要了3箱雪茄。

法国人最浪漫,要一个美丽的女子相伴。

而犹太人说,他要一部与外界沟通的电话。

3年过后,第一个冲出来的是美国人,嘴里、鼻孔里塞满了雪茄,大喊道:"给我火!给我火!"原来他忘了要火了。

接着出来的是法国人。只见他手里抱着一个小孩子,美丽女子手里携扶着一个小孩子,肚子里还怀着第3个。

最后出来的是犹太人,他紧紧握住监狱长的手说:"这3年来我每天与外界联系,我的生意不但没有停顿,反而增长了200%,为了表示感谢,我送你一辆劳斯莱斯!"

第二章　人际沟通

本章目标

1. 解释人际沟通的含义。(认知目标)
2. 分析人际沟通的特征。(认知目标)
3. 正确运用移情和情商,和谐人际关系。(能力目标)
4. 恰当运用自我暴露和自我概念,建立人际关系。(能力目标)
5. 在人际沟通中认识人际信任和约哈瑞窗的重要性。(情感目标)
6. 利用内向性格和外向性格的积极影响,完善自己的性格。(能力目标)
7. 积极应对网络沟通对人际沟通的消极影响。(能力目标)
8. 在人际沟通中认识理解他人的重要性。(情感目标)

关键词

人际沟通　移情　自我暴露　人际信任　内向性格　外向性格　网络沟通

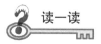

读一读

渴望与人交流

张辛欣

眼下是美国银行利率30年来最低的时候,很自然,这时候我应该对我分期付款的房子重新贷款。按照传统的方式,我做好乐于银行打交道的准备。然后就给银行贷款部门打电话,想问问还应带什么。我听到一个录音电话,叫我打另一个电话。我打另一个电话号码,一个录音声音给我第三个号码,终于,这一回给了我一实在的指点,不过,不是人的声音,仍是一个录音电话。它告诉我:银行已经不再用人工做贷款申请了。于是,我听了第四个录音电话。所有我要做的就是按电话键。我这样跟电话"玩"了20分钟,没有和一个人说话,听得出,就连录音的声音都不是人的,是电脑合成的金属质声音。作为接受者(或者叫牺牲品),我在和美国商业普遍使用来降低成本的玩意儿 Voice Mail——语音信箱沟通。现在在美国,无论你打电话给银行,还是医生办公室、警察局、超市或者是汽车行,可能你都不是和人对话,而是电脑化的电话系统跟你说话,你就只能按着键与它们"对话"。我的银行申请开始简单,结束时却是极糟无比。是这么个过程:"这是××银行的贷款申请部,"一个无调性的金属质声音说,"做新贷款按1,做重新贷款按2,听取各种贷款方式请按3,听取各种付款方式按4,听取其他信息按5。"我做重新贷款,于是按了2键。"请输入你的社会安全号码。"录音声音指示说,"请使用你电话键上的号码。"我照做了。"请用你电话上的数字和字母,输入你的地址。"我做了,做得慢了一点。在数字上摸索字母需要时间。"请输入你的收入。输入首期付款额。"我耐心地按要求做了。突然我发现我按错了一个数!这怎么办?狂乱之下我按了0键。我想这样做也许会还我个接线生——一个会喘气的真人。"你做了一个无效的输入,请挂上重头来。"机器声音命令着。

我气恼地用中国话骂了句脏话。"这个系统不理解,请挂上电话重头来。"

我恼羞成怒,把电话扔掉了。气恼之余,又想到:嗨,何必跟不是个人的玩意儿生气!现在,你生活在美国,你给哪一个机构打电话都会找不到个真人嘛,你就是得学会和机器打交道!这样一想,心平气和了。在美国,看病说难也不难,拿起电话就会听到:"这是××诊所,假如你患了癌症,请按1键;假如你有心肌梗死,请按2键;假如需要开药方,请按3键;其他问题按4键……"按到最后,也会出现人的声音:"有什么问题请按4,并向电话报告,我们会录下你的情况,然后请你挂上电话,我们稍后会联系你告知预约安排。"你给一家肉食铺子打电话,也会遇到这样的声音:"询问肉的价格按1键,问各种肉减价的情况按2键,订购切好的瘦肉按3键并留言。"美国领导世界电脑语音信箱技术新潮流。为了保持竞争力,美国所有的商业机构,从大到小,都在使用语音信箱技术。美国人工费昂贵,使用电脑代替人接电话很合算。我很理解高科技背后的原因,不过理解并不等于喜欢。人总不愿意长了舌头,却发展到按着电话键一板一眼无声交谈。并且这种电脑技术和其他新技术相结合是否安全也很难说。就以克隆技术来说,生物学家正飞快接近着突破点,也许将来可以通过电脑合成来为你设计你想要的孩子的所有细节。想象一下,把克隆技术和语音信箱结合起来的情形:"Hello,这是医生Johnson的繁殖诊所。您想要个黄皮肤孩子,请按1;想要个黑皮肤孩子,按2;想要个白皮肤孩子,按3;要个混血儿,按4。"我按1键。"要个女孩,按1;要个男孩,按2。"我按1。"要个高的女孩,按1;中等个的,按2;矮个的,按3。"接下来又可能是说:"要想让孩子成为医生,按1;成为商业大腕,按2;当奥运会金牌得主,按3。请注意,要当金牌得主得另交一笔费用,您想让孩子得几块金牌,请按数字……"

这么一想,我快活地笑了,真不该摔掉电话。也许该给电话公司打个电话,给语音系统留话——取消电话服务。

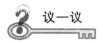

你做好适应网络时代沟通方式与生存方式的思想和沟通能力准备了吗?

第一节 人际沟通性质

一、人际沟通基本界定

（一）人际沟通的演变

追溯人际沟通历史源流，人际沟通的概念进入中国是在1980年代初从国外翻译界而来的。作为术语的汉译名称并不统一，对学科的理解也存在差异。1981年，国内学者居延安将"人际传播"作为概念语词较早引进学术领域，"人际传播"被视为传播学研究创立的基础。20世纪40年代末，在西方特别是美国，开始对人际传播这种社会现象进行专门化、系统化的研究，创立了传播学这门新兴学科。从社会学角度研究人际传播是传播学研究的显著特点之一。除"人际传播"一词较早进入新闻传播学领域外，早期的社会心理学、社会学和哲学领域较多使用"人际交往"，描述社会关系因交往行为而产生不同关系类型的结果。心理学将"人际交往"视为"社会中的人在物质和精神的交往中发生着各种类型的交往关系"。新兴的管理学则较多使用"人际沟通"。所谓"人际沟通"，是指提高和调动人的传播能力，以实现对人的管理目标。在这种情况下，"人际传播"成为新闻学与传播学研究的学术基础与一个分支，"人际交往"则为社会学或哲学使用，"人际交流"或"人际沟通"则更多出现在跨文化的语言交际和医患关系沟通的研究中。从不同的意义与理解看，这些差别主要是来自不同的学科视角或知识场域。传播学涉及学科的多样性，导致人际传播的学科性质扑朔迷离。国内的一些学者编著教材或者发表的论文，对于人际沟通的学科框架、理论体系、知识体系以及基本概念认识不清，连最起码的学科性质都被混淆，不清楚该学科是属于传播学、人际关系学、公共关系学还是礼仪学，其实质是属于传播学的分支——人际传播学（interpersonal communication）。

（二）人际沟通的定义

沟通的定义有上百种，人际沟通的定义也不下上百种。仅列举代表性的定义，供学习参考。

1. 人际沟通的"信息"说　人际沟通就是人们运用语言符号系统和非语言符号系统传递信息的过程。把人的观念、思想、感情等看作信息，人际沟通就可看作信息沟通的过程。这种观点使之可以用信息论的术语来解释人际沟通的整个过程。

2. 人际沟通的"关系"说　人际沟通是人们借助语言和非语言符号彼此交流观点、思想和情感的活动，并据此建立相互联系、相互影响、相互作用的人际关系的活动。

3. 人际沟通的"过程"说　我们将人际沟通定义为一个人运用语言或非语言讯息在另一个人心中引发意义的过程。这一定义包含了几个重要的要素，即信源、接收者、讯息、渠道、反馈、目标和情境。从基本含义看,"两个人之间"和"面对面的交流"代表"人际沟通"的根本属性或主要内涵。事实上,这也是作为早期"人际沟通"概念的识别标准。

4. 人际沟通的"社会角色"说　传播从一个人流向另一个人;传播是面对面的;传播的形式和内容反映了个人的个性特点和社会角色与关系。

专家指导

20世纪90年代,英国人际传播学者皮特·哈特利(Peter Hartley)从人数、渠道和讯息内容三个维度来界定人际传播。其包含有7个特征:面对面——人际传播是两个人面对面的相遇;角色关系——人际传播包含两个不同角色和有相互关系的人;双向性——人际传播永远是双向的;意义生发——人际传播不是简单的讯息交换,而是意义的创造与交换;目的意图——人际传播是部分或完全有意图的;连续过程——人际传播是一个持续的过程,而不是一个事件或一系列事件;历时性——人际传播随着时间的积累而出现变化。

链一链

王怡红著,《论"人际传播"的定名与定义问题》,新闻与传播研究,2015年第7期,第112~125页。

(三) 人际沟通的基本内涵

人际沟通的内涵是多方面的,包含沟通的发送者、接收者、渠道、编码、解码等等。但是,人际沟通的基本内涵就是沟通的内容和沟通的关系,即每一次人际沟通都包括"说什么"和"对谁说"的内容和关系两个向度。实际上,所有信息的互换都发生在两个层面上:内容向度(content dimension)是指双方明确讨论的信息,除了这些明显的内容,所有的信息也都带有关系向度(relational dimension),用来表达你对对方的感觉。

1. 人际沟通内容和人际沟通的关系密不可分　人际沟通"说什么"涉及沟通的内容方面,人际沟通"对谁说"涉及沟通的关系方面。人际沟通的内容方面是指沟通中的信息,人际沟通的关系方面是指沟通者在互动中是怎样相互联系的。两方面密切联系,不可分割。与其他沟通相比,人际沟通更强调沟通的内容和沟通的关系。例如演讲者说开车时系好安全带很重要,听众最感兴趣的是论据的事实和数据,而不是与演讲者之间的关系。但是,换一种情况就不一样了。如果警察对你说开车不系安全带就要接受违法处理,这时,用来说明系好安全带是如何重要的事实和数据倒变得无关紧要了。在这种情况下,你与警察之间的关系以及警察说的话对你的影响是最有说服力的。而对演讲者来说,最有说服力的则是他所提供的符合逻辑的论据。

2. 沟通的内容和沟通的关系的辩证性　在人际沟通中,"说什么"与"对谁说"

哪一个更重要呢？这是人际沟通的第一个重要理念。人际沟通的沟通的关系比沟通的内容更重要，即"对谁说"比"说什么"更重要。同样内容的一句话，两人关系不同，效果就不一样。"打是亲""骂是爱""见什么人，说什么话"说的就是这个道理。从这个意义来说，人际沟通就是通过交流信息建立关系、发展关系、巩固关系、和谐关系。人际沟通是以关系为重的。

图示表明：逆着听者感情说话不会成功，这被形象地比喻为"呛话"（出言挑衅）。人的心情是变幻莫测的。人的这颗心的结构和机械的结构相比较，如图2.1所示。

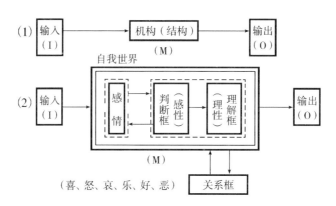

图 2.1 结构比较图

这个图的理性、感性、感情，用各自伸出的箭头表示影响前面，点线变成实线，表示压制前面，即"你的话，我是明白了；但就是不听你使唤，不想干"等行为。其次，喜欢或厌恶的那一方面一旦压抑了理智，说话的效果就会走向反面。特别是在劝说时候，听者对劝说人如有厌恶感，就会拒绝他的劝说；反过来，如果持有善意或好感，就会接收他所说的一切。人类具有这样的特质：对于友好的人的话洗耳恭听；对于讨厌的人的话，即使在理性上理解了，在感情上也是排斥的。因此，如果想要对方听你的话并按照你所想的那样行动，必须首先获得对方的好感。

3. 人际关系框左右一切　　人际关系框，即左右你言行的一切情况。在人际沟通中言语过失和疏漏时有发生，但是，弥补这些过失，疏通友好善良的本意，却在于人际关系。如："某先生没有告诉某某事，可能是因为忙而忘了，并非故意嘛，所以是情有可原的事啊！"如果这样为对方着想，关系就融洽了。

4. 内容和关系的若干假设

威尔莫特提出了关于信息的内容和关系方面的若干假设：

（1）每一内容的表达都有其相应的意义。

（2）一对沟通者中的每一方，均以自己独有的方式理解有关信息。

（3）一对成功的沟通者通过他们对有关内容及行为的不同理解进行议论和工作。

(4) 找出一种方法以保证双方对有关内容的理解保持相似。

(5) 沟通双方关系的发展明显地建立在内容的水平上,同时又潜在地建立在关系的水平上。

(6) 沟通内容的效能并不等于关系的效能。

(7) 每种关系均与内容有牵连。

(8) 相互关系的建立或维持,不能仅仅通过关系方面的谈话来实现。

这些假设强调影响信息理解的因素有内容和关系两个方面。如护士对患者说:"请服药。"沟通的内容方面是服药,而其关系方面则取决于护士和患者间的相互联系,包括护士对患者的权威性,护士对患者的态度,患者对护士的态度及相互的印象,等等。

想一想　练一练

就你在现实生活中曾经因为沟通的内容和关系的辩证性处理不当所遭遇的经历,说说你的感受。例如:你犯错了,严厉的爸爸训斥你,你低下头,眼睛瞟着他,担心挨揍。至于他说了什么,你压根一句也没听进去。同样某一件事,你妈妈把你拉到床前,抚摸着你的小脑袋,与你交谈。你感觉人际关系不同,沟通的过程和结果一样吗?

读一读

黛玉听说宝玉结婚的消息后,病情日重。她就将作为自己和宝玉爱情见证的旧帕与诗稿付之一炬。贾府上下忙于娶亲无暇顾及黛玉,还把她的丫鬟叫走使唤。黛玉在直声叫道"宝玉!宝玉!你好——"后便去世了。

议一议

请根据沟通的内容和沟通的关系的原理,诠释林黛玉的"宝玉!宝玉!你好——"传递了什么样的信息。

二、人际沟通特征

除沟通的互动性、动态性、不可逆性、社会性的特点之外,人际沟通还具备四个特征。

(一) 双向互动

沟通双方是相互依赖、相互影响的。沟通双方既不是完全的单方依赖,也不是完全的独立,而是沟通双方参与相互间的沟通行为所构成的有机整体,即在一个完整的人际沟通过程中,沟通参与者几乎在同时充当着发送者和接收者的双重角色,对参与者双方产生影响,是双向的互动过程。借用社会学的术语,就是产生较强的互动。互动是人们通过身体接近、身体接触或手势表情、语言信息的沟通而发生的心理交往和行为交往,又称社会互动。人际沟通不同于两套设备间的简单"信息传输",沟通双方都是积极的主体,每个人都希望自己的沟通对象具有积极性,希望沟通过程是一个相互影响、相互作用的积极过程。

(二)双重手段

在面对面的人际沟通中,不但使用语言而且使用非语言,非语言甚至可能是人际沟通最主要的方式,例如情侣间的眉目传情,政敌间的"死鱼式"握手。因为人际沟通并不限于传递观念、思想和情感的某一方面,而是可能同时涉及这三个方面。人际沟通借助语言和非语言手段,同时使用双重手段,表达的信息有可能一致,也有可能矛盾,即人际沟通不仅传递观念和思想,同时还传递情感。当你告诉患者化验报告要延期一周出来时,患者恳求你,他希望你尽早完成报告。他表达的内容可能还不止这些,他的语调强调了内容的重要,他的手势、与你的距离、姿势和表情都是他发出的信息的一部分。图 2.2 表示了人际沟通的分类。

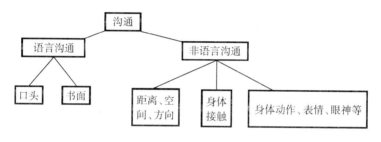

图 2.2 人际沟通的分类

(三)情境制约

人际沟通是发生在一定场合中的信息沟通行为,总是在特定的时间、地点、参与者、话题等各种因素中进行的,这些也构成了沟通的情境。情境因素始终对人际沟通产生制约作用。情境因素包括社会、心理、时间、空间等众多因素,这些因素有可能是人际沟通的积极因素,也可能是人际沟通的消极因素。在通常情况下,人们总是根据时间、空间、双方关系等不同的情形来选择不同的话题和恰当的方式进行积极有效的沟通。也就是俗话所说的:到什么山唱什么歌,见什么人说什么话。

(四)符号共识

人际沟通不同于设备之间的信息交流,沟通双方是借助符号系统相互影响的。信息交流的沟通符号,只有在信息发出者和信息接收者共同掌握统一的编码译码系统的情况下才能实现有效沟通。也就是说,沟通双方应遵守统一的或近似的编码规则和译码规则。这不仅指双方应有相同的词汇和语法体系,而且要对语义有相同的理解。但是,语义在很大程度上又依赖于沟通情境、社会背景、沟通场合以及沟通者的社会、政治、宗教、职业和地位等综合因素,这些因素的差异都会导致语义理解的偏差。

做一做 议一议

录下或记下你的一段谈话,分析在谈话中涉及了人际沟通的哪些特点。你从中得到了什么启发呢?

三、人际沟通类型

按照不同分类标准,人际沟通有多种类型。

(一)直接沟通和间接沟通

按照对媒介的依赖程度分类,人际沟通可分为两种:直接的人际沟通和间接的人际沟通。

1. 直接沟通 运用人类自身固有的手段,无须沟通媒介而做面对面沟通,称为直接沟通,如谈话、演讲、上课等。它是人际沟通的主要方式。

2. 间接沟通 除了依靠传统的语言、文字外,还需信件、电话、电报等媒介做居间沟通的,称为间接沟通。

(二)语言沟通和非语言沟通

按照沟通所使用的符号形式分类,人际沟通又可分为语言沟通和非语言沟通。

1. 语言沟通(language communication) 指沟通者以语言符号的形式将信息发送给接收者的沟通行为,它是以自然语言为沟通手段的信息交流。语言有口语和文字两种形式。于是,语言沟通又可分为有声的语言沟通和无声的语言沟通。有声的语言沟通是用口头语,即讲话的方式进行语言沟通,如谈话、讲课、演讲、打电话等;无声的语言沟通是用文字,即书面语言的方式来传播,如写信、贴布告、发通知、写字条、讲课中的板书、拍电报等。

2. 非语言沟通(non-verbal communication) 指沟通者以非语言符号的形式将信息传递给接收者的沟通行为,它是以表情、动作等为沟通手段的信息交流。面部表情及眼神、身体动作及姿势、言语表情、个人空间及个人距离、气质、外形、衣着与随身用品、触摸行为等都是非语言符号,它们都可以作为沟通工具来进行非语言沟通。

(三)正式沟通和非正式沟通

按照沟通的组织程度分类,人际沟通又可分为正式沟通与非正式沟通。

1. 正式沟通 指在一定的组织机构中通过明文规定的渠道进行信息的传递。例如,上级向下级下达指示、发送通知,下级向上级呈送材料、汇报工作,定期不定期的会议,等等。

2. 非正式沟通 指在正式沟通渠道外进行的信息交流,是人们以个人身份进行的人际沟通活动。例如人们私下交换意见,议论某人某事,沟通小道消息等,都属于非正式沟通。

(四)单向沟通和双向沟通

从沟通信息有无反馈的角度来分,人际沟通又可分为单向沟通和双向沟通。

1. 单向沟通 指单向信息流动的人际沟通。在沟通时,沟通双方的地位不变,一方只发送信息,另一方只接收信息而不向对方反馈信息,如做报告、大型演讲等。实际上,严格意义的单向沟通是罕见的,接收者会以各种形式(语言符号、非语言符号)或多或少地将信息反馈给发送者。

2. 双向沟通　指双向信息流动的人际沟通。在沟通时,发送信息者与接收信息者之间的地位不断变换,信息沟通与信息反馈多次往复,如交谈、协商、谈判等。人际沟通中的绝大多数均为双向沟通。

依据人际沟通的类型,假设你向朋友借钱,或向异性朋友表达你的爱意,你会选择运用人际沟通的哪些类型?

第二节　人际沟通影响因素

人际沟通是动态的、连续的、不断变化的过程,这就决定人际沟通过程中包括许多变量,所有这些变量都在不停地变化着,每个变量都对人际沟通产生影响。这些变量主要有移情、自我暴露、约翰瑞窗、情商、自我概念、人际信任,等等。

一、移情

遇上善感的人,或有一个善感的朋友,是一份福气。对方不需要富有、品位高尚或是知识广博,最好便是那善感的智慧,可遇不可求。

当他知道你远途归来,带点戾气的时候,会说:"很累了吧,先休息一下,别先忙看电邮,洗个澡再回电话。"而不是问:"为什么你总要让自己那么累?"

当他知道你跟别人生离死别,哭肿了眼睛,会坐下来说:"很想他吧? 要不要多哭一会?"而不是问:"为什么你不能从积极一点的角度去看问题? 为什么不想想,他现在在天堂里十分轻松快乐?"

当他知道你需要一个可以倚靠的肩膀、聆听的耳朵时,会腾出时间来,陪你走几圈,替你总结一下语无伦次的说话内容,而不是在你来电的时候几次打断你的话,不断搭接他那边的 waiting call。

善感的人不会看轻你的需要,因为他清楚记得自己相同的遭遇,知道什么是人生的关口。他们甚至会帮你去记忆,在你面临抉择的时候,提醒你曾经有过的感受、受过的伤害或耻辱、欢乐或荣誉,让你记起什么对你来说才最重要。善感的人无须据理力争、面红耳赤,只需要静坐在旁边,与你用同样的节奏呼吸。

请分享你的情感体验。

（一）移情性质

1. 移情的含义　1909年英国心理学家爱德华·布雷福德·铁钦纳(Edward Bradford Titchener)首次提到"empathy"。移情(empathy)一词,中文还有多种译法,如"神入""同感""共感""共情""投情""同理心""感情移入",等等。按照罗杰斯的观点,移情是体验别人内心世界,就好像那是自己的内心世界一样的能力。移情包括情感移情、道德移情、认知移情和行为移情四个维度。情感移情是指具有想象和分享他人状态或感受的能力;道德移情是指具有表达移情的内在动机;认知移情是指具有识别和理解他人的观点和情感的能力;行为移情是指具有与他人并且基于他人观点和情感进行沟通的能力。

移情就是用别人的眼光来观察世界,或者称"感同身受""换位思考"。尽管"移情"与"同情"这两个词经常被互用,但它们的含义是完全不同的。同情是对他人的关心、担忧和怜悯,是个人对他人困境的自我感情的表现;而移情是从他人的角度去感受、理解他人的感情,是分享他人的感情而不是表达自我情感。

同情别人的苦难只是一种人性的表现,解除别人的不幸才是神一般崇高的举动。
——贺拉斯·曼

读一读

有一位精神病人,认为自己是一只蘑菇,于是就蹲在角落里,每天不吃也不喝,像一只真正的蘑菇一样。

如果让我们来治疗他,我们该怎么办呢?我们可能会说:"你不是蘑菇啊,赶紧起来吧。"我们可能说上百遍千遍,甚至还会过去拽他起来,但这个病人必定还是会无动于衷,一动不动地做自己的蘑菇。

真正的心理医生是这样做的。他也撑了一把伞,蹲坐在了病人的旁边。病人很奇怪地问:"你是谁呀?"医生回答:"我是一只蘑菇呀。"

病人点点头,继续做他的蘑菇。蹲了一会儿,医生站起来走了一会儿。病人不解地问:"你是一只蘑菇,你怎么能动呢?"医生说:"蘑菇也可以动啊。"病人心想:哦,原来做蘑菇也可以动。所以他也就跟着动了。

然后医生开始吃饭,他就问:"你怎么可以吃饭啊?"医生回答:"蘑菇不吃饭怎么能长大?"病人觉得对,也开始吃饭了。

几周之后,这个病人就能像正常人一样生活了。这个故事可以给我们一个启示:共情说难很难,但也挺容易,只不过是在别人遇到困顿时,蹲下身来,陪他做一只蘑菇,而他必然也有让自己的生活重新快乐起来的能力。

最高境界的善良是共情。学会共情,才能触摸到别人心底的柔软,才能用自己的善良,真正对他人有所帮助。

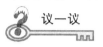 议一议

阅读高铭的《天才在左疯子在右》,分享你的情感体验。

2. 移情过程　结合移情的四个维度,解析移情过程,包括三个步骤:①情感移情,感受到对方的情感(感同身受)——移情的感觉;②行为移情,运用语言和非语言表达出对对方的情感和状况的理解——表达移情(理解万岁);③认知移情,让对方感受到对其的理解——对方感觉到移情(心领神会)。

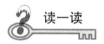 读一读

一位商人,外出时看到一个铅笔推销员,衣衫褴褛,生意冷清。商人顿生一股怜悯之情,不假思索地将十元钱塞进卖铅笔的人手中,然后头也不回地走开了。走了没几步,他忽然觉得这样做不妥,于是连忙返回来,从推销员手中取出几支铅笔,并抱歉地解释说自己忘了取笔,希望不要介意。最后,他郑重地说:"您和我一样,都是商人。"

一年之后,在一个商贾云集的社交场合,一位西装革履、风度翩翩的推销商迎上这位商人,不无感激地自我介绍:"您可能早就忘记了我,而我也不知道您的名字,但我永远不会忘记您。您就是那位重新给了我自尊与自信的人。我一直觉得自己是个推销铅笔的乞丐,直到您亲口对我说,您和我一样都是商人为止。"

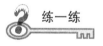 练一练

请分析并标注出短文所反映的移情步骤。

3. 移情的重要意义　移情是人际沟通过程中最重要的同时也是最复杂的变量,是人与人取得理解的首要前提,在有效的人际沟通中发挥着重要作用。没有移情,人际沟通将缺少其基本的性质——理解。

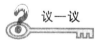 议一议

1. 举例说明移情水平与家庭幸福、身心健康、社会和谐等是如何密切关联的。
2. 举例说明移情能力对一名女性的重要性。例如:贤妻良母是对女性的角色要求,善解人意是对护士的职业要求。

(二)理解万岁

人与人是同类,为什么人与人之间还难以理解?为什么人们还要呐喊"理解万岁"?因为理解自己容易,理解别人太难。因为他们分别属于贫穷与富有、得意与失意、热恋与失恋、健康与顽疾、男人与女人,他们处境不同、角色不同、性别不同、

他们不是"同是天涯沦落人"。

理解是和谐社会的主旋律。被人理解是幸福的,理解别人是快乐的。理解是天堂,不理解是地狱。"理解万岁"告诉人们:万事都要考虑一下对方,社会要理解个人,个人也要理解社会;领导要理解群众,群众也要理解领导;父母要理解自己的子女,子女也要理解自己的父母;学生要理解老师,老师也要理解学生;丈夫要理解自己的妻子,妻子也要理解自己的丈夫;等等。

电影与沟通

《朗读者》

《朗读者》(The Reader)是一部2008年的英国电影,改编自1995年本哈德·施林克所创作的小说《朗读者》,由史蒂芬·戴德利导演,凯特·温丝莱特、大卫·克劳斯、拉尔夫·费因斯等人主演。其主题思想就是:理解万岁!最需要理解的人是汉娜,最缺乏理解能力的人也是汉娜。

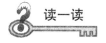

读一读

料事如神

在波斯的一所学校里,老师在教一位孩子时遇到了不少麻烦。"念'A'(在波斯文里念"阿里夫"),"老师教道。但那孩子抬起头来摇了摇头,咬紧嘴唇不出声。老师耐着性子和气地说:"你是个好孩子,请跟我念'A',这对你没什么害处。"可那孩子依旧不开口,只用空空的眼神望着他。老师发火了,大喊:"念'A'!"可那孩子嘴里只是发出"嗯嗯"的声音。老师没办法了,只好找来这个孩子的父亲,两人一起求这孩子念"A"。最后孩子屈服了,从他嘴里发出了一个清清楚楚的"A"字。老师被这成功所鼓舞,说:"太好了,现在念'B'。"可那孩子却火了,用他的小拳头敲着课桌喊道:"够了!我就知道念了'A'会有什么事。我念了'A'你就会让我念'B',然后我就得背整个字母表,还得学读和写,后面还有算术题要做。这就是为什么我不愿意念'A'!"

想一想

1. 在学习、生活、工作中,你能理解哪些人?哪些人能理解你?请写下并记住他们的姓名。

2. 举例说明造成争吵、战争等根源与理解的关系。

3. 男人说活得累,女人也发誓下辈子再也不做女人。其实,如果女人换位思考,就会有全新的说法——做女人挺好的!

渴望别人理解的人,首先要理解别人。理解是双向的。只要你善解人意,自然也能得到别人的理解。让我来理解你吧!——应该成为发自人们心底的呼声!因此,理解不能以自我为中心。一切只考虑自己、自我封闭、过分的心理防卫,经常会导致做出与他人不合作的行为来,这类人一般不会理解他人。理解要有宽广的胸怀。理解不仅是"推己及人"和"己所不欲勿施于人",而且需要宽容的胸怀。

读一读

美国著名作家欧·亨利曾写过一个故事,描述了患者与强盗的幽默言行。

一天晚上,一个人正躺在床上。突然一个蒙面大汉跳进阳台,几步就来到床边,他手中拿着一把手枪,对床上的人厉声说道:"举起手!起来,把你的钱都拿出来!"躺在床上的人哭丧着脸说:"我患了十分严重的风湿病,尤其是手臂疼痛难忍,哪里举得起来啊!"那强盗听了一愣,口气马上变了:"哎!老哥!我也有风湿病,可是比你的病轻多了。你得这种病多长时间了?都吃什么药呢?"躺在床上的人从水杨酸钠到各类激素药都说了一遍。强盗说:"水杨酸钠不是好药,那是医生骗钱的药,吃了它不见好也不见坏。"两人热烈讨论起来,尤其对一些骗钱的药物看法颇为一致。两人越谈越热乎,强盗早已在不知不觉中坐到床上,并扶患者坐了起来。

强盗突然发现自己还拿着手枪,面对手无缚鸡之力的患者十分尴尬,赶紧偷偷地把枪放进衣袋之中。为了表达自己的歉意,强盗问道:"有什么需要帮忙吗?"患者说:"咱们有缘分,我那边的酒柜里有酒和酒杯,你拿过来,庆祝一下咱俩的相识。"强盗说:"干脆咱俩到外边酒馆喝个痛快,怎样?"患者苦着脸说:"可是我手臂太疼了,穿不上外衣。"强盗说:"我能帮忙。"强盗替他穿戴整齐,扶着他向酒馆走去。刚出门,患者忽然大叫:"噢,我还没带钱呢!"强盗说:"我请客。"

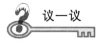
议一议

为什么强盗能够与患者成为朋友?

当一个人能了解别人的痛苦时,他自己也必是已经饱尝痛苦的人。

——拜伦

(三)移情表达

移情行为既可以是语言的,也可以是非语言的,语言和非语言更能够表达移情。比如,你坐在飞机上,当飞机起飞时,孩子面色紧张,大喊"我怕"。"你没有必要害怕,爸爸在你的旁边领着你,你不要担心。"这类板起面孔的说教是完全不对的,只能起反作用。相反,你应伸出你的大手,攥住孩子的小手,把身子靠近他,耳语道:"我明白你现在的心情。"同样道理,你也可以对情感失意、考试失利、下岗失业的人表达同样的移情。

下面的场景是A女士对J女士表示出的移情。A和J都是某办公室的职员,J因抄写错误使单位利益受损,受到老板的严厉批评。下面的对话是发生在J受批评之后。

J:老板的话让我觉得自己太笨了、太无能了。(表露自己的情感)

A:是的,我能理解你。老板以前也这样对我吼过。(A透露出一个类似的经历,以寻找共同点来表示出对J的理解,这就是通常意义上的"同病相怜")

J:我真不敢想象你也会有这样的体会。你是很自信的啊!(J想从A那里进一步得到证实,她也有如此经历)

A:不完全是这样的。我只是不愿意让别人知道我的情感。老板对我这么吼叫后,我回家就哭了。(A自我暴露,再次寻找出一个共同的经历)

J:我想,我今天如果再听到老板吼叫的话,也会受不了大哭一场的。(彼此分忧解愁达成了情感的平衡,这就是所谓的"把一个忧愁分担成半个忧愁")

A:我觉得啊,与一位朋友谈谈心、消消气,然后再独自一个人想想……(A直接回答,用切身体会描述了类似的经历)

J:我真担心会被开除。(J自我暴露)

A:不会的! 老板知道你是个好员工。你一直都是那么认真(辅之以非语言:拍拍J的肩膀,对之微笑)。(A给予肯定回答,以示安慰;用身体接触和微笑等非语言信息加以强调,增强自信)

J:谢谢你,A。我现在感觉已经好多啦。

 练一练 议一议

1. 请尝试对下岗无助、失恋绝望、身患绝症者、学习痛苦的人予以移情表达。
2. 请说说:哪些职业更需要移情的能力?
3. 请设置这样的场景:丈夫喝醉了酒,很晚才回家敲门,你作为妻子开门迎接。

A:"成天就知道喝酒,喝得人不像人、鬼不像鬼的,还知道回来? 下次你就在外面喝吧,干脆别回来!"

B:"老公,我知道你,人在江湖,身不由己! 你咋就不爱惜自己的身体呢? 醉酒伤身,小心肝!"

电影与沟通

《心灵捕手》

《心灵捕手》(Good Will Hunting)是由格斯·范·桑特执导,罗宾·威廉姆斯、马特·达蒙主演的一部励志电影。影片于1997年12月2日在美国上映。影片讲述了一个名叫威尔·杭汀(Will Hunting)的麻省理工学院的清洁工的故事。威尔在数学方面有着过人的天赋,但他却是个叛逆的问题少年。在教授蓝勃、心理学家桑
恩和朋友查克的帮助下,威尔最终敞开心灵,消除了人际隔阂,并找回了自我且收获了爱情。

二、自我暴露

(一)自我暴露的性质

1. 自我暴露的含义　自我暴露(self-disclosure)又译为"自我表露",是1958年美国人本主义心理学家西德尼·朱拉德(Sidney M. Jourard)提出的。自我暴露的含义,有众多不同的表述,例如:①自我暴露就是让目标人了解有关自己的信息,而目标人就是将自己个人信息告之并与其进行交流的人;②自我暴露就是告诉另外一个人关于自己的信息,真诚地与他人分享自己个人的、秘密的想法与感觉的过程;③自我暴露是一种人际交互过程,在这个过程中重要的不是向对方暴露什么,而是在这个关系情境下进行什么。

自我暴露是一种特殊的人际沟通过程,是人们将自己内心的感受和讯息与他人分享的过程。自我暴露是一种人们自愿地、有意地把自己的真实情况暴露给别人的行动,透露的情况是他人不可能从其他途径获得的。也就是说,自我暴露是自愿的、有意的、真实的。自我暴露采用语言和非语言的手段。自我暴露可以是描述性的暴露,向他人透露有关自己的一些事实;自我暴露也可以是评估性的暴露,也就是透露个人的意见和感受。团体的大小、喜欢的程度、相互性、性别差异、性格差异、文化背景、危机情境等因素,对自我暴露有着深刻影响。

2. 自我暴露的特征　包括主动性、有意性、真实性、独特性。

(1)主动性。自我暴露是自发的,因此,暴露者必须审慎地决定与哪些人交流有关自己的信息,考虑在自我暴露过程中是否会有令人窘迫的情况发生。

(2)有意性。自我暴露的内容通常是暴露者个人认为重要的内容,或者有助于对方理解自己,或者有助于增加自我的价值和吸引力。自我暴露所暴露的内容既可以是过去的,也可以是现在的或将来的,但它必须是有关自己的。

(3)真实性。自我暴露的信息必须是可靠的,这意味着至少在暴露者认识和理解的"事实"范围内应该是真实可靠的。

（4）独特性。自我暴露中要求与他人分享的信息必须是隐秘的而不是公开的，是个人生活中举足轻重的东西。一般来说，如果暴露者自己不暴露信息，那就是"天知地知，你不知，我知"。

（二）影响自我暴露的因素

1. 团体的大小　自我暴露较常发生于二人而非多人情境中，因为在二人情境里，自我暴露者除了可以保护自己的隐私不至于让太多人知道外，也较容易观察对方的态度和反应，借此修正自己暴露的内容和深度。

2. 喜欢　人们倾向于向那些自己喜欢的人进行自我暴露，而不会向自己不喜欢的人表露有关自己的讯息。因为人们对于自己所喜欢的人，较容易产生信任感，同时，也希望借由自我暴露，让对方更了解自己，因而能够建立更为深厚的关系。

3. 相互性　当一个人向他人进行自我暴露时，他也比较能够引起对方向自己进行自我暴露。因为当人们向他人表露私人事情时，事实上也传达了对对方的信任或喜欢，对方接收到这个讯息之后，对暴露者也可能产生信任或喜欢，因此也较容易吐露有关自己的讯息。

4. 性别　一般而言，女性较男性容易进行自我暴露，而这种性别的差异，在同性关系中比在异性关系中更为明显。也就是说，在同性关系中，女性向女性倾吐心事的频率明显高于男性向男性透露私人事情。但是，在异性关系中男女双方都容易进行自我暴露。因此，性别差异的现象就不太明显了。

5. 性格　有些人的性格比较外向，比较擅长于社交，他们也比较容易进行自我暴露。相反地，那些内向、不善社交的人，则较不会进行自我暴露。

6. 文化　不同文化背景的人，其自我暴露的程度也有不同。美国人自我暴露的程度高于其他国家的人。不过在这些不同文化当中，也具有一些共同性：无论是美国人、英国人、德国人还是波多黎各人，都比较喜欢透露有关自己的兴趣、态度、政治和宗教信仰，但是不太喜欢谈论有关自己的财务状况、性格、异性关系或是人际关系。

7. 危机　当人们处于一些危机情境中，比较愿意进行自我暴露。特别是在两个人面临相同的压力时，更容易进行自我暴露。

（三）自我暴露的意义

自我暴露可以深入了解自己，促进身心健康，发展人际关系。

1. 深入了解自己　罗杰斯提出，在一个值得信任的关系背景中，把自己公开地暴露给另一个人，这是逐渐理解自我的重要一步。一个人恰当地自我暴露，既可以使他人也能够让自己正确地认识自我，了解自己真正的感受及需要。

2. 促进身心健康　成为一个心理健康的人的关键，就是使自己更加透明。一个人之所以能够自由地向别人暴露自己的信息，是因为他本身是心理健康的人，而心理健康水平的提高也得益于对他人的自我暴露。自我暴露是获得他人和社会支持的前提。自我暴露增强了个人对事件的控制感,人们真正暴露自己,就能意识到事件并非如同想象得那样糟糕。自我暴露可以寻求到来自专业或非专业的社会支持,例如身患疾病的患者,如果获得医疗护理专业的关怀就能有效地应对与缓解疾病的相关压力。

3. 发展人际关系　人际沟通开始于自我暴露。互不相识的沟通双方根据他人自我暴露和自我呈现出的信息进行人际认知,产生不同的人际印象以及人际交往态度。正面的印象和积极的态度有利于人与人之间相互吸引,建立信任与促进双方相互了解,促进人际关系的形成和发展。

请指出下面哪些情况属于自我暴露:

(1) 你迟到了,老师追问你迟到的原因,你不得已说了出来。

(2) 你喝醉了酒,无意间对妻子说出你有私房钱。

(3) 餐桌上,你对外宾说你不喜欢吃西餐,不过会逐渐习惯的。

(4) 你对朋友主动说明你以前谈过三次恋爱,但有些细节没有讲出来。

(5) 为了表明自己有能力在外资企业任秘书工作,你过分夸大了自己的外语能力。

(6) 朋友的一席话,使你有感于他的诚恳,于是你把本来没打算讲的关于自己的情况讲了出来。

(7) 外国朋友问起你对该国政府的看法,你觉得不便谈起,便没有讲什么。

(8) 朋友向你表达爱意,被你婉言拒绝。

(9) 你经过深思熟虑,决定接受朋友的爱。于是,你第一次拥抱朋友。

(10) 为了安慰母亲,你说你有足够的钱养家,事实上你差不多是一文不名。

(11) 你在同学面前爱讲自己的缺点,在老师面前表现自信,在家里却从不开玩笑。

(12) 你在谁面前都爱讲自己那一段光彩的历史——其实你不讲,人家也知道。

三、约哈瑞窗

(一) 认识约哈瑞窗

《孙子·谋攻》曰:"知己知彼,百战不殆。"让我们来看看"约哈瑞窗"是怎么解析孙子兵法的吧。约哈瑞窗(Johari Window)是1955年美国心理学者约瑟·卢福特(Joe Luft)和哈里·英格汉姆(Harry Ingham)提出的分析人际沟通的理论,是从两人的名字中各截取一部分命名的。"窗"比喻一个人的心就像一扇窗,把这窗户分成四个部分,用四个方格说明在人际沟通中信息流动的地带和状况,意味着人的心理亦如此类同(见表 2.1)。有人形象地认为,约哈瑞窗是人际沟通的魔方。

表 2.1 约哈瑞窗

	自己知道	自己不知道
别人知道	开放自我Ⅰ(公众我)	盲目自我Ⅱ(背脊我)
别人不知道	隐藏自我Ⅲ(隐私我)	未知自我Ⅳ(潜在我)

1. 开放自我　Ⅰ是"公众我",即开放自我,是自己和别人都知道的公开部分。例如身高、肤色、年龄、婚姻状况、喜欢吃什么菜等,这是当局者清且旁观者亦清的部分。

2. 盲目自我　Ⅱ是"背脊我",即盲目自我,是自己不知道而别人却知道的部分。这是旁观者清而当局者迷的部分。

3. 隐藏自我　Ⅲ是"隐私我",即隐藏自我,是自己清楚知道而别人却不知道的秘密或不可告人之处,是当局者清而旁观者迷的部分。例如自私、嫉妒是平常自己不肯袒露的缺点,心中的愿望、雄心也是不愿告诉别人的部分。

4. 未知自我　Ⅳ是"潜在我",即未知自我,是当局者迷且旁观者亦迷的部分。在人际沟通的互动中,每个人都可能会获知盲目自我部分的信息,也会暴露部分隐藏自我的信息,同时从未知自我中生成新的信息。人际沟通就是这样处于永恒的流动中,人们总是希望探求到更多的对方信息,但总是无法完全达到目的。

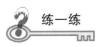

请你根据所提示的内容分析自我特质,然后分别写在约哈瑞窗的四个格子里。

(1) 公众我:自己与别人都提到的特质。
(2) 背脊我:自己没写而别人却提到的特质。
(3) 隐私我:自己写了而别人却没提到的特质。
(4) 潜在我:自己与别人都不知道的特质。

	自己知道	自己不知道
别人知道		
别人不知道		

记录你的活动心得。

写下你的自我暴露的满意程度。

你对自我暴露有哪些新的认识?

试排列出对你的秘密愿意尝试开放的顺序(请写别人不知道的特质)。

① _____
② _____
③ _____
④ _____
⑤ _____

请尝试找出三个最值得你信任的人,并说出你的理由。

① _____
② _____
③ _____

四、情商

(一) 情商概念

EQ(emotional quotient)是"情绪商数"的英文简称,代表的是一个人的情绪智力(emotional intelligence)的水平。情商是一个人自我情绪管理以及管理他人情绪的能力指数。情绪智力是由美国心理学博士丹尼尔·戈尔曼于1995年在《情感智商》一书中提出的。

(二) 情商内涵

情商基本内涵包括两个部分:第一部分是要随时随地认识、理解并妥善管理好自身的情绪;第二部分是要随时随地认识、理解并妥善管理好他人的情绪。具体表现为五个方面:

1. 认识自身情绪　能够通过自我感觉来认识自己的情感,具备从情绪中摆脱出来的能力。当处理他人的情绪时,不被自己的情绪所左右,乃至产生过激的行为。认识情绪的本质是 EQ 的基石,这种随时随地认知自身感觉的能力对于了解自己非常重要。因为只有认识自己,才能成为自己生活的主宰。

2. 妥善管理情绪　情绪管理是建立在自我认知的基础之上的。只有可以控制自身情绪的人才能走出命运的低谷,摆脱低落情绪的困扰。情绪管理就是针对具体情况做出恰当的情绪表达方式。

3. 认知他人情绪　这是与他人正常交往,实现顺利沟通的基础。能否设身处地理解他人的情绪,这是了解他人需求和关怀他人的先决条件。

4. 人际关系管理　即领导和管理能力。恰当管理他人的情绪是处理好人际关系的一种艺术。这方面的能力强意味着他的人际关系和谐,适于从事组织领导工作。

5. 自我激励能力　主要包括两方面的能力:通过自我鞭策保持对学习和工作的高度热忱,这是一切成就的动力;通过自我约束以克制冲动和延迟满足,这是获得任何成就的保证。自我激励就是树立目标、持之以恒、力争实现。

（三）情商要素

情商是情感表达调控的水平,情感、表达和调控是情商的三大要素。

1. 情感　情感是指一个人在自己已形成的思想意识的支配下,对当前面临的事物的切身体验或反应。一般来说,情感具有较大的稳定性和深刻性。但在特定情况下,人的具有稳定的社会内容的高级情感也可能以鲜明的、爆发的形式表现出来,表现为一种情绪,这种情绪常常超出理性的控制范围。

情绪与情感的区别与联系。首先,情绪出现较早,多与人的生理性需要相联系;情感出现较晚,多与人的社会性需要相联系。因此,情绪是人和动物共有的,但情感是人独有的。情绪具有情境性和暂时性;情感则具有深刻性。情绪具有冲动性和明显的外部表现;情感则比较内隐。情绪和情感虽然不尽相同,但却是不可分割的。因此,人们时常把情绪和情感相通用。一般来说,情感是在多次情绪体验的基础上形成的,并通过情绪表现出来;反过来,情绪的表现和变化又受已形成的情感的制约。情绪是与人们的生理需要相联系的,而情感则是与人们的社会需要相关联的。情绪与情感又是相互影响的,情感丰富的人一般能够控制情绪和调节情绪;与此同时,有时候情绪也会影响一个人的情感。例如当一个人的情绪不好时,他的情感就有可能变得麻木和僵硬。

2. 表达　人的情感始终是处在一个动态的过程中的,这不仅表现在个人自身情感会随着时间和环境等场合的变化而变化,而且还表现在人的情感的外在化,即自我表达和对他者的表达。一个不善于表达自己情感的人,如果总把愤怒、悲伤、委屈等情感压抑在心底,时间久了就可能会造成情感堵塞现象,让自己变得沉默寡言、愤世嫉俗,甚至会让这种心理的情感问题转化为生理的失调,乃至导致某些疾病的发生。而对别人表达情感,要找到适当的表达方式,恰当地把握分寸,否则就是情商低。例如在公众场合中表达的一个眼神、一个姿势、一个动作、一句话等都能产生积极或消极的影响。

3. 调控　判断一个人情商的高低,不但要看他情绪的性质、类型、程度以及情绪表达的方式与程度,还要看他是否能够自主与从容地调控情绪。《诗经》曰"发乎情,止乎礼",就是指男女情感的表达和调控。即肯定男女情感的存在,并且也鼓励男女情感的表达,但在男女情感的表达过程中不能越过礼仪的规范,这样就符合和谐的人际关系。

（四）情商作用

情商做人,智商做事。在现代人际关系社会,不仅要会做事,更要会做人。情商高的人,说话得体,办事得当,"人见人爱";情商低的人,要么"不合群",要么"讨人嫌",要么"哪壶不开提哪壶"。"靠智商得到录用,靠情商得到提拔",这已经成为职场的不二法门。

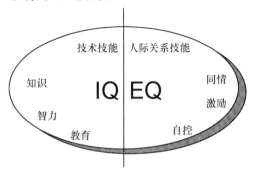

EQ 是人类重要的生存能力。人生的成就至多 20% 可归诸于 IQ(intelligence quotient),另外 80% 则要受其他因素(尤其是 EQ)的影响。因此,只有从重视 IQ 转到重视 EQ 上来,并大力提升青年一代的 EQ,才能拯救现代社会。研究表明,在人生发展的过程中,智商决定人生的 20%,情商则主宰人生的 80%。

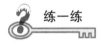

对下列问题请回答"是"或"否":
(1) 对自己的性格类型有比较清晰的了解?
(2) 知道自己在什么样的情况下容易发生情绪波动?
(3) 懂得从他人的言谈与表情中发现自己的情绪变化?
(4) 有扪心自问的反思习惯?
(5) 遇事三思而后行,不赞同跟着感觉走?
(6) 遇有不顺心的事能够抑制自己的烦恼?
(7) 遇到意想不到的突发事件,能够冷静应对?
(8) 受到挫折或委屈,能够保持能屈能伸的乐观心态?
(9) 出现感情冲动或发怒时,能够较快地自我熄火?
(10) 听到批评意见包括与实际情况不符的意见时,没有耿耿于怀的不乐?
(11) 在人生道路的拼搏中相信自己能够成功?
(12) 决定了要做的事不轻言放弃?
(13) 工作或学习上遇到困难,能够自我鼓劲克服困难?
(14) 相信失败乃成功之母?
(15) 办事出了差错,自己总结经验教训,不怨天尤人?
(16) 对同学的脾气性格有一定的了解?
(17) 经常留意自己周围人们的情绪变化?
(18) 与人交往时知道需要了解和尊重他人的情感?
(19) 能够说出亲人朋友各自的一些优点或长处?
(20) 不认为参加社交活动是浪费时间?
(21) 没有不愿同他人合作的心态?

(22) 见到他人的进步没有不高兴的心情?
(23) 与人共事懂得不能争功于己、诿过于人?
(24) 朋友相处能够严于律己、宽以待人?
(25) 知道失信和欺骗是友谊的大敌?

参考答案

如果你在第 1~4 题中答"是"的达 3 个以上,则表明你对自身的情绪有较高的认知。如果你在第 5~10 题中答"是"达到 4 个以上,则表明你对自身的情绪有较高的控制力。如果你在第 11~15 题中答"是"达 4 个以上,则表明你善于自我激励。如果你在第 16~18 题中答"是"达 3 个,则表明你能够了解他人的情绪。如果你在第 19~25 题中答"是"达 5 个以上,则表明你擅长于人际关系管理。

总体衡量,25 个题中答"是"达到 20 个以上者属高情商,答"是"在 14~19 个之间者情商属中等,答"是"在 13 个以下者情商则偏低。

想一想 议一议

1. 你认同"情商决定命运""情商重于智商"吗? 为什么?
2. 你是个"情绪化"的人吗? 说说具体情况。

五、自我概念

(一) 自我概念的含义

自我概念(self-concept)就是个体怎样认识自己,即一个人对自身存在的体验。自我概念最早可追溯到 17 世纪,法国哲学家笛卡尔第一次用严格的哲学方法提出"自我概念",把哲学的目光从外部世界转向人的自身。而最先从心理学角度对自我问题进行全面研究的是美国心理学的创始人威廉·詹姆斯(William James),他认为自我实际上可以分为两个方面,即作为客体的自我(the self as object)或经验的自我,作为主体的自我(the self as subject)或纯粹的自我。

罗杰斯认为,每个人都生活在自己知觉的主观世界中,所以对个体而言,了解一个人如何看待周围世界是最有意义的。他将个体所经验的一切称为现象场,现象场中涉及个人思想和经验的最重要的部分是对"我"的看法,包括对自己所有的知觉、了解与感受,例如"我是谁?""我是一个什么样的人?"等问题。对这些问题的回答即为个体的自我概念。在罗杰斯看来,自我由两部分组成:个体对作为主体的"我"的知觉("我认为,我是什么样的人"),以及个体对作为客体的"我"的知觉("我认为,在别人看来,我是什么样的人")。

个体的自我概念是在与别人的互动中形成的。从自我所包含的内容来看,主要包括个人自我、社会自我、理想自我、现实自我、应该自我、自我评价,等等。

(1) 个人自我。个人自我即通常所说的自我,指个体对自己本身各种特征的认识。个人自我是自我概念中最重要的内容，纯属个体对自己的主观看法，包括的内容非常广泛，如生理特点、行为反应方式以及人格特点等自己所感知到的个人特征。个人自我对个体具有最根本的影响。

（2）社会自我。社会自我是指个体所认为的他人对自己各种行为特点的看法。一般来说，个体认为他人的看法与自己一样，即个体对自己有什么看法，就会以为他人对自己有同样的看法。可事实上，个体对自己的看法与他人对自己的评价未必一致，比如有些大学生很自卑，认为自己一无是处，可在其他同学看来，他的学习成绩很好，做事情经常为别人着想。当然，个体对自己的看法也会因为他人的评价而有所改变。

（3）理想自我。理想自我是指个体所希望的自我形象，即希望自己达到的理想标准，或希望他人对自己产生的看法。理想自我引导个体努力去达到理想中的个人自我。当个体感到自己无法达到理想自我时会觉得无助和沮丧。

（4）现实自我。现实自我是指个体认为自己实际具有的特点，即自己目前实际的状况。在罗杰斯看来，现实自我和理想自我的一致性是心理健康的指标。也就是说，现实自我与理想自我越是接近，个体的心理就越健康；现实自我与理想自我的差距越大，个体就越是适应不良。

（5）应该自我。应该自我是指个体认为自己应该承担的义务和应该具有的特点，多受社会道德规范的影响。此时在自我评价时，更多地以他人的期望为标准。应该自我与现实自我之间的差异，反映个体认为外界对自我的要求与自己的实际情况之间的差异。当个体认为自己无法达到社会要求的标准时，会感到焦虑。

（6）反思自我。这也是对自我的评价，是指个体对自己是否达到理想自我以及达到何种水平的评价。自我评价实质上是对自我实际表现与自我理想之间关系的评价。在现实生活中，自我评价影响个体的自我感觉和对生活的满足感，个体自尊、自信、自卑等自我感觉对个体的发展与适应具有重要的影响。我们的自我概念来源于我们的人际关系，同时又影响到我们的人际关系。

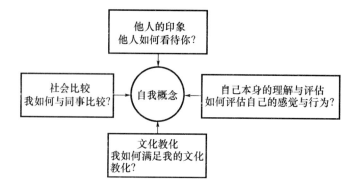

（二）自我概念形成在人际关系中的四种状况

自我概念是影响人际关系的重要因素。心理学家柏恩的人际沟通分析理论认为，人与人之间可能形成四种不同的生活态度：

(1) 我不好,你好(I'm not OK;You're OK)。否定自己,肯定他人。

(2) 我不好,你也不好(I'm not OK;You're not OK)。否定自己,否定他人。

(3) 我好,你不好(I'm OK;You're not OK)。肯定自己,否定他人。

(4) 我好,你好(I'm OK;You're OK)。肯定自己,肯定他人。

第(1)种状况,是人类在婴儿早期的共同感觉。如果作为生活态度,就会产生两种生活方式——退缩的生活方式和服从的生活方式。第(1)~(3)种状况基于自身的感觉,第(4)种状况则基于自身思考、信念和行动。

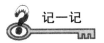

请大声朗读：我好,你好,大家好,才是真的好！每个人都是有缺点的好人！我能！

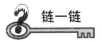

搜索田纳西自我概念量表,测量自己的自我概念状况。

（三）建立健康的自我概念

自我概念是自我实现的语言。一个自我概念低的人往往不喜欢、不满意自己,觉得别人都比自己好。这样的人在人际沟通方面往往有很大的障碍。他无法与他人很好地相处,对自己没有信心,生活也不可能快乐！提升自我概念,必须认识自我、悦纳自我、发展自我、完善自我、超越自我,做一个自信快乐的健康人。

悦纳自我是发展积极健康的自我概念的核心和关键。一个人首先应自我接纳,才能为他人所接纳。悦纳自我就是要无条件地接受自己的一切,无论是好的或坏的,成功的或失败的,有价值的或无价值的。凡自身现实的一切都应该积极悦纳：要平静而理智地对待自己的长短优劣、得失成败,要乐观开朗,以发展的眼光看待自己；既不以虚幻的自我来补偿内心的空虚、自欺欺人,也不消极回避自身的现状,更不能以哀怨、自责甚至厌恶来否定自己。

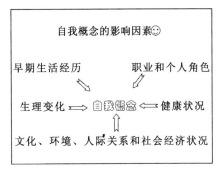

在自我悦纳的基础上提升自我概念,必须培养自信、自立、自强、自主的心理品质,必须肯定自己、相信自己、悦纳自己、赏识自己、发展自己；寻找优点,创造优点,发现优点。

1. 积极参与社会交往　一个人要想全面客观地认识自我,首先必须积极进行社会交往,充分表现自我,发现自己的优点和不足。米德强调,自我概念来源于社会交往,自我概念也只有在社会交往中才能形成,因此,社会交往对于个人全面客观认识自我具有极其重要的作用。

2. 合理运用社会比较策略　每个人在认识自我的过程中,免不了要与别人进行比较。进行社会比较是每个人全面客观地认识自我的重要方式。合理的社会比较策略,对于形成积极的自我概念具有重要意义。但不少人在社会比较的过程中,思维方式存在严重问题。例如,有些人总是拿自己的弱点跟别人的优点相比,总是看到自己的缺点而看不到自己的优点;或者,只看到别人的优点而看不到别人的缺点,就会夸大自己的不足,形成消极的自我概念。相反,有些人只看到自己的优点,对缺点却视而不见,这必然会形成虚假的自我概念,导致盲目自大。合理的社会比较,必然是综合的比较。既要横向比较,也要全面比较,绝不能无原则地攀比。因为不同的人有不同的生活环境,诸如家庭背景、生理状况、智力程度、生活遭遇等各不相同。因此,在社会比较过程中必须综合考虑各方面因素,只有这样,才能形成积极的自我意识。

3. 留意他人对自己的态度和评价　库利在自我概念的理论中提出了"镜中我"的概念,他十分强调别人的态度、评价对自我概念形成的重要作用。他认为,个体的自我概念就是他人态度或评价在自我头脑中的反映。当然,不同的人对同一个体的评价往往不同,同一个人对同一个体的评价在不同的时期也会发生变化。每一种评价都不可能是对"自我"的全面客观的评价,但只要我们把它们综合起来,就能得到比较全面的自我概念。因此在生活中,我们要留意来自父母、老师、同学、朋友、异性等多方面的信息,这样我们就能够逐步形成对自我的全面客观的认识。

做一做　想一想

请宿舍舍友、小组同事、家庭成员对你做一个全面的评价。想象他们会使用什么样的词语来描述你?你对此有何看法?

专家指点

追求自我实现的五个步骤,供参考。

1. 认清自己。先了解自己是谁、拥有什么、缺少什么、想追求什么。或许我们从小到大忙于读书考试,却从来没有机会静下心来面对自己。想一想:我是谁?这是一切追求改变与认知现实的基础。

2. 对自己负责。当我们发现自己是谁、想追求什么之后,紧接着就是一连串的抉择,因为是"我"在做抉择,决定要如何做、如何过一生,所以我们必须以成熟的心态,勇于承担自己的责任,没有任何人可以替代。

3. 永远好奇。尝试不断地去观察、了解、省思,让自己不仅像一块海绵一样吸收新信息,还要让头脑的判别机制发挥筛选的作用,去芜存菁,保持敏锐的判断力与灵活的思考能力。

4. 包容与关爱。包容与关爱能释放狭隘的自我,可以从不同的立场和视角看待事情,获得新发现,获得别人的回馈。

5. 激励自己。勇于尝试,富于行动,真正起而行之;否则,就会功亏一篑。恐惧与害怕,源于自我设限,不如试着身体力行——做做看!

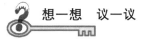

1. 自我概念就是指个体自己对自己整体的看法。我们认为自己到底是一个怎么样的人?对自己是产生喜欢还是讨厌的感觉?认为自己是个有价值的人吗?对自己又有什么样的评价?请不妨趁此机会花几分钟,想想看:我,是怎么看我自己的?

2. 有人说"好孩子"是夸出来的!谈谈你的观点。

3. 有些家长、丈夫/妻子喜欢在别人面前夸赞他人的孩子、他人的妻子/丈夫,对此,谈谈你的感受。

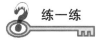

每天对着镜子,举起拳头,大声呼喊:"我能!""我能!"坚持一周、一月……记录下自己的感受和变化。

《风雨哈佛路》

《风雨哈佛路》(Homeless to Harvard: The Liz Murray Story)是美国一部催人警醒的正能量电影。影片通过一位生长在纽约的女孩莉斯,经历人生的艰辛和辛酸,凭借自己的努力,最终走进了最高学府的经历,表达了一个贫穷苦难的女孩可以凭借执著信念和顽强的毅力改变人生的主题。

她,出生在美国的贫民窟。

她,母亲吸毒、酗酒并患有精神分裂症,死于艾滋病。

她,父亲是流浪汉,居无定所。

她,和自己的朋友流浪在城市的角落。

她,靠一套别人丢弃的百科全书完成了初中学习。

她,靠着1分钟的面试再次回到学校。

她,以单程70分钟车程的地铁为家。

她,用两年时间完成四年的高中学业。
她,以《纽约时报》全额奖学金进入哈佛大学。
她,是读书改变命运的案例。
她,是认识自己,接纳自己的。
她,是如何认识自己的?
她,是怎样接纳自己的?
她,又是怎样成为演说家的?

六、人际信任

(一) 人际信任概念

朱利安·罗特(Julian Rotter)首先在其社会学理论中论述了人际信任的概念。人际信任是指个体在人际互动过程中建立起来的对交往对象的言辞、承诺以及书面或口头成熟的可靠程度的一种概括化的期望。卢曼把信任分为人际信任和制度信任,前者建立在熟悉度和人与人之间感情关系上,后者建立在诸如法律等惩戒性或预防性的机制上。人际信任量表(Interpersonal Trust Scale, ITS)是由罗特于1967年编制的,包括25个项目,测量了考试、选举、司法纠纷等各种情境下的人际信任,涉及父母、同伴以及一般人群等各种社会角色。采用5点评分,得分越高表示人际信任倾向的水平越高。

(二) 人际信任作用

人际信任是良好人际沟通的基础,是人际沟通的第一要素,是社会信任的缩影。论语曰:"人而无信,不知其可也。"

1. **人际信任是人际沟通的首要原则** 人际信任确立了主体间关系的基本价值定位。人们在建立人际关系之始,具有自觉或不自觉的信任选择性。在现实生活中,人与人之间在情感上有亲疏远近的区别,这就是人与人关系的距离。这种关系距离并不是物理空间的尺寸,而是一种心理距离。人际信任决定着人际关系中人与人心理距离的远近。在人际关系中,双方相互信任是首要前提,以诚相待是首要原则。

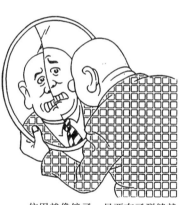

信用就像镜子,只要有了裂缝就不能像原来那样连成一体。
——阿密埃尔

2. **人际信任是人际沟通中的行为规范** 因为人际信任不仅是人际沟通的重要行为规范,同时又是可以操作的、具体的、直观的,我们可以察其言、观其行,观察对方是否守约、能否践诺等细微处,可以直接并且快速地评估一个人是否值得信赖和交往。因此,恪守信任是人际沟通的重要规范。

3. **人际信任是人际交往的精神纽带** 在一定意义上,人际沟通行为就是一种道德行为,是基于对他人、对社会诚信的自觉认识而表现出来的,没有这种自觉认识,就不能构成人际关系。在人际关系中,沟通双方的心理及其行为都是紧密地联系在一起的,只有双方相互信任,并付诸自己的交往行动,这种交往行动的共同作用才会产生和谐的人际关系。

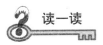
读一读

有一个国王,他有一个美丽的女儿。这位公主爱上了英俊善良的青年侍卫。国王发现了他们的恋情后,暴怒之余立刻将侍卫关进了监狱。

很快,国王为了彻底斩断公主与青年侍卫的这段情缘,做出了一个决定:在竞技场里,面对全国百姓,青年必须选择打开两扇门中的一扇。而这两扇门中,一扇里面是一头饥饿凶猛的狮子,打开后青年就会被吃掉;另一扇里面则是一群年轻美丽的少女,打开后国王就会为青年侍卫与少女们举办盛大的婚礼。

当青年被带到竞技场时,他并不知道哪扇门后面是狮子,哪扇门后面是少女。他抬起头来看着公主。他看到公主用眼神示意了其中的一扇门,公主的眼神虽然矛盾复杂,但却充满了爱意。

有谁能猜出来公主示意的是哪扇门?而侍卫选择的又是哪扇门呢?

这时,两人的矛盾心情都在激烈地做斗争:

如果他们两人共同选择爱情,以死抗争,公主就会示意有狮子的那扇门,青年也会毫不迟疑地去打开它,从容面对死亡,然后公主殉情,双双成就了一段伟大的爱情。

如果他们共同选择先活下去,公主就会示意打开有少女的那扇门,青年也会极其无奈地去打开,世界上也就多了一幕悲欢离合的人间悲剧。

如果公主希望青年活下去,她会示意有少女的那扇门,但是青年很可能选择以死抗争,他就会义无反顾地走向关狮子的那一扇门。

正是出于对上面这一点的担心,公主会示意关狮子的那扇门,这样就可以骗得青年走向有少女的那扇门而挽救青年的性命。但是,青年也可能恰恰意识到这一点,而执意走向关狮子的那扇门。

这时,公主其实已无法判断青年的选择,青年也已经难以把握公主的示意了。两个最拥有信任、心有灵犀一沟就通的恋人,已双双陷入了信任的两难境地。

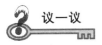
议一议

请扪心自问:学生信任老师吗?患者信任医生吗?丈夫信任妻子吗?

(三)人际信任影响因素

1. 决定人际信任程度的因素　对沟通者的信任程度取决于多种因素。①权威性:指对对方工作能力和资格的认定。不同的领域有不同的权威性,对于自然科学和社会科学问题的权威来自各学科的专家。②信誉:指对对方的信赖程度。只有权威性而没有信誉也会使信任程度打折扣。③目的一致性:指对对方目的和价值观与自己一致性的估计。目的一致性可增加彼此的信任。④领导才华:指沟通者感受到的出众的领导才能,特别是应付意外、突发事件的能力。⑤活力与魅力:主要指感受到的语言和非语言的魅力。

2. 人际信任程度对沟通的影响　在人际沟通中,第一个影响是有利于说服。其次,影响到一个人或单位的文化形象。

(1) 态度决定一切。没有正确的态度则很难表现出恰当的肢体语言,也就难以取得他人的信任。因此,要获得信任,首先必须端正态度。

(2) 人际信任是人际沟通的重要基础。人际沟通困难的一个重要原因,就是你和别人之间缺乏信任。如果缺乏人际信任,人际沟通效果就不好,就难以解决问题。

链一链

以"信任危机"为关键词,了解因其造成的对人际沟通的负面影响的相关信息,说说你的观点。

想一想　议一议

1. 说一说:在学习、工作、生活中,哪些人值得你信任,哪些人信任你?这对你产生怎样的影响?

2. 由信任危机到重塑人际信任,你认为我们将如何行动?

如果怀疑别人说假话,那么最好假装相信。这样他会更大胆,会编出更大的谎话。
——叔本华

第三节　性格类型与人际沟通

一、内向性格与人际沟通

人们在社会交往过程中,会遇到各种性格的人,并且在评价某人的时候,也常常谈论其性格,诸如某某人比较内向、不善交际等。那么,究竟什么样的人是内向性格呢?内向性格与人际沟通有什么联系呢?

(一) 内向性格特征

内向性格与外向性格的概念,是由瑞士心理学家荣格首先提出的。他对内向与外向的性格特征,从思想、感情、感觉、直观四个方面进行了描述和分析。其中,内向性格在思想上注意思维、注意实际;在感情上将感情隐藏于内心,不流露在外;

在感觉上以内心为对象，受内心唤起的思考所支配；在直观上不善于交际。

美国心理学家赖特也制定了一个量表，既可评定自己，也可评定别人。在赖特的评定量表中内向性格与外向性格各有29个特征，其中内向性格的特征有：①不多笑。②说话正常，绝不敷衍，即使得罪他人，也毫不顾及。③容易受窘。④动作甚为迟缓。⑤鄙吝。⑥写得比说得更流利。⑦喜欢辩论。⑧不善于交友。⑨管理自己的东西，非常当心。⑩容易动摇，容易踌躇。⑪不时改变主意。⑫极注意细小地方。⑬不大与异性接近。⑭在大众面前局促不安。⑮不时忧虑。⑯容易恼怒。⑰一个人的时候，工作最有成绩。⑱兴趣偏在理智方面。⑲不时想入非非。⑳非常谨慎。㉑做任何事情都有一个理由。㉒不愿受人吩咐。㉓时常垂头丧气。㉔喜欢正确，欣赏缜密。㉕易为赞赏所激动。㉖喜欢自己解决问题。㉗喜欢猜疑。㉘意见易趋极端。㉙不能忍受失败。

总的来说，内向性格的人善于思考，遇事谨慎，但不善于沟通。

(二) 内向性格与人际沟通的关系

1. 内向性格的人一般不善于沟通　因为内向性格的人善于独立思考，喜欢一个人单独完成某项任务，所以其依赖性低，与他人沟通的动机和愿望淡薄。这不利于密切人际关系、获得社会信息、开阔思路和视野。

2. 内向性格的人有可能建立更深厚的情感　内向性格的人虽然在直观上表现为不喜欢与人沟通，但不能否认他们有可能与少数人有着更深厚的沟通。有些人外表上显得不愿意与更多人沟通，但他们也有着不同程度的沟通动机，只是这种动机弱一些。但是一旦遇上了知心人，他们有可能对沟通产生更大的热情，可能把全部沟通精力集中于此，从而与他人建立起更深厚的感情和更永久的友谊。

二、外向性格与人际沟通

外向性格是与内向性格相对应的一种性格特征，它与人际沟通也存在着一定的关系。

(一) 外向性格特征

荣格也描述和分析了外向性格的特征。在思想上思想内容多为客观的材料；在感情上感情反应适应，能顺应外界情境；在感觉上对外界事物特别敏感；在直观上善于表现。

赖特认为外向性格的特征有：①易于大笑。②顾惜别人。③很少受窘。④肯借钱给人。⑤动作迅速。⑥说话流利。⑦不喜欢固执争辩，愿意让步。⑧容易交友。⑨对自己的日用物件全不经心。⑩判断迅速。⑪一经断定，轻易不变。⑫喜欢大概，不愿追根寻底。⑬易受异性的吸引。⑭在大庭广众面前，落落大方。⑮很少忧虑。⑯不介意别人的批评。⑰喜欢在众人面前做事。⑱喜欢户外运动。⑲很少沉于冥想。⑳不十分谨慎。㉑常根据冲动而行事。㉒服从命令，认为这是最自然不过的事。㉓不沮丧。㉔不讲精密，只求大体无误。㉕不因赞赏而激动。㉖解决问题时,喜欢求助于人。㉗很容易理解别人的语言和动作。㉘大部分的意见偏于保守。㉙能经得住失败。

总的来说,外向性格的人其心理活动倾向于外部,开朗、活跃、善于交际。

(二)外向性格与人际沟通的关系

1. 外向性格的人一般都善于沟通　在生活中,外向性格的人机敏、好动,愿意表现自己,有能力应付难堪的场面,愿意与别人打交道。如果这种性格的人热情而诚实,那么,他会在人们心中享有较高的知名度,将比其他人更快地获得社会信息,将比其他人产生更大的影响。因此,在一些公共社交场合,最活跃、影响最大、最引人注目的是那些外向性格的人。

2. 外向性格的人在沟通程度上有可能受影响　外向性格的人善于沟通,但不能说都有较深的沟通。人际沟通既有面上的广窄之分,又有感情的深浅之分。一般来说,外向性格的人在沟通面上要比内向性格的人广一些,但在沟通程度上,外向性格与它并没有内在的必然联系。

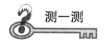

性格内外向自我测试

计分方法:在下列题目中,凡单数题,回答"是"记0分,"不置可否"记1分,"否"记2分;凡双数题,回答"是"记2分,"不置可否"记1分,"否"记0分。

(1)在大庭广众面前不好意思。(2)对人一见如故。(3)愿意一个人独处。(4)好表现自己。(5)与陌生人难打交道。(6)开会时喜欢坐在被人注意的地方。(7)遇有不快事情,能抑制感情,不露声色。(8)在众人面前能爽快地回答问题。(9)不喜欢社交活动。(10)愿意经常和朋友在一起。(11)自己的想法不轻易告诉别人。(12)只要认为是好东西立即就买。(13)爱刨根问底。(14)容易接受别人的意见。(15)凡事很有主见。(16)喜欢高谈阔论。(17)在会议休息时,宁肯一个人独坐,也不愿与别人聊天。(18)决定问题爽快。(19)遇到难题非弄懂不可。(20)常常未等别人把话讲完,就觉得自己已经懂了。(21)不善与人辩论。(22)遇到挫折不易丧气。(23)时常因为自己的无能而沮丧。(24)碰到高兴的事极易喜形于色。(25)常常对自己面临的选择犹豫不决。(26)不大注意别人的事。(27)好把自己与别人比较。(28)好憧憬未来。(29)容易羡慕别人的成绩。(30)相信自己不比别人差。(31)注意别人对自己的看法。(32)不大注意外表。(33)发现异常现象容易想入非非。(34)即使有亏心事也很快遗忘。(35)总是把家里收拾得干干净净。(36)自己放的东西常常不知在哪里。(37)做事很细心。(38)对于别人的请求乐于帮助。(39)十分注意自己的信用。(40)热情来得快,消退得也快。(41)信奉"不干则已,干则必成"。(42)做事情更注重速度而不是质量。

(43)一本书可以反复看几遍。(44)不习惯长时间读书。(45)办事大多有计划。(46)兴趣广泛而多变。(47)学习时不易受外界干扰。(48)开会时喜欢与人交头接耳。(49)作业大都整洁、干净。(50)答应别人的事情经常会忘记。(51)一旦对人有看法则不易改变。(52)容易与人交朋友。(53)不喜欢体育运动。(54)对电视节目中的球赛尤感兴趣。(55)买东西前总要估量一番。(56)不怕从来没做过的事情。(57)遇有不愉快的事情可以生气很长时间。(58)自己做错了事,容易承认和改正。(59)常常担心自己会遭遇失败。(60)容易原谅别人。

积分含义:

把每个小计分相加得积分,其数据含义:

90以上为典型外向;81—90为较外向;71—80为稍外向;61—70为混合型(略偏外向);51—60为混合型(略偏内向);41—50为稍内向;31—40为较内向;30以下为典型内向。

性格说明:

内向者沉郁、安静、处事谨慎、优柔寡断、富于想象、动作缓慢、应变能力较弱、不善社交。

外向者开朗、活泼、善交际、感情外露、不拘小节、独立性强、易适应环境、易轻信、易冲动。

性格的内外向是人的最基本的性格特征,其各有优缺点,并不能说明孰优孰劣。所以测试后,你把握了自己性格的脉搏,应充分发挥其优势,尽量摒弃其劣势。尽管性格的内外向是很难改变的,但在环境潜移默化的作用下也会有所改变。

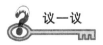

1. 试按照荣格的性格测量表,评估自己属于哪类性格。
2. 性格是先天注定的吗?性格容易改变吗?
3. 性格有绝对的好与坏之分吗?
4. 你的性格对人际沟通产生影响了吗?
5. 你相信性格,还是相信命运?

第四节 网络沟通

谁掌握了信息,控制了网络,谁就能拥有整个世界。

——阿尔文·托夫勒

一、网络沟通的界定

网络沟通(internet communication)是指通过基于信息技术的计算机网络,双方以语言、符号等为媒介所进行的观念、知识和情感的信息互动,主要包括电子邮件、网络电话、网络传真、网络新闻发布、即时通信等。网络沟通丰富了人们的沟通方式,人际沟通从电话、邮件过渡到微博、微信、APP等新媒介,实现信息即时交流。

在网络中实现人际沟通的方式主要有电子邮件(E-mail)、网上电子公告、网上聊天(IRC)、QQ聊天、微信、微博、论坛(BBS)、贴吧等。

二、网络沟通的特征

1. 虚拟性与隐匿性　传统的沟通行为总要依靠一定的物理空间或场所来进行。网络沟通彻底改变了人们的沟通方式,摆脱了地理空间的限制,双方聚集在一个共同的非物理化的空间,人际沟通形成虚拟性的社会关系网络。传统人际沟通是发送和接收信息的过程,必须有发送方、信息和接收方三个要素。在网络沟通中,特殊的网络技术手段使人们沟通的隐蔽性和匿名性得以实现。

2. 开放性与平等性　网络信息开放性和共享性的特点,方便人们通过网络获得更多的信息资源,促进沟通的内容与形式更加自由和开放。互联网消除了时空距离,改变了传统人际沟通方式,其突出地表现在人际间面对面、互动式的交流变成了人与机器之间的间接交流,这种间接性也决定了网络沟通的平等性。网络沟通突破了传统人际沟通和人际关系的内涵,比较容易突破年龄、性别、相貌、健康状况、社会地位、身份、背景等传统因素的制约。平等性是网络沟通的主要特征。

3. 自主性与随意性　每一个成员在网络沟通中可以最大限度地参与信息发布,几乎没有外在约束,具有自主性。这种网络沟通虚拟角色,使沟通双方都没有任何心理负担,形成网络沟通极大的随意性。

4. 情感疏远与信任危机　网络沟通消除了传统人际沟通的空间障碍,同时也使现实社会人际关系的情感更加疏远。如果以游戏的心态参与网络沟通,就会加剧产生网络信任危机。如果沉溺于"虚拟时空"的网络沟通,很可能会无法直面现实生活中的人际沟通。

网络语言符号的丰富性

沟通是主体间以符号或语言为媒体的交流行为,网络沟通离不开网络语言。网络语言既是网络沟通的产物又是网络沟通的工具,数以亿计的网民创造出丰富多彩的网络语汇。正是网络语言符号的丰富性,使得网络沟通明显区别于现实沟通。在现实沟通中人们除了依靠言语沟通之外还大量借助于非言语沟通,而网络沟通是"文本沟通的回归",网络沟通在极大程度上依赖于网络语言这一依托于数字技术和网络传播的人工语言,网络语言是网民在网络社区这一特定语域中使用的一种视觉符号。对于网络语言的属性尽管存在着多种见解,但人们普遍认同网络语言具有快速、直观和形象的交流效果,它的构成既有传承又有创新。网络语言具备口头语和书面语两种文体,形式上是一种视觉文字,本质上则是口头语的书面化。此外,为了弥补缺乏肢体语言等非言语沟通形式之不足,大量的网络沟通语言情感符号便应用而生,有学者把这种符号视为网络时代的象形文字。而网络语言和沟通符号的丰富性使网络沟通更加活跃,它也留给传统语言学许多有待于解决的理论问题。

《社交网络》
(The Social Network)

马克·扎克伯格是一个善于电脑编程并且能够迎合市场需求的天才,但是在人际关系方面却是个彻头彻尾的失败者。电影评论家罗杰·艾伯特认为影片中的扎克伯格就是"一枚只知道追寻自己目标的热追踪导弹",他不仅嘲弄和羞辱了自己的女朋友瑞卡,还背叛了最好的朋友德华多·萨维林。扎克伯格建造了整个帝国,却只生活在自己孤立的小世界里,对周围发生的一切都漠不关心。扎克伯格的成功与失败仿佛是一则讽刺我们这个时代的寓言:掌握(最新的)沟通技术不能确保拥有(最基本的)交际能力。

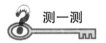

下列问题请按重要程度打分,从-3到3依次为最小(或很不赞成、最没影响)到最大(或很赞成、最有影响),共有7个等级,0为中等程度(-3,-2,-1,0,1,2,3)。

(1) 网络交往容易影响与现实中的朋友、同学和家人的交往;
(2) 对网上新结识的人的信任程度;
(3) 对结识很久的网友的信任程度;
(4) 网络交往对您现实生活方式改变的影响程度;
(5) 网络交往对现实社会道德水平提高的影响程度;
(6) 网络交往对现实社会道德水平下降的影响程度;
(7) 网上结交的朋友的真实可信性;
(8) 在网络交往中应遵守诚实守信的社会公德;
(9) 网络交往与现实交往相比其意义的大小;
(10) 网络交往允许说假话,不涉及道德问题;

(11) 传统道德对网络交往的约束力;

(12) 网络交往是绝对自由的,想干什么就干什么,他人无权干涉;

(13) 网络交往很容易受骗;

(14) 网友之间的感情比现实中朋友的感情更和谐、真诚;

(15) 网恋是现实社会恋爱的一种补充形式;

(16) 网恋只是一场游戏,不会转化为现实中的恋爱;

(17) 在网上交往最能展示自我;

(18) 我不相信网上交往对象的角色就是现实生活中的角色。

第三章 人际关系

本章目标

1. 解释人际关系的含义、因素、特点。(认知目标)
2. 说明人际关系三个因素之间的内在联系。(认知目标)
3. 正确运用人际行为模式,建立和巩固人际关系。(能力目标)
4. 科学应用控制程度,和谐人际关系。(能力目标)
5. 感受人际吸引规律的好人缘的品质。(情感目标)
6. 应用自我辩解理论和PAC角色理论,正确处理人际冲突。(能力目标)
7. 了解人际关系的相关理论。(认知目标)

人际关系　控制程度　人际吸引　自我辩解　父母角色　成人角色　儿童角色

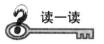

地球上只留我一个人多好

一个小伙子惧怕人际交往,于是异想天开:这个地球上如果只留我一个人那该多好!再也没有与别人打交道的烦恼了,多么自由自在!

有好事者问:"没有老婆不寂寞吗?"

"那就留一个女人做老婆——比翼双飞多快乐!"小伙子美滋滋地说。

"快乐不会太久的,没人给你烤面包!"好事者冷冷地说。

"那再留一个面包师。"小伙子拖腔应答。

"没人给面包师提供面粉,他烤不了面包!"好事者友情提醒。

"再留一个农夫!"小伙子不耐烦地说道。

"没人给他打农具!"好事者不紧不慢地说。

"留铁匠!!!"小伙子吼道。

"没炭!"

……

"好了!好了!别说了!"

"——全留下吧!真没办法!"

美梦终究不成,不与人打交道不行。

你认为在现实生活中鲁滨孙能够生存吗?

第一节　人际关系性质

一、人际关系含义与因素

(一)人际关系含义

人与人之间的关系是一个较为复杂的社会现象,不同的学科对人际关系的理解是不相同的。社会学认为,人际关系是指在社会关系总体中人们的直接交往关系;社会心理学认为,人际关系是指人与人之间的心理上的关系,表示的是心理距离的远近;行为科学认为,人际关系是指人与人之间的行为关系,体现的是人们社会交往和联系的状况。

(二)人际关系因素

任何人际关系都离不开认知、情感和行为三个因素。具备了这三个因素的任何一种心理倾向就是态度。从人际沟通角度看,这也是交际态度的三个因素。交际态度对于人际关系有着极其重要的意义。

1. 认知是人际关系的前提条件　人际关系是在人与人的交往过程中,通过彼此相互感知、识别、理解而建立的关系。人际关系总是从对人的认知开始的,彼此根本不认识、毫无所知,就不可能建立人际关系。人际关系的调节也是与认知过程分不开的。

2. 情感是人际关系的主要调节因素　人际关系在心理上总是以彼此满意或不满意、喜爱或厌恶等情感状态为特征的。假如没有情感因素的参与调节,其关系是不可想象的。情感因素是指与人的需要相联系的体验,对满足需要的事物产生积极的情绪体验,而对阻碍满足需要的事物则产生消极的情绪体验,即"情人眼里出西施"。

你看到的是什么?

想一想 议一议

两个十分了解你的人,但与你的关系程度不同,他们使用了许多认为能够精确地描述你们之间关系的词汇。你认为他们各自可能使用哪些词汇?例如:善良、友好、古怪、冷漠……

3. 行为是人际关系的沟通手段 在人际关系中,不论是认知因素还是情感因素,都要通过行为表现出来。行为是指言语、举止、作风、表情、手势等一切表现个性的外部动作,它是建立和发展人际关系的沟通手段。一般来说,由于人际关系的不同,对人的认识和理解、情绪体验以及各种外显行为等都可能会有所不同,而这种不同又会影响到彼此的人际关系。

人际关系的三种因素是相互联系的,不是割裂开来而孤立存在的。认知水平的高低和正确与否决定情感的健康与否,并确定行为的导向。

读一读

富兰克林曾说过:留心你的思想,思想可以变成言语;留心你的言语,言语可以变成行动;留心你的行动,行动可以变成习惯;留心你的习惯,习惯可以变成性格;留心你的性格,因为性格可以决定命运。

富兰克林还指出:成功的第一要素是如何搞好人际关系。

议一议

1. 请依据人际关系的因素和富兰克林的这段话,结合自身和社会的实际,深化你对人际关系的理解(如:金钱观、恋爱观、婚姻观、人生观、价值观等)。

2. 请你运用人际关系三个因素,分析早恋的危害性。

二、人际关系特点

在人际关系这个复杂系统中,不能把人际关系简单理解为一种静态的关系,而应该理解为动态的人际沟通过程。

1. 互动性 人际关系不是一种虚无的关系,它存在于人与人之间的现实沟通中,它是人际沟通的实质,表现为人们之间的思想和行为的互动过程。

2. 情意性 人是有情感和意志的,因此人际关系是现实生活中有情感、有意志的人之间所形成的一种沟通关系,即人际关系中包含着情感和意志等因素。

只要告诉我,你交往的是什么样的人,我就能说出你是什么样的人。

——歌德

3. 社会性 人是社会的产物,人本身不能离开社会而生存,社会性是人的本质属性。人际关系也具有社会性,它是社会交往的联结点。总之,人际关系就是人们在社会生活中的交往关系。

4. 层次性 人际关系的建立需要一个认识过程。许多研究者和专家指出,人际关系的发展需要经过一系列相当有规律的阶段或顺序(见图 3.1)。如果一个关系没有按照预料的顺序发展,这种关系就会引起当事人的惶恐不安。如果初次同某人见面就想求爱结婚,对方显然不会做出积极的反应。同样,如果某种关系突然结束了,而且也没有出现任何征兆表明这种关系是不同常情的,这时双方一定会感到震惊,莫名其妙。

没有人在生活中能完全避免与别人碰撞。他不得不以各种方式奋力挤过人群,冒犯别人的同时也忍受别人的冒犯。
——卡莱尔

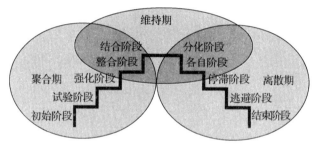

图 3.1 人际关系发展过程

5. 变动性 人际关系并不是一成不变的,它同人类发展的过程是相类似的。一个人从出生起,要经过少年、青年、成年等阶段。在此期间,无论是人还是人际关系都不会是停滞不前的;相反,人在变,他们之间的关系也在变,他们的环境也在变。此外,人际关系还是不可逆转和不可重复的。我们既不能倒转某个关系,也不能否认它的存在。

6. 复杂性 一方面,人际关系是与多方面因素联系起来的,且这些因素均处于不断变化的过程中;另一方面,人际关系还具有高度个性化和以心理活动为基

任何行为都不可能源于纯粹的乐善好施。人类的仁慈是混合着虚荣、利益和其他一些动机。
——塞缪尔·约翰逊

础的特点。因此,在人际交往过程中,由于人们交往的准则和目的不同,交往的结果可出现心理距离的拉近或疏远、情绪状态的积极或消极、交往过程的冲突或和谐、评价态度的满意或不满意等复杂现象。人际关系之所以复杂,部分是由于关系的多面性所致,而且每个方面又都处于变化之中。

人际关系的作用是了解自己、控制环境、提高效率、增进健康、改变行为。因此,美国著名人际关系专家戴尔·卡耐基说:"一个成功的企业家只有15%是靠他的专业知识,而85%是要靠他的人际关系与领导能力。"

人际关系不好或可导致心脏病

据2012年1月28日英国《每日邮报》报道,发表于《美国科学院学刊》的研究报告指出,人际关系对身体健康的影响不容小觑,特别是在心脏病、高血压、癌症的发病率上,其作用甚至不亚于饮食和休息。

美国加州大学洛杉矶分校医学院科学家进行的这项新研究发现,人际关系处理不好可能导致身体炎症恶化,进而引发一系列疾病,如心脏病、高血压、癌症等。研究人员通过对122名健康的年轻人进行跟踪观察研究,并根据他们的日记来判断其心情状态和周边人际关系后发现,保持积极向上的心态,周围人能跟自己相处良好且没有竞争关系的状态,更容易让人保持身体健康,避免生病。

《少年时代》

《少年时代》(Boyhood)是理查德·林克莱特编剧并执导的一部剧情片,由艾拉·科尔特兰、帕特丽夏·阿奎特和伊桑·霍克主演。影片于2014年7月18日在美国上映,讲述了一个小男孩慢慢成长到他步入大学这段期间的生活经历。影片的拍摄跨越12年,片中的演员和他们所扮演的角色一起成长,阐明了人际沟通不可逆转、不可复制和相互作用的本质。你在成长过程中遭遇的各种事件是如何影响你今天的沟通方式的?

第二节 人际关系与人际沟通

一、人际关系与人际沟通辩证关系

1. 手段与目的的关系　人际关系是在人际沟通的过程中形成和发展起来的，离开了人际间的沟通行为，人际关系就不能建立和发展。事实上，任何性质、任何类型的人际关系的形成，都是人与人之间相互沟通的结果；人际关系的发展与恶化，也同样是相互交往的结果。人际沟通是一切人际关系赖以建立和发展的前提，是形成发展人际关系的根本途径。

2. 内容与形式的关系　人际关系的状况是由人际沟通的状况决定的。如果人们在思想感情上存在着广泛而持久的沟通联系，就标志着他们之间已经建立起了较为密切的人际关系。如果两个人在感情上对立、行为上疏远，平时缺乏沟通，则表明他们之间心理不相容，彼此间的关系紧张。

3. 研究重点各异　人际沟通研究的重点是人与人之间联系的形式和程序，人际关系研究的重点则是在人与人沟通基础上形成的心理关系。

职业沟通水平的自我测试

要检查自己的职业社会技巧，可以问自己两组问题。对这两组问题都要尽可能坦率、客观地回答，即使这个回答不令人满意，也不要感到内疚。这些问题只是为了帮助自我反省。

第一组与同他人相处的一般能力有关。

(1) 我在交往上是成功的吗？这里一个有用的标准就是：人们通常是否很高兴见到我，或者说是否有人是我一直力图回避的或有人一直力图回避我。

(2) 我与哪种人相处得好？我与大多数人相处得很好，还是只与特定的几种人相处得好？我与同我相像的人相处得最好，还是与同我不相像的人相处得最好？与自己平级的人相处得最好，还是与上级或下级相处得最好？不论男女，都处得好，还是只与某一种性别的人处得好？

(3) 我与哪种人相处得不好？是否有某一种类的人总是与我闹别扭？他们的什么特点使事情难办？这是他们的消极特征吗？或者说是他们以某种方式使我感到不适吗？

(4) 是什么阻止我与某些人良好相处？我是努力去与自己不喜欢的人相处，还是宁愿不去伤脑筋？

(5) 有人特别不喜欢我吗？如果有，他们是谁？委托人？下级？同事？他们

第三章 人际关系

为什么不喜欢我?他们是持之有据还是神经过敏?他们的反感让我伤脑筋吗?

(6) 在我的生活中有真正理解我的人吗?理解我生活的目标及其原因?像理解我的优点一样理解我的缺点吗?

(7) 在我的生活中有真正接纳我的人吗?如果他们不能接纳我,为什么?

(8) 我有什么特别的行为或怪癖使别人不喜欢吗?如果有,这些东西对我有多重要?值得为此而使别人不喜欢吗?我能改变它们吗?

(9) 我喜怒无常吗?人们是否觉得我不可预测或反复无常?我是否把私人生活中的问题带入职业生活,或是把职业生活中的问题带入私人生活?

(10) 我在生活中有真正亲密的人吗?我只和家里人亲密吗?我有私人朋友吗?我有职业朋友吗?如果我跟谁都不亲密,那是为什么?

(11) 我准备向他人学习吗?我是否觉得我通常是正确的,或者我可以客观地看待问题?当我错了的时候,我能够承认吗?我能够接受人们告诉我一些自己令人讨厌的地方吗?我能够妥协吗?

(12) 我能原谅别人吗?如果不能,那是为什么?我是否暗自欣赏自己的愤怒或惩罚别人时的那种感觉?

(13) 我容易跟别人发脾气吗?生气有时是有理由的,可是生气是否一定要发作呢?发脾气对我有帮助吗?过后我感觉如何?

(14) 我是否总想寻求别人行为背后隐藏的动机?我是先入为主还是力求客观?

(15) 最后,如果我必须选择一个最好的朋友,我会选择我自己吗?

第二组与职业生活特别有关。

(1) 我对自己的下属是否公平?我愿意在自己的手下工作吗?如果不是那样,那我是不是对他人期望太多?我是不是因为使他人的生活变得困难而暗自高兴?

(2) 我是否觉得经常遭到同事的排挤?我觉得其他人在职业上受到优先照顾吗?令我不解地得到提升吗?如果别人这样责备我,我能接受吗?

(3) 我第一次与委托人或上级见面时感到紧张吗?如果是这样,那么我怕的是什么?我对自己的职业能力缺乏信心吗?

(4) 如果我在职业上经历着失败或困惑,我会跟同事和朋友商谈吗?我避免讨论这些是因为感到难为情,还是因为谈论这些使得我自感不足,或是因为没有自己相信的人?

(5) 如果与委托人或同事发生分歧,我是当时就力图解决,还是选择尽可能地逃避冲突?

(6) 当委托人或同事要我在义务之外给他们匀出点儿时间时,我通常是尽力而为,还是找个借口,或是定个我可能不会兑现的约定?

(7) 如果我在职业生活中与某人发生纠纷,事后是否便对他冷若冰霜或尽可能回避他?

(8) 我对其他人的问题真正感兴趣吗？或者我听人谈论他们的问题只是因为那是我的工作？

(9) 如果我有什么不愉快的事情必须跟委托人或同事谈，我是尽快说出来，还是尽可能地拖下去？

(10) 我认为工作效率最重要，还是认为人缘好最重要，或是认为息事宁人最重要？

注意事项：①如果你从这些问题中看出自己不太出色，也不要着急。其他许多对自己的做法认真审视的人也有相同的感觉。②上述的问题并非要让你感觉沮丧，而是帮助你更清楚地确定在你的职业关系中，什么地方会出错以及为什么。

二、人际关系与人际行为模式

人类世界的关系建构，其基本运动是朝向建立关系的方向，而非朝向分裂关系的方向。人际行为可分成两种：一种是有助于关系发展的，另一种则会引起关系的恶化。人们通过对许多不同类型的人际关系进行研究，总结出了人际行为反应的八种基本模式。

(1) 由管理、指导、教育等行为，导致对方尊敬和服从等反应。

(2) 由帮助、支持、同情等行为，导致对方信任和接受等反应。

(3) 由赞同、合作、友谊等行为，导致对方协助和友好等反应。

(4) 由尊敬、赞扬、求助等行为，导致对方劝导和帮助等反应。

(5) 由怯懦、礼貌、服从等行为，导致对方骄傲和控制等反应。

(6) 由反抗、怀疑、厌倦、服从等行为，导致对方惩罚和拒绝等反应。

(7) 由攻击、惩罚、责骂等行为，导致对方仇恨和反抗等反应。

(8) 由夸张、拒绝、自炫等行为，导致对方不信任和自卑等反应。

如果熟悉和掌握上述人际行为反应的基本模式，就能在与他人的沟通中预测他人的反应，并采取相应的措施，改善相互间的人际关系。

读一读

你的同学，你的孩子，你的配偶，你的上司，你的邻居，你的室友，还有那些爱管闲事的熟人，以及在收银台前插队的厚脸皮的人，等等，这些人或多或少地让你烦恼、不安，甚至使你哭红了眼睛，疲于应付你的人生。不过，他们也许还不是最难以容忍的人和事。下面所列举的是收集到的典型事例：

(1) 为了等我，丈夫在地板上踱来踱去、自言自语、嘟嘟哝哝的时候。

(2) 妻子在电话里跟人说东道西的时候。

(3) 工作累得腰酸背痛，回到家里，可家里乱糟糟的，晚饭也没烧好的时候。

(4) 上司不近情理地对待我的时候。

(5) 被人指桑骂槐的时候。

(6) 没完没了地大声笑闹的人。

(7) 等候不讲时间观念的人。

(8) 不知礼仪的人。

(9) 在人背后悄声说什么的人。

(10) 只说自己事情的人。

(11) 在高速公路上,无视限速规定超车行驶的飞人。

(12) 丈夫把我说成是一个什么也做不了的女人。

(13) 在拥挤的路面上,横着并排停着两辆汽车的人。

(14) 不讲场合大嚼口香糖的人。

(15) 一举手一投足都要人伺候的人。

(16) 拿了东西不能放回原处的人。

(17) 游手好闲、无所事事的人。

(18) 周末赖在人家家里,不知回去的人。

(19) 优柔寡断的人。

(20) 从早到晚喋喋不休、乱逞威风的人。

(21) 自吹自擂的人。

(22) 冷漠的上司。

要想改变这一切,你必须有针对性地选用改善人际关系理论所提供的方法。比如:请你试试以笑脸相迎,并凝视对方,说一句"我非常爱你",但需注意,你应该十分温柔,发自内心地悄悄地说。

如果对方有什么批评,请这样回答:"谢谢你指点我。"

认真地做一两次看看吧,发自内心地、不强作欢颜、自然而然地表达吧！微笑吧！

角色扮演:分组轮流,选择上述一种情形,分别扮演八种角色,各自说出感受。

三、控制程度与人际吸引规律

(一) 控制程度

控制程度是指一个人在人际关系中对引导和确定该关系的愿望,包括互补性、对称性、平行性。

1. **互补性** 即一人处于支配地位,另一人处于顺从地位。例如在中国传统的家庭关系中,男人常拥有控制权,女人则被要求事事服从。即俗称"一个萝卜一个坑","一个愿打一个愿挨"。如恋人间对白:"我听你的！我就是你的！我是你的唯一！"这就是热恋中"无矛盾"的原因。

2. **对称性** 即参与者平均分享控制权,双方差别不大,有时控制权在谁手里并不很明确,导致双方对控制或顺从以竞争为特征。例如现代家庭中,夫妻之间明显地表现为"你能,我也能"。形象地比喻为"针尖对麦芒",表现为"一山容不得二虎"。两个主角上演的这出戏必然以一方妥协或失败而告终。在这个过程中没有掌声,没有喝彩;永远是两人的独白,永远是争吵。

3. 平行性 即介于互补性和对称性之间,具有灵活性,不易产生不良的相互作用。双方控制地位可视情况而定,而不争夺控制权。表现为理性地对待,"谁有理,听谁的"。但是,在双方既是运动员又是裁判员的情况下,双方都有"吹黑哨"的可能。

分析下列场景中控制程度的类型。

医生对在场的护士甲、乙、丙说:"我想要丁先生最近的化验报告单,能找给我吗?"

护士甲:"不行,我正在准备药物,你自己去找吧。"

护士乙:"好,我马上找给你。"

护士丙:"不行,但你可以在那儿(示意)找到最近的化验报告单。"

你的家人、你的室友、你的团队分别属于控制程度的哪种类型?你认为在人际关系中应该如何处理好控制程度?

(二) 人际吸引规律

人际吸引是人际关系中彼此相互欣赏、接纳的亲密倾向。

1. 相近吸引 相近吸引是指由于时间及空间上的接近而产生的吸引。

2. 相似吸引 以人们彼此之间的某些相似或一致性为特征,如态度、信念、价值观念、兴趣爱好为基础的吸引。

3. 相补吸引 当交往的双方需要以及对对方的期望成为互补关系时,就会产生强烈的吸引力。

4. 相悦吸引 相悦吸引是指在人际关系中能够使人感受到精神及心理上的愉快及满足的感觉而产生的吸引。

5. 仪表吸引 仪表在一定程度上反映了个体的内心世界。仪表包含有先天和后天的获得性素质。如身材和容貌属于先天性素质,而衣着、打扮、风度、气质则与后天的教养、文化及知识层次有关。

6. 敬仰性吸引 这种吸引关系一般是单方面的对某人的某种特征的敬慕而产生的吸引。

想一想 议一议

你有心仪的人吗？他/她的哪些特质吸引了你，请列举出来。

专家指导

1968年，心理学家安德逊（N. Anderson）的研究指出，在人际关系中最受欢迎的十项人格特质依次排列为：诚恳、诚实、理解、忠诚、可信、可靠、聪明、关怀、体谅、热情。

电影与沟通

《妮尔的芳心》
（《大地的女儿》）

在一幢地处偏远、人迹罕至的湖畔小屋里，一具年老女性的尸体被发现了，为了收回尸体并查明死因，医生杰罗姆来到了此处。正当杰罗姆紧张工作之时，一个身影的出现将他吓了一大跳，仔细一看，竟是一名妙龄女子，可惜这名女子似乎并不懂得人类的语言，她发出的叫喊和舞动肢体的样子完完全全如同一只野兽。很显然，死去的老妇人是这名女子的母亲，而从老妇人留下的字条上，杰罗姆得知女子的名字叫做妮尔。妮尔的天真和害羞吸引了杰罗姆的注意，他决定帮助尼尔重返人类社会。

第三节 人际关系成功之道

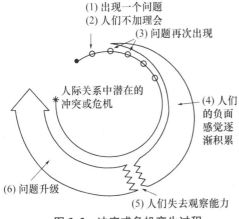

图3.2 冲突或危机产生过程

在人际关系中，如果处境不佳，就应该设法改善。例如，产生于老师、同学、同事、邻居、朋友等人际关系中的种种纠葛，不停地困扰着人们，使人们精神紧张、意志消沉，甚至心理失控。在这种情况下，应该做什么、怎么做？重要的是发现和扩展那些建立各种有效关系的积极行为，学会那些能帮助我们以积极的方式待人处事的技巧，与对自己重要的人们发展各种有效的关系（见图3.2）。

一、改善人际关系的三种行为

改善人际关系有三种心态,或者说,打开"人际关系问题"这把锁的最合适的钥匙只有三把:改变情势、改变他人、改变自己。关键在于你的决定:哪一种选择最适合你。

(一)改变情势

改变情势是改变环境来适应自己,这必须三思而行。例如,在单位你怎么也得不到领导的赏识,你要改变情势,于是,你辞职了;妻子对你不体贴、不温柔,惹你火冒三丈,于是,你们马上跑到法院离婚了。又如,你与老师和同学交往水火不容,于是,你逃学。或者,你与父母互不信任,经常争吵,于是,你离家出走。在这样的情况下,采取躲避的方式好像不失为最佳的解决策略。可是,你必须三思而行:由此会产生怎样的后果,造成什么样的影响呢?辞职、离婚、逃学、离家出走,确实是最省力的方法,但却不是最高明的做法。

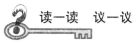

阅读《脏脏的鸟窝》的故事,体会故事中的哲理。一只小鸽子总是不断地换她的窝。新窝过了不长时间,就有一股强烈的气味,使她喘不上气来。她把她的烦恼向一只聪明而富有经验的老鸽子诉说,这只老鸽子点着头说:"你虽然换了许多次窝,但其实什么也没换。那种使你烦恼的臭味并不是从窝里发出的,而恰恰是从你身上发出来的。"

(二)改变他人

几乎所有人都期待改变他人。理由很简单,他人有着明显的有待改变的这样或那样的缺点,况且,作为他的亲朋好友,有义务帮助他改变,何况这也是为他好。他人的缺点改没了,他就是一个完美的人了。有些人还由于出于本能,或由于冲动,希望通过他人的改变来解决自己的问题。但是,人是反抗的动物,反抗是人的自然反应。人们反抗改变,反抗要改变自己的思想、言谈举止、喜怒哀乐、人际交往方式以及生活模式等等的任何力量。请回想:你有哪些试图改变他人的言辞和行为?产生的效果如何?改变他人的阻力就是他人反抗的力量。这种反抗可能把爱情变成仇恨,把朋友变成路人,把伙伴变成敌人,把协调和信赖变成分离和猜忌。

改变别人来适应自己,其结果常常会徒劳无功,甚至导致众叛亲离。家庭的妻离子散、孩子的离家出走等一幕幕人间悲剧,往往是由于妄图改变他人导致的。

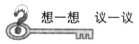

1. 在家庭、单位中,你曾发现过试图改变他人并取得成功的事例吗?
2. "改变他人""改造他人""影响他人"三者的区别在哪?
3. 改变他人,是举着鞭子;夸赞他人,是带着挠子。要他人有所行动,你首先要学会给他人挠挠痒。不要总以为,他人改变了所有缺点,就是完人;其实,让他人的优点发挥到极致,才是最优秀的人。

(三) 改变自己

为什么要改变自己呢?"欲要改变世界,请先改变自己。"因为古希腊哲学家苏格拉底曾说:Let him that would move the world first move himself. 圣雄甘地也曾说:If you want to change the world, start with yourself. 请相信:对这句话,年纪越大,经历越多,理解越深。

改变世界和改变自己的难度是显而易见的。改变世界不容易,改变自己也艰难,古人云"江山易改,本性难移"。改变世界需要从改变自己入手,因为自己也是世界的一部分,改变自己是理所应当的。改变自己就是要磨炼自己,让自己拥有改变世界的能力。我们通过改变自己来改变身边的世界,如果将自己和身边的事物改变得足够完美,就有可能影响世界或者改变世界。

一个人在多大程度上改变自己,最终在多大程度上能改变世界呢?基本前提就是正确认识自己和正确认识世界。认识自己,只需三问:我是谁?我从哪里来?要到哪里去?《西游记》里的唐僧,见到谁都说"贫僧唐三藏,自东土大唐而来,前往西天拜佛求经"。自己的过去没法重来,父母给你的DNA不能重写,先天缺陷无法纠正,丑陋无法变貌美。唯一可以改变的是心态,接受不可以改变的一切,改变可以改变的一切。加拿大作家克雷格·柯伯格和马克·柯伯格所著的《改变自己,改变世界》的核心要义就是:我们都是这个"地球村"的一分子,都对地球和人类的未来负有责任。我们只要改变自己,就能对这个世界的未来做出自己的贡献。全书既有对改变自己、改变世界理念的生动阐述,又有具体的行动指南和建议,鼓励读者"从我做起""完善自己,奉献自己"。

要想改变世界,你必须从改变你自己开始;要想撬起世界,你必须把支点选在自己的心灵上。不要要求别人为你改变,因为你没有资格要求别人,你所能做的就是改变自己!改变自己不是为了取悦他人,而是为了自己。大多数人想要改变这个世界,但却很少有人想改变自己。改变自己是"自救",影响别人是"救人"。

你改变不了环境,但你可以改变自己;你改变不了事实,但你可以改变态度;你改变不了过去,但你可以改变现在;你不能控制他人,但你可以掌握自己;你不能预知明天,但你可以把握今天;你不可以样样顺利,但你可以事事尽心;你不能延长生命的长度,但你可以决定生命的宽度。

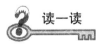 读一读

在闻名世界的威斯敏斯特大教堂地下室的墓碑林中,有一块无名氏墓碑,却成为名扬全球的著名墓碑。每一个到过威斯敏斯特大教堂的人,他们可以不去拜谒那些曾经显赫一世的英国前国王们,可以不去拜谒诸如狄更斯、达尔文等世界名人

们,但是没有一人不会不来拜谒这一块普通的墓碑,他们被这块墓碑上的碑文深深地吸引并震撼着:

当我年轻的时候,我的想象力从没有受到过限制,我梦想改变这个世界。

当我成熟以后,我发现我不能改变这个世界,我将目光缩短了些,决定只改变我的国家。

当我进入暮年后,我发现我不能改变我的国家,我的最后愿望仅仅是改变一下我的家庭。但是,这也不可能。

当我躺在床上,行将就木时,我突然意识到:如果一开始我仅仅去改变我自己,然后作为一个榜样,我可能改变我的家庭;

在家人的帮助和鼓励下,我可能为国家做一些事情。

然后谁知道呢?我甚至可能改变这个世界。

世界政要和名人看到这块碑文都感慨不已。年轻的曼德拉看到这篇碑文,顿然有醍醐灌顶之感,声称自己找到了改变南非甚至整个世界的金钥匙。他从改变自己及其家庭和亲朋好友着手,通过几十年的努力,终于改变了他的国家。

二、因应人际关系的三种心态

(一)自我辩解的含义

自我辩解是指在真诚而坦率地表达自己的感情、信仰、意愿的同时,也让别人表达他自己的感情、信仰和意愿,其目的是通过沟通来表示自我尊重,也表示对他人的尊重,也叫申辩。例如,希望上司改变强迫下属接受的行为,妻子希望对丈夫说明自己的想法,约会迟到的小伙子想对女朋友做出合情合理的解释,同室居住的同学希望向室友说明自己的作息习惯。此时此刻,只要是双方的需要、愿望、想法或意见有所分歧,人际关系就会呈现紧张状况。和谐的人际关系,必须注重选择恰当的处理人际关系的态度和行为。心态决定行为。三种心态,三种反应。

(二)自我辩解的三种心态与行为

自我辩解是维护自己主张的行为,维护行为的极端形式一个是侵略,另一个就是服从或无力自我辩解,而维护行为正处于中间位置,如图3.3所示。自我辩解是智慧和社会技巧;

图3.3 三种心态 三种行为

是根据具体情况而定的;涉及语言的和非语言的沟通;是进行冒险,有时会产生期望之外的结果。

1. 侵略 一般认为,侵略行为是无缘无故的攻击、争吵的渴望、威胁。具有侵略性的人往往企图制服别人。具有侵略行为的人自认为自己的需要、思想和权利至高无上,别人的都无关紧要,甚至根本不存在。但是,争吵是一种愚人的游戏,而且是奇怪的游戏,因为没有任何一方曾经赢过。

2. 服从 这种行为与侵略行为形成鲜明对比,它认为别人的需要、思想和权利至高无上,而自己的却并不重要或无关紧要。实际上,这种行为可能是不诚实的,有时用来避免冲突,实为一种非维护行为。

3. 维护 是一种"双赢"策略。这种行为风格常被认为是在侵略和服从两个极端之间的中间道路,这也正避开了这两个极端行为的偏颇。维护行为涉及:①表达个人的需要和愿望,但不施加过度的压力;②知晓自己的权利,但不取消或忽视别人的权利;③以坦诚、直率的方式表达自我,但表达的方式与听众和情形恰相适应。

练一练

针对表3.1提供的实例,进行角色扮演,注意强化非语言的运用,深刻体会如何因应人际关系的三种心态和行为。

表3.1 反应选择

情 况	服从的反应	维护的反应	侵略性的反应
(1) 在火车一无烟车厢内,某人点燃了一支香烟	什么也不说,什么也不做,保持沉默、受罪	向抽烟者指示禁烟标记,要其停止吸烟	发怒,威胁要叫保安人员
(2) 在与一重要客户的会谈中,你的职员公开地、不公正地批评你	什么也不说,使客户认为批评是正确的	告诉他你对批评很诧异,并希望在更合适的时间讨论此事	告诉他你不知道他在瞎说什么,应当闭嘴
(3) 你的秘书写了一封错误连篇的信	"我想知道你能否再花点时间修改一番?"	"我要你把信重写,我已标出了错误之处。"	"你怎么连一封像样的信都写不出来?"

读一读 练一练

假设你从报纸上看到一家外资企业的招聘启事,并顺利地通过初试,然后你按照约定时间到招聘办公室外面等候复试。15分钟后轮到你进行复试,突然从外面匆匆走进一位年轻人,看样子也是赶来参加复试的。当时秘书正喊你的名字,你还没有回答,那年轻人却起身对秘书说他很忙,要先参加复试。这时,你该怎么办?

(1) 你失望地重新坐下,一声不吭,忍受着不公平的待遇和不礼貌的举动,等候秘书再来叫你。

(2) 你坦率而又礼貌地对秘书说,你已经在外面等候了一刻钟,只是为了如约准时参加复试,并不想抢到别人的前面。你相信现在走进办公室同经理面谈进行复试的应该是你,而不是别人。

(3) 你情绪激动,对秘书大声说,受到如此对待令人难以忍受,并指责这家企业的工作作风不好,不要这个工作了。说罢,不等秘书答话,瞪了那位年轻人一眼,便愤然离去。

三、和谐人际关系的三种角色

加拿大和美国科学家经过大量实践分析,发现了一种简单实用的人际相互作用心理分析框架,即每个人都有三种本性或三种意识,即父母(parent)角色、成人(adult)角色、儿童(child)角色,简称PAC。

1. 父母角色　处于父母角色状态,以权威和优越感为特征。具有积极和消极的两方面作用。其行为表现为凭主观印象,独断独行,滥用权威。特有言语:"你应该……""你不能……""你必须……"

2. 成人角色　处于成人角色状态,以客观和理智的行为为特征。既不会感情用事,也不至于以长者姿态主观地省事度人。其行为表现为待人接物冷静,慎思明断,尊重他人,知道行为的结果。特有言语:"我的想法是……""这可能是……"

3. 儿童角色　处于儿童角色状态,特征是像婴儿式的冲动。其行为表现为无主见,遇事畏缩,感情用事,易激动愤怒。特有言语:"我猜想……""我不知道……""我高兴……"

请回忆:在你孩提时代,逛商场、去小吃店等时,有没有无赖而可爱的"儿童角色"表现?

角色变换小故事

英国著名的维多利亚女王,与丈夫相亲相爱,感情和谐。但是维多利亚女王乃是一国之君,成天忙于公务,出入于社交场合,而她的丈夫阿尔伯特却和她相反,对政治不太关心,对社交活动也没有多大的兴趣,因此两人有时也闹些别扭。有一天,维多利亚女王去参加社交活动,而阿尔伯特却没有去。夜深了,女王才回到寝宫,只见房门紧闭着。女王走上前去敲门。

房内,阿尔伯特问:"谁?"

女王回答:"我是女王。"

门没有开,女王再次敲门。

房内,阿尔伯特又问:"谁呀?"

女王回答:"维多利亚。"

门还是没开。女王徘徊了半晌,又上前敲门。

房内的阿尔伯特仍然在问:"谁呀?"

女王温柔地回答:"你的妻子。"

这时,门开了,丈夫阿尔伯特伸出热情的双手把女王拉了进去。

同一对象在不同的环境里往往表现为不同的角色,彼此的关系也就跟着变化,这种变化往往是通过语言表示出来的。语言形式一定要符合自己转换的角色身份。表 3.2 为人际沟通角色关系类型。

表 3.2　人际沟通角色关系类型

图　例	特　点	呈 现 状 况
(甲)(乙)	①P-P:各抒己见,以我为主,不易协调	
	②A-A:平等对待,互相切磋,容易协调	成人之间
	③C-C:没有顾忌,既不做决定,也不承担责任	孩童之间
	④P-C:居高临下,命令或斥责,要求顺从	长幼辈分之间
	⑤A-C:以理服人,期望与引导对方	同事、夫妻之间
	⑥A-P:有理智,但又担心自控能力不够	上下级、同事、夫妻之间
(甲)(乙)	⑦AA-PC:甲方以理智的方式对待乙方,乙方却把甲方看成小孩,并以高压方式对待甲方	异辈、同事之间
(甲)(乙)	⑧AA-CP:甲方理智地对待乙方,乙方则喜欢耍性子,易感情用事,并把甲方看成"父母"	异辈、恋人、夫妻之间
(甲)(乙)	⑨PC-PC:一方采取高压命令式,而另一方不服,也采取同样方式回敬	同事、上下级、家长及子女之间
(甲)(乙)	⑩CP-CP:甲乙双方都喜欢感情用事,并且易于冲动,缺乏理智	同事、朋友、夫妻之间

第 1 种:P 对 P("父母"对"父母")的交往。在这种交往中,双方的行为表现都比较武断,并表示相互理解,具有同感。如甲说:"独生子女都娇得很。"乙说:"可不,这年头都这样。"

第 2 种:A 对 A("成人"对"成人")的交往。在这种交往中,双方都以理智的态度对待所谈论的客观事物或与对方交往。如甲说:"这几天我的胃口不太好。"乙说:"我建议你到医院去检查一下,不能太大意。"

第 3 种:C 对 C("儿童"对"儿童")的交往。在这种交往中,双方都感情用事,缺乏理智思考,有时表现为炫耀或攀比。如甲说:"这个月我拿了 100 元奖金。"乙说:"有什么了不起,我的奖金比你还多 20 元呢。"

第 4 种:P 对 C("父母"对"儿童")的交往。在这种交往中,双方表现出权威和服从的行为,即发出刺激的一方以长者自居,而反应一方则表示接受。如妻子想为孩子买一台电脑,丈夫(P)则说:"买电脑也用不上!"妻子(C)回答:"那就算了。"

第5种:A对C("成人"对"儿童")的交往。在这种交往中,一方表现为小孩子脾气,胆怯依赖、无自信力,另一方则表现为冷静理智、慎思明断。如C对完成某项任务缺乏自信,总觉得"自己不行",A就冷静地帮他分析有利条件,并给他以鼓励,对他说:"你准行。"

第6种:A对P("成人"对"父母")的交往。在这种交往中,甲方表现出理智、慎思,但又担心自己控制不住自己,因此要求乙方担任"父母"的角色来监督自己。如丈夫力图戒烟,则请求妻子看到自己抽烟时就严加制止。

以上六种情况中的刺激和反应的相互作用都具有互补性。这些种类的交往和谈话都能够顺利进行。

第7种:AA对PC的交往。在这种交往中,甲方以成人的心态理智地对待和要求乙方,但乙方却以"父母"的身份自居,把甲方看成"儿童",轻易地训斥甲方。这种情况在青年人与长辈之间、同事之间、下级与上级之间的交往中都有可能出现。

第8种:AA对CP的交往。在这种交往中,甲方以成人的心态理智地对待乙方,但乙方却以儿童的心态将甲方当成父母,表现为撒娇、任性、感情用事。这种情况在各种人际交往中都可能发生。

第9种:PC对PC的交往。在这种交往中,甲方以"父母"的姿态命令乙方,而乙方则不服,也以同样的方式还治其人之身。显然,这种交往方式最容易引起矛盾和纠纷。这种情况常常发生在夫妻之间和上下级之间的交往中。

第10种:CP对CP的交往。在这种交往中,双方都感情用事,耍小孩子脾气,如夸大事实、互不相让、相互依赖等。这种情况在同事、朋友之间时有发生。

第7到第10这四种情况中的刺激和反应的相互作用不具有互补性。这些种类的交往常常会发生矛盾或冲突。

专家指导

在生活中,儿童的"首领"可以表现为"小大人"的父母角色;人们称老人"老小",老人也就蜕化成儿童角色;一对热恋中的情侣或小夫少妻,往往向对方撒娇,表达挚爱柔情,此为故作儿童角色。

练一练

我们必须了解自己在人际交往中的三种角色心态的应用比重。请记录你在一周之内与人交往中的角色心态,集中起来考察,三种心态的比重便非常明朗了。了解到三种心态的比重后,便可以在与人交往中有意识地降低比重最高的那种心态,提高另外两种心态。

如果你发现自己经常用家长心态与人交往,就应该注意客观地观察,学会聆听,采纳别人的正确建议,少批评、挑剔别人。让你的生活多一点随意和感性,你定会快乐得多。

如果你是个非常理性的人,你最好把自己的成人心态放低一点。可以试着让自己放松放松,允许自己的感情适当地得到宣泄。建议你经常看一些喜剧或笑话,让自己像孩子一样乐一乐。

如果你经常处于孩童心态,那么你遇事最好能冷静分析,避免感情用事;最好能问自己"我想怎么做",而不必顾及别人的喜好,以免失去自我;最好多训练自己对他人负责,而不是过多地依赖别人。

在人际交往中,我们每个人都应该注意自己正处于什么心态,在不同场合找出最为恰当的角色心态与人交往。相信,你会拥有更多的朋友,成为一个更受人欢迎的人。

电影与沟通

《蒙娜丽莎的微笑》

《蒙娜丽莎的微笑》(Mona Lisa Smile)是美国革命电影工作室于2003年出品的一部剧情电影。影片由迈克·内威尔执导,朱莉娅·罗伯茨、克斯汀·邓斯特和朱丽娅·斯蒂尔斯等联袂出演。

电影讲述1953年的美国,时代正处于转变之中,毕业于风气开放的伯克利大学的凯瑟琳前往卫斯理女子学校教授艺术史,可是充满理想与热情的凯瑟琳,却大胆地向陈腐的教学制度发起挑战的故事。

第四节 人际关系理论

在思考和探索人际沟通规律的过程中,很多哲学家、社会学家、心理学家提出了自己的有关人际关系的理论。现简介四种具有代表性的人际关系理论。

一、马克思社会交往理论

马克思的社会交往理论认为,人际沟通是社会系统的要求,只有从人类整个发展过程中去考察,才能揭示其发展趋势。马克思着眼于人际沟通的宏观考察,阐述了人际沟通的一般理论。

在创立历史唯物主义的过程中,马克思既阐述了生产力在社会发展过程中的核心地位,又阐述了人际沟通在社会发展中不可忽视的作用。在马克思看来,生产和交往是辩证统一的关系。"生产本身是以个人之间的交往为前提的。这种交往的形式又是由生产决定的。"在此基础上,马克思把人际沟通看成是社会生产和生活中不可缺少的要素。社会生产和生活制约着人际沟通,人际沟通又影响着人们的社会生产和生活,由此建立起了社会交往理论。

（一）人际沟通是社会交往

人际沟通在直观上看就是个人与个人之间的交往,但马克思认为其本质是社会交往。马克思指出,人类生存离不开个人与个人之间的交往,但"迄今为止的一切交往都只是一定条件下的个人交往,而不是单纯的个人交往"。这里的条件主要是社会条件。人际间的交往都是社会条件下的交往,即社会交往。马克思说:"首先应当避免重新把'社会'作为抽象物同个人对立起来。个人是社会的存在物。"一个人与另一个人的交往活动,无论直接的交往还是间接的交往,都是人自身为社会做出的,同时也是在社会情境中做出的,因此都是社会交往。

从人际沟通本身来看,所谓人际沟通就不是单纯个人的活动,它是一个人与自己之外的另一个人之间的相互影响和相互作用。当一个人的活动是非个人的、与他人相依存的活动时,它本身就是社会活动。人际沟通当然也就是一种社会交往活动。所以,人际沟通的范围和深度都受社会生产力和社会关系的制约。

（二）交往与生产力

马克思不仅强调社会因素对人际沟通的制约性,而且指出交往对生产力的作用。

马克思和恩格斯在《德意志意识形态》中曾专门论述"交往与生产力"。马克思和恩格斯认为,即使在人类社会初期的简单生产也离不开人与人之间的交往,如为了与猛兽作斗争而集体打猎;随着分工的出现,交往开始成为生产中更为重要的条件。因为在分工的条件下,每个人都有每个人的特殊技能,只有许多人的直接或间接的交往和合作,才能进行现实的社会生产,形成社会生产力。由于交往已经成为生产力的必要条件,所以随着人类交往范围的不断扩大,社会生产力将不断走向新的阶段。

（三）共产主义——交往形式本身的生产

马克思和恩格斯在《德意志意识形态》中又以"共产主义——交往形式本身的生产"为题目,阐述了人类社会交往的发展趋势。马克思和恩格斯认为,在共产主义社会之前,很多交往都是被迫的、有限的,"个人的自主活动受到有限的生产工具和有限交往的束缚",共产主义社会将实现普遍交往,"过去被迫交往转化为所有个人作为真正个人参加的交往"。因为"共产主义和所有过去的运动不同的地方在于:它推翻了一切旧的生产和交往关系的基础,并且破天荒第一次自觉地把一切自发产生的前提看作是先前世世代代的创造,消除这些前提的自发性,使它们受联合起来的个人的支配"。

二、马斯洛交往需要论

把人的各种需要归纳为五大类,并按其重要性和先后次序排列成一个需要的等级,其中包括"社交需要",这就是马斯洛的"需要层次论"。马斯洛在他的需要层次论中,提出了交往需要论。马斯洛的交往需要论,阐述了交往需要在人的所有基本需要中的地位和作用,从宏观上说明了人际关系中的心理要素。如果说马克思是从社会历史观角度阐述了人际沟通的社会历史根源,马斯洛则是从心理学的角度表述了人际沟通的心理机制。

(一)人的需要层次

马斯洛认为,人的需要是多方面的,但是它们不是混乱的,是有规律可循的。他把人的基本需要归纳为五大类,并且认为这五类需要有从低级到高级的层次之分,即生理需要、安全需要、社交需要、尊重需要、自我实现需要(见图3.4)。

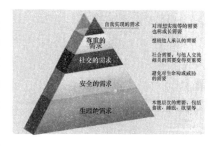

图3.4 人的基本需要层次

马斯洛认为,如果一个人的生理需要和安全需要获得了相对满足,就会产生一种社交需要,又称爱与归属的需要。在现实生活中,每个人都希望得到友谊、爱情、配偶和孩子,还希望为团体所接纳,有良好的人际关系。人们渴望有所归属,成为群体的一员,这就是人的归属需要。反之,如果一个人被别人抛弃或被拒绝于团体门外,便会产生一种孤独感。所以,社交需要是人类生存和发展的基本需要。

(二)人的社交需要

马斯洛从心理学角度分析和研究了人的需要的相对强度和人的心理发展之间的关系。

1. 交往是人的一种最基本的需要 人的需要是纷繁复杂的,但在这些众多的需要中有的是根本性需要,有的是非根本性需要。一般来说,根本性需要引导着人们行动的方向,是人们行动的主要动力、基础,因此也是人类生存和发展的基本需要。在马斯洛看来,交往就是人们的基本需要之一。人是群体动物,因此人有归属感,渴望成为群体的一员,渴望的同时也离不开与他人交往。人又是有感情、有理性的高级动物,因此他的基本需要不仅包括物质需要,还包括精神生活需要,他们希望和同事们保持友谊,希望得到信任和友爱。否则,人们在交往中受到压抑,其交往需要得不到满足,就会在生理和心理上造成极大的伤害,甚至造成非正常的死亡。例如,很多青年人因失恋而自杀;因不与他人交往而心理扭曲;因与外界隔绝而感到孤独和可怕;等等。事实上,人之所以成为人,就因为他们不是孤立的个体,而是社会中的一员。每个人的存在都离不开他人的存在,离不开与他人的交往,所以,交往是人类生存的一个基本前提,交往需要也就成了人的一种基本需要。

2. 社交需要的重要地位 马斯洛把"社交需要"看作需要总体层次里的中间环节,突出了"社交需要"的重要地位。人的需要有从低级到高级的层次,但每一层次的需要都有其特定的地位和作用。在马斯洛的五个层次的需要中,"社交需要"处于第三层次,即五个层次的中间层次。从马斯洛关于需要层次的论述中可以看出,"社交需要"在需要的总体层次里处于中间环节的地位,起着中介作用。具体来讲,社交需要是生理需要与安全需要发展和满足后产生的结果;社交需要的发展和满足又是尊重需要与自我实现需要的前提。因此,社交需要直接或间接地渗透在生理需要、安全需要、尊重需要、自我实现需要之中,它把这些需要有机地联系起来,形成了一个有层次的需要整体。它又进一步使各种需要之间相互作用、相互转化。在现实生活中,人们的生理需要和安全需要正是以社交需要的相对满足为中介,进而发展和转化为尊重需要和自我实现需要。因为人的需要都是社会性需要,在社会中就离不开与他人交往,所以人的各种需要和满足都相互影响、转化,都不能脱离开人际沟通。

三、米德象征性符号互动理论

米德是形象社会学理论之始祖,是形象互动论的主要代表人物。形象是形象互动论即象征性符号互动理论的中心概念。形象包括语言、手势、文字以及符号等。米德以及后来的形象互动论者认为形象无所不在,到处皆是。语言文字是形象,因为它们代表某些东西,代表某种意义。它们是交往者用来代表物体、观念、思想、价值和情感的工具。语言文字所代表的意义是社会赋予的,是用来沟通的。例如,在十字路口,我们看到红灯时必然联想到要停下车来。为什么?因为红灯代表"停"的意义。这一关联也是社会赋予的。同样,个人的动作实际上也是一种形象。因为当我们做某一个动作时,我们总是为了要把我们自己的意思表达出来与别人沟通。诸如拥抱、接吻、握手等动作不仅是体态,而且具有形象的意义。

"形象互动论"主要研究人与人之间的互动(交往),以此来揭示人际关系。人际关系既需要从人际沟通的社会和心理根源上进行宏观研究,也需要从人际沟通的具体过程中进行微观揭示。米德的象征性符号互动理论就是从微观上研究人际沟通的具体过程。

(一)人际沟通是形象的互动

米德认为,社会只不过是由一群互动中的个人所组成,同时个人的一切活动也与社会分不开,必然带有社会意义。也就是说,人们生活在社会情境中。因此,每个人的每一个动作或行为都有其特定的意义,并且在不同情境中的行为具有不同的意义。他认为,在人际沟通中,行为本身在交往中不重要,重要的是行为的意义。人们的交往是在对交往行为的意义的理解和分析基础上进行的互动,而行为的意义本身具有象征性、符号性,即通过形象来反映,所以把米德这种在对行为意义的解释、分析和反应基础上的人际沟通理论称为象征性符号互动理论。例如,当某个人突然拍你肩膀,通常你会首先想这个人是谁,拍你肩膀是好意还是恶意,是友还是敌,然后你才加以反应。这个过程就是形象互动论所谓的解释、分析、反应现象。

正因为人际沟通是一个对对方行为进行解释、分析、反应的过程,而交往本身又是双向的,即双方的互动,所以米德认为人际沟通过程中需要两个基本要素:①要对自己的行为进行定义,即把自己准备做出的行为的意义传达给别人。意义从哪里来?就是从符号的象征性得来。②要有个解释过程,即理解别人行为的意义。所以,人际间的互动就是充满着解释和定义的过程,即"解释—定义—解释—定义……"。

由于人们所处的环境和态度有所不同,所以人们对行为的定义和理解也有所不同。也就是说,人际沟通是通过交往双方对自己行为的定义和对他人行为意义的理解的交互作用来进行的,但是,在某一种情境里,个人对行为本身的定义是某一种情况,在另一种情境里,可能是另一种情况,人们对行为的理解也是如此。在这样复杂的情况下,人们的互动必将是一个复杂的过程,但是每个人在互动过程中都会不断地修正自己的观点以适应当时情境的需要。因为在与人互动的过程中,个人不仅应该注意其本人的观点,而且也需要注意到他人的观点,以不断地修正、补充、重新解释其观点以符合当时之情境。只有人们的解释符合当时的情境,双方的交往才能顺利进行。

因此,米德等学者认为,人们日常生活的每一部分都牵涉到形象的运用。如果没有形象,人们就无法沟通。人们的思想、观点、行动等皆由形象来表达。形象互动论者认为,人际关系就是通过形象的作用形成的,形象互动是整个社会化过程中最重要的步骤。语言文字是所有形象中最基本、最重要的一种。社会不仅依赖形象而生存,而且也靠形象而延续下去。

看世界的主观性与选择性

(二)交往中的"自我"

在米德的互动理论中,另一个重要内容就是交往中的"自我"和"自我互动"。米德认为,人们在交往过程中不仅存在着与他人的互动,而且还存在着"自我互动"。他把"自我"分为"主体我"(I)和"客体我"(me)。"主体我",就是自己先对自己下定义,又称"主观的我"。"客体我",就是受他人影响或他人理解的我,又称"社会的我"。每个人要了解"客体我",就要扮演别人,考虑别人对"我"的理解。所以,"主体我"与"客体我"的统一,就是一个人既扮演自己又扮演别人。人们通常在扮演了自己和扮演了别人之后,才进行自我互动。

人们在自我互动中为什么要建立"客体我"呢?米德认为,在"自我"形成的过程中,起决定性作用的是交往,即自我是社会的产品。人们对自己的看法实际上是他人对自己的看法。如果没有他人的看法,我们根本无法知道自己是怎样的一个人。某个人常觉得自己很笨,这是因为他周围的人都说他笨。一个小孩怎么知道自己的名字呢?只是因为别人都这样称呼他,他从别人对自己的称呼中知道了自己的名字。自我概念的产生就是经过这种过程而实现的。自我是在团体行为中形成的,正因为如此,米德进一步认为,个人经由自我也可以了解他人、团体行为和社会。

这样,米德从社会互动中论述了"自我",又阐述了"自我"在社会互动中的地位和作用,从而以交往中的"自我"学说丰富了他的形象互动理论。

四、主体—环境相互作用论

地位、职业、风俗、群体、性格、魅力,这些人际沟通的条件,综合形成了人际沟通的环境。凡是人际沟通,总是在特定的环境中进行并受其制约的。但是,人又是能动的主体,人能发挥自己的主观能动性去积极地改变环境。环境决定人,人又可以改变环境,这就是人际沟通中的主体—环境相互作用理论。

(一)主体—环境相互作用

在人际沟通中,主体和环境的相互作用表面看来只是对立的两极,而实际上是一个由诸多环节所组成的链条。人们都希望自己在人际沟通中获得成功,感到愉快。这就需要人们掌握主体与环境相互作用链条上的各个环节,并合理地调适主体与环境之间的关系,才能驾驭沟通环境,获得良好的人际关系。

人际沟通中主体和环境相互作用的链条是由主观环节和客观环节所组成的整体系统(见图3.5)。在这里,条件是客观环节,它由社会条件(地位、职业、风俗、群体等)和主体条件(性格、魅力等)组成。凡是人际沟通,总要先从这些条件出发,

条件 { 地位 / 职业 / 风俗 / 群体 / 性格 / 魅力 } →利益→目的→行动→效果→新条件

图3.5 主体—环境相互作用链条

总是根据这些条件的不同状况进行沟通的思考和选择。同学之间的沟通大多围绕着学习进行,同事之间的沟通大多围绕着工作进行,而夫妻之间的沟通大多围绕着生活进行。这些都是由不同的条件决定的。一般来说,条件是人际沟通的前提,也是人际沟通中的主体—环境相互作用链条上的起点。

1. 利益→目的　它是客观环节向主观环节的过渡。人们的沟通受现实的条件如职业、地位、风俗等影响,但同样条件下的人际沟通并非都是相同的。这是因为条件在向主观环节(如沟通目的、沟通需要等)转化的过程中存在着利益环节。利益在客观条件向主观目的的转化过程中起着向导作用。一般来说,只有那些与人的利益直接相适应的条件才能对人的沟通目的构成直接的决定作用。例如,风俗是制约人与人之间沟通的重要条件,人们在交往中都要入乡随俗,从沟通的方式到沟通的内容都应按照当地的风俗习惯进行;但是,如果当地的风俗与人们的利益相矛盾,人们就会破除原有风俗,按照适合人们利益的新的方式进行,形成与人们的利益相适应的新的沟通目的。用马克思的话来说:"人们奋斗所争取的一切,都同他们的利益有关。"人们在相互沟通中既从现实的条件出发,又同时受各自的不同利益影响。人们不是为了沟通而沟通,而是为了一定的利益而沟通。由于人们

的利益各不相同,所以在相同条件下人们常存在着不同的沟通目的。

2. 目的→行动　它是主体自身能动的环节。人们在现实条件和利益的基础上形成了一定的沟通目的。沟通目的的实施构成了沟通行动。现实的人际沟通活动就是人们的沟通目的和沟通行动的结合。例如,人际沟通方式中的澄清、反映、沉默等,都是人们沟通目的与沟通行动结合的表现。

3. 行动→效果　它是主观环节向客观环节的转化。人们的沟通目的见诸行动,必然形成一定的沟通效果,如沟通成功、失败等。这种沟通效果反馈到主体,又构成了新的沟通条件。人们在新的沟通条件的基础上又开始了新的沟通。一般情况下,如果一个人的沟通效果是成功的,他就会进一步增进沟通动机;如果其沟通效果是失败的,他就会减弱沟通动机。同时,人们也会在失败中吃一堑、长一智,发挥主观能动性,变不利条件为有利条件,从而变被动为主动、变消极为积极、变失败为成功。

(二) 主体—环境相互作用的特点

条件→利益→目的,这是从客观环节向主观环节的转化;目的→行动→效果,这是从主观环节向客观环节的转化。效果进一步转化为新的条件,又重新开始了进一步的主客体之间的相互转化。在这一相互转化的过程中,充满了主体和环境之间的相互作用。

1. 人要受客观条件、利益和效果所制约　处于不同地位、职业、风俗和群体的人,他们的沟通目的和行动由于受不同条件制约必然有所区别;具有不同性格和魅力的人,他们的沟通状况也必然有所差异。

2. 人可以通过自己实际的沟通去改变那些不利于自身发展的条件和效果　人们可以改变旧的风俗习惯,改变自己呆板的性格,改变自己的地位,进而改变原先不理想的沟通效果,实现协调人际关系的目的。这里,客观条件对人的沟通目的和行动的制约,是客观环节向主观环节的转化;人对客观条件等的改变,是主观环节向客观环节的转化。人际沟通中主体和环境相互作用的链条,就是人际沟通中主观环节和客观环节相互影响、相互作用和相互转化的过程。

(三) 主体—环境相互作用的意义

一般来说,一个人的人际关系的好坏,关键因素之一是能否合理地调适主体与环境之间的关系。当一个人在现实环境中不能自由活动时,他就会产生苦恼。如有的青少年不适应家庭生活环境而离家出走,有的青少年因不能忍受舆论的压力而自杀,等等。当一个人在现实环境中能自由灵活地沟通时,他就会感到快乐。如工作在团结友好的团体中,人们就会感到心情舒畅;生活在和睦的家庭中,人们就会感到幸福和愉快。显然,这里的苦恼和快乐的主要原因就在于是否达到主体与环境之间的调适。苦恼是不能驾驭环境的结果,快乐是合理地利用和支配环境的表现。所以说,在主体和环境相互作用的过程中,对人际沟通来说更有意义的是如何合理地利用环境、支配环境和改造环境。

 自我评估

人际关系测试

回答问题,在括号内填"是"或"否"。
(1) 关于你的烦恼有苦难言。( )
(2) 与生人见面时感觉不自然。( )
(3) 过分羡慕和妒忌别人。( )
(4) 与异性交往太少。( )
(5) 对连续不断地会谈感到困难。( )
(6) 在社交场合感到紧张。( )
(7) 时常伤害别人。( )
(8) 与异性来往感觉不自然。( )
(9) 与一大群朋友在一起常感到孤寂或失落。( )
(10) 极易受窘。( )
(11) 与别人不能和睦相处。( )
(12) 与异性相处不知道如何适可而止。( )
(13) 当不熟悉的人倾诉其生平以求同情时,你常感到不自在。( )
(14) 担心别人对你有什么坏印象。( )
(15) 总是尽力使别人欣赏你。( )
(16) 暗自思慕异性。( )
(17) 时常避免表达你的感受。( )
(18) 对你的仪表(容貌)缺乏信心。( )
(19) 讨厌某人或被某人所讨厌。( )
(20) 瞧不起异性。( )
(21) 不能专注地倾听。( )
(22) 你的烦恼无人申诉。( )
(23) 被别人排斥与冷漠。( )
(24) 被异性瞧不起。( )
(25) 不能广泛地听取各种意见、看法。( )
(26) 你常因受伤害而暗自伤心。( )
(27) 常被别人谈论、愚弄。( )
(28) 与异性交往时不知如何更好地相处。( )

说明:对于每个问题,回答"是"得1分,回答"否"不得分。

(1) 如果总分在0~8分,说明你善于交谈,性格开朗,主动关心别人,对周围朋友很好,相处不错。

（2）如果总分在 9~14 分，说明你与朋友相处有困扰，人缘一般；与朋友的关系时好时坏，处于经常起伏变动之中。

（3）如果总分在 15~28 分，说明你在与朋友相处时存在严重困扰。分数超过 20 分，则表明你在人际关系行为中困扰程度很严重，而且在心理上出现较为明显的障碍：你既可能不善于交谈，也可能是个性格孤僻、不开朗的人，或者有明显的自高自大、讨人嫌的行为。

习近平寄语

青年在成长和奋斗中，会收获成功和喜悦，也会面临困难和压力。要正确对待一时的成败得失，处优而不养尊，受挫而不短志，使顺境逆境都成为人生的财富而不是人生的包袱。广大青年人人都是一块玉，要时常用真善美来雕琢自己，不断培养高洁的操行和纯朴的情感，努力使自己成为高尚的人。

——2017 年 5 月 4 日在中国政法大学考察时讲话

要从小学习做人。世界上最难的事情，就是怎样做人、怎样做一个好人。要做一个好人，就要有品德、有知识、有责任，要坚持品德为先。你们现在都是小树苗，品德的养成需要丰富的营养、肥沃的土壤，这样才能茁壮成长。现在把自己的品德培育得越好，将来人就能做得越好。要学会做人的准则，就要学习和传承中华民族传统美德，学习和弘扬社会主义新风尚，热爱生活，懂得感恩，与人为善，明礼诚信，争当学习和实践社会主义核心价值观的小模范。

——2015 年 6 月 1 日，在会见中国少年先锋队第七次全国代表大会全体代表时的讲话

青年的价值取向决定了未来整个社会的价值取向，而青年又处在价值观形成和确立的时期，抓好这一时期的价值观养成十分重要。这就像穿衣服扣扣子一样，如果第一粒扣子扣错了，剩余的扣子都会扣错。人生的扣子从一开始就要扣好。

——2014 年 5 月 4 日习近平在北京大学师生座谈会上讲话

习近平问村官杨代显："情商重要还是智商重要？"杨代显回答"都重要"。习近平说，做实际工作情商很重要，更多需要的是做群众工作和解决问题能力，也就是适应社会能力。老话说，万贯家财不如薄技在身，情商当然要与专业知识和技能结合。

——2013 年 5 月，习近平在天津职业技能公共实训中心考察就业的对话

在现实生活中，必要的人际交往是不可避免的，工作生活中都会发生大量人际交往，但交往要有原则、有界线、有规矩，低调为人，谨慎交友，自觉净化自己的社交圈、生活圈、朋友圈。

——2014 年 5 月 8 日，习近平同中办各单位班子成员和干部职工代表座谈会

讲话

广大青年要如饥似渴、孜孜不倦学习,既多读有字之书,也多读无字之书,注重学习人生经验和社会知识,注重在实践中加强磨练、增长本领。

——2016年在知识分子、劳动模范、青年代表座谈会讲话

《千里走单骑》

高田接到儿子健一患病的消息,从所居住的渔村赶往东京探望。多年来的父子隔阂使儿子拒绝见他,但高田仍然决定帮助儿子去完成他的心愿。

高田独自来到中国云南,在帮助儿子完成心愿的过程中,他遇到了很多意想不到的困难,也结识了很多纯朴善良的中国人。短暂的中国之行,充满了意外的经历和从未有过的生活体验,这一切都使高田对儿子健一的内心世界有了很深的理解,产生了强烈的父子共鸣。他完成了与儿子在精神世界上的彼此沟通,同时也获得了对亲情与人生更多新的感悟。

第四章 言语沟通

本章目标

1. 识别语言和言语的区别与联系。(认知目标)
2. 了解言语沟通类型和言语沟通功能。(认知目标)
3. 运用言语沟通的原则,尝试与不同的人进行沟通。(能力目标)
4. 在与人交往中表现出言语沟通的综合艺术素养。(能力目标)
5. 在人际沟通中表现出高尚的言语修养和审美品位。(情感目标)
6. 按照言语沟通的要求,评估自己的言语能力和言语修养。(能力目标)

关键词

语言 言语 言语沟通 语速 语气 语调 停顿 幽默

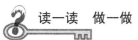

读一读 做一做

请依据言语沟通的相关理论,分析 1990 年美国阿维安卡 52 航班空难的生死沟通。

空难经过:1990 年 1 月 25 日晚 7:49,阿维安卡 52 航班飞行在南新泽西海岸 37 000 英尺的高空上。机上油量可以维持近两个小时的航程,在正常情况下飞机降落在纽约肯尼迪机场仅需不到半小时的时间。

晚 8:00:航管员通知飞机盘旋待命。

8:45:副驾驶报告"燃料快用完了";但 9:24 之前,机场未批准飞机降落。此前,机组人员间互通险情,但未向机场报告。

9:24:52 航班飞机第一次试降失败——高度低及能见度差,无法保证安全着陆。机场指示第二次降落——机组人员提到燃料将要用尽,然而飞行员却告诉航管员新分配的飞行跑道可航行。

9:32:飞机的两个引擎失灵;1 分钟后,另两个引擎也停止工作。

9:34:飞机坠毁于长岛,机上 73 人遇难。

案例分析

阿维安卡 52 航班机组人员与肯尼迪机场航管员之间存在沟通问题。

根据此案例,请你分析评价下列词语在程度上的区别:情况恶化;情况不好;情况很糟糕;情况很不好;情况十分紧急;任务太多,完成不了;情况相当严重。

飞行员——航管员:一个简单的信息既未被清楚地传递又未被充分地接受:"燃料不足!!!"这是飞行员常用的一句话。如果飞机航班被延误,每架飞机都存在燃料问题。

科学分析52航班机组人员的言语沟通,52航班机组人员在报告这一危急情况时,语调是冷静而职业化的;言语沟通的功能不明显,"没有发出情况紧急——燃料危急"的呼声,机场交通管理员习惯地认为:例行通报信息,燃料还可以维持。这样最终导致飞机燃料耗尽,空难发生。

调查人员找到了失事飞机的黑匣子,并与当事的航管员进行了交谈,发现导致这场悲剧的原因完全是由沟通障碍造成的。

第一,飞行员一直说飞机"燃料不足"。这也是飞行员们经常使用的一句话。航管员告诉调查者,当时间延误时,航管员认为每架飞机都存在燃料问题。但是,如果飞行员发出"燃料危急"的呼声,航管员有义务优先为其导航,并尽可能迅速地允许其着陆。非常遗憾的是,52航班的飞行员从未说过"情况紧急",所以肯尼迪机场航管员也一直未能了解到飞行员所面临的是真正的困境。

第二,飞行员的语调也并未向航管员传递燃料紧急的严重信息。许多航管员接受过专门的训练,可以在各种情境下捕捉到飞行员声音中极细微的语调变化。尽管机组成员相互之间表现出对燃料问题的极大忧虑,但是他们向机场传达信息的语调却是冷静而职业化的。

第三,飞行员的文化、传统以及职业习惯也使飞行员不愿意声明情况紧急。只要正式报告紧急情况,飞行员就需要写出大量的书面汇报;与此同时,如果发现飞行员在计算飞行油量方面疏忽大意,联邦飞行管理局就会吊销其驾驶执照。这些消极措施极大地阻碍了飞行员发出紧急呼救的信息。

人际沟通的载体语言是符号系统。作为社会上约定俗成的符号系统,语言的基本功能是思维功能和沟通功能。因此,要了解人际沟通,就必须深入地分析言语沟通。

第一节 言语沟通性质

一、语言与言语的辩证关系

(一) 语言与言语的定义

语言与言语在日常生活中是经常通用的。但是在科学意义上,语言和言语是两个彼此不同而又密切联系的概念。

语言(language)是人类用于交际和思维的最重要的符号系统。这个定义包含三个基本意思:①语言是人类独有的。"动物语言"只是个比喻的说法。②语言的基本功能是用于交际和思维。③语言是一个符号系统。因此,语言不等于说话。说话是一种复合现象,它至少包含三个方面:①张口说话的动作,称为"言语动作"。②说话所使用的一套符号系统,这套符号系统就是"语言"。③说出来的话语,称为"言语"或"言语作品"。

言语(parole)是人们运用语言材料和语言规则,进行人际沟通的过程。它是人们对于语言这一符号系统的具体运用,包括说话或写作的行为及其结果。说话者有一种思想要表达,利用言语对它进行编码,表现为合乎语法的话语,把深层结构转化为表层结构;听话者则对话语进行译码,把表层结构按其理解还原为深层结构,并对此做出反应。这就是言语沟通的基本过程。

 专家指导

瑞士语言学家索绪尔(Saussure,1966)把语言分为两部分:言语(parole,即speech)与语言(langue,即language)。前者指语言的使用,如口语交际,语言在不同场合下的意义,语言的作用。后者则指语言的形式,包括语法、语句、语意等议题。言语还可以是话语(discourse)的同义词。因为它是语言在不同场景中的应用,所产生的不同含义。言语沟通是从英文的speech communication直译过来的。

(二)语言和言语的区别

语言和言语是两个不同的概念。

语言是以词为基本单位、以语法为构造规则的符号系统,是人类最重要的交际工具。言语是人们利用某种语言来表达自己的思想或与其他人进行交往的过程。语言是代码,言语是信息。语言是一种社会现象,而言语是人的心理现象。因此,语言的存在依存于社会,言语的存在依存于个体。二者的关系,简单地说好似工具与使用工具的关系。语言是工具,言语是使用语言的活动过程。通俗地说,语言是建筑材料,言语是建筑的过程或结果。

 **议一议**

"中不中""行不行""管不管""对不对""是不是"等等,基本表示相同的意思,这就是各地使用语言的结果。

(三)语言和言语的关系

语言与言语的关系,如图4.1所示。

1. 抽象和具体的统一 语言是抽象的,言语是具体的语言存在

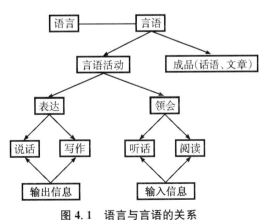

图4.1 语言与言语的关系

于言语中,言语是语言的存在形式。没有言语,也就没有语言。言语是运用语言的过程和结果,语言规则及词语均对言语形成制约,给予规范。语言规则及词语是言语活动的基础。

2. 一般和个别的统一　语言是一般的,言语是个人的;在作家及其文学作品中塑造人物要用个性化的语言,例如朱自清的言语风格、冰心的言语风格、阿Q式语言、祥林嫂的语言。

3. 客观和主观的统一　语言是客观的,言语是主观的语言,是以语音或字形为物质外壳,以词汇为基本单位,以语法为构造规则的符号系统。言语是人们在各种交际和活动中应用语言的过程。言语活动离不开语言,言语离开语言就无法表达意思和意见,无法进行有效的交际活动;语言也离不开言语,语言离开言语就不能发挥交际工具的作用。

4. 稳定性和灵活性的统一　语言是稳定的,言语是灵活的语言,是以语音或字形为物质外壳,以词汇为建筑材料,以语法为结构规律而构成的体系。它以其物质化的语音或字形的形式被人们所感知。语言的反映标志着一定的事物;语言的语法规则反映思维的规律。

二、言语沟通的含义、类型和功能

1. 言语沟通的含义　言语沟通是指在沟通过程中人们运用语言来表达情意的活动,它是一种以交流信息为基本功能的沟通行为。言语沟通分为表达(说话和写作)和领会(听话和阅读)两个方面,是对语言符号系统最积极有效的运用。

如果说语言学主要是对语言符号系统及其规律进行研究,那么沟通学则着重研究人类是如何运用语言符号来交流信息的,即着重研究言语沟通。

2. 言语沟通的类型　英国哲学家奥斯汀认为,人们运用语言的过程是完成一定类型的行为,这种言语沟通可以分为五类。"第一类包括对事态做出判断(如估计、推断、评价)的言语沟通,基本上也就是对事物的真相或价值做出判断的那些言语沟通。第二类是那些行使权利、施加影响或运用权力的言语沟通,诸如任命、表决、命令、劝告或警告。第三类言语沟通是说话者承担某种行动义务,诸如允诺、保证、宣布意图、表明信仰或信念。第四类主要与社会行为有关,诸如道歉、祝贺、慰问或挑战。第五类是表示对某事所持态度的言语沟通,如争论、答辩、让步、假设或推测。"

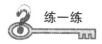

请举例说明言语沟通的五种类型。

3. 言语沟通的功能　与五类言语沟通相联系,言语沟通的功能表现为:①表态功能:表达说话人的感情和态度。②指示功能:指示或影响他人的行为或态度。③指称功能:认识事物并表达对其理解、推测或信仰。④酬应功能:维持社会内部的联系。⑤界说功能:规定语言规则,沟通双方都接受此规定。

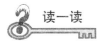 读一读

1. 扁鹊见蔡桓公

扁鹊见蔡桓公,立有间,扁鹊曰:"君有疾在腠理,不治将恐深。"桓侯曰:"寡人无疾。"扁鹊出,桓侯曰:"医之好治不病以为功。"居十日,扁鹊复见,曰:"君之病在肌肤,不治将益深。"桓侯不应。扁鹊出,桓侯又不悦。居十日,扁鹊复见,曰:"君之病在肠胃,不治将益深。"桓侯又不应。扁鹊出,桓侯又不悦。

居十日,扁鹊望桓侯而还走。桓侯故使人问之,扁鹊曰:"疾在腠理,汤熨之所及也;在肌肤,针石之所及也;在肠胃,火齐之所及也;在骨髓,司命之所属,无奈何也。今在骨髓,臣是以无请也。"居五日,桓侯体痛,使人索扁鹊,已逃秦矣。桓侯遂死。

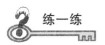 练一练

请你运用言语沟通的功能原理,分析名医扁鹊劝治失败的原因。如果你是扁鹊,如何成功劝说?

 读一读

2. 盲人看到春天的美景

春天,在繁华的巴黎大街的路旁,站着一个衣衫褴褛、头发斑白、双目失明的老人。他不像其他乞丐那样伸手向过路行人乞讨,而是在身旁立一块木牌,上面写着:"我什么也看不见!"不用说,他是为生活所迫才这样做的。街上过往的行人很多,那些穿着华丽的绅士、贵妇人,那些打扮漂亮的少男少女们,看了木牌上的字都无动于衷,有的还淡淡一笑,便姗姗而去了。这天中午,法国著名诗人让·彼浩勒也经过这里。他看看木牌上的字,问盲老人:"老人家,今天上午有人给你钱吗?"

"唉!"那盲老人叹息着回答,"我,我什么也没有得到。"说着,脸上的神情非常悲伤。让·彼浩勒听了,拿起笔悄悄地在那行字的前面添上了"春天到了,可是"几个字,就匆匆地离去了。

晚上,让·彼浩勒又经过这里,问那个盲老人下午的收入情况,那盲老人笑着对诗人说:"先生,不知为什么,下午给我钱的人多极了!"让·彼浩勒听了,也摸着胡子满意地笑了。

"春天到了,可是我什么也看不见!"这富有诗意的语言,产生这么大的作用,就在于它有非常浓厚的感情色彩。是的,春天是美好的,那蓝天白云,那绿树红花,那莺歌燕语,那流水人家,怎么不叫人陶醉呢?但这良辰美景,对于一个双目失明的人来说,只是一片漆黑。这是多么令人心酸呀!当人们想到这个盲老人,一生里连

万紫千红的春天都不曾看到,怎能不对他产生同情之心呢?

请结合提供的内容,假设你是《巴黎时报》的一名记者,假如你当时就在现场,请你即兴进行现场采访,看看人们是怎么想的,前后态度为什么会有这样大的变化。

其他同学分别扮演采访对象:双目失明的盲老人、法国著名诗人、衣着华丽的绅士和贵妇人、打扮漂亮的少女、衣着寒酸的职员。

学生采访问题要依对象而定,例如:

(1) 老人家,今天给你钱的人多吗?

(2) 先生,你为什么要给这位盲老人加上"春天到了"这句话?

(3) 先生(太太、小姐),街上那么多乞讨的人,您为什么要把钱给那位盲老人?

(4) 先生(太太、小姐),看样子您不是很有钱,为什么还要给那位盲老人钱?

第二节 言语沟通基本原则

人类从诞生后能够使用语言开始,总以为说话是自然而然的事,谁也没有研究言语是什么,认为说话就能沟通思想。但是,突然在某一天冒出了这样的疑问:"为什么我的话不能被对方很好地理解呢?"这就得遵守言语沟通的基本原则,把以往的无意识说话提升到有意识说话。1990 年美国阿维安卡 52 航班空难事件,充分说明言语沟通的选择与组合要达到理想状态,言语沟通必须遵循目的性、情境性、正确性、得体性、适应性五个基本原则。

一、目的性

任　务	目　标	技　能
交流情感	建立、深化人与人之间的关系	问候、会话等
提供情报	让对方知道什么、了解什么	报告、联络、回答、建议、申诉等
疏通思想	相互理解,采取行动	指示、传达、命令、劝导、警告等

言语沟通是有目的的。人与人之间之所以进行言语沟通,总是具有这样或那样的目的:或告诉别人一件事情,或请求别人帮忙,或命令对方去行动,或打听某方面的消息,或沟通双方的心灵,或改善双方的关系,或增进双方的友谊,等等。这些种种目的都是通过具体的话语来表达的。因此,在言语交流中,话语不过是充当信息交流的手段。说话人通过话语来传达自己的意图,听话人则透过话语来领悟其真实意图。例如,听话人烦恼的是自己的人生向何处去,没有明确指针。一天一天地过着相同的日子,想随大流,但是又想不出跟随谁更合适。为此,无法决定自己

的意志,只好混一天算一天。说话人与之谈了下列话题:

在浓雾弥漫的时刻,他只能依赖前面车子的尾灯,驾驶汽车。他眯着眼睛,小心翼翼地探着路,把自己的一切都交给了前面开车子的人。突然,前面车子的红灯灭了,接着,他的车子"砰"地撞到前面的车子上了。他火了,骂道:"混账!你要停车,干吗不打信号灯?!"前面开车子的人回敬道:"这儿是我的车库,为什么要打信号灯?!"

这则故事说明:人类的生活就是这样,在迷雾中不知往何处去而前进着的时候,思考是十分必要的。听话人悟出了话语的意图。

表格中的3个任务,一般从哪一个开始?为什么?

二、情境性

情境是由人际沟通过程中时间、空间的沟通方式等因素构成的沟通环境。它对于言语沟通具有两个方面的作用:①对言语沟通起着制约作用。即言语沟通必须根据沟通情境来选择话题和组合话语,使表达内容和表达形式与情境相适应,例如不同场合(课堂、宿舍等)、错位身份(上下级、长幼)、异样氛围(教堂、灵堂)等等。②对言语沟通的表达起着补充作用。例如:"火"仅仅是一个词,但是,在《三国演义》中,赤壁之战前夕,诸葛亮和周瑜共商对策,各人仅在手掌上写一个"火"字就达成默契,言简意赅地表达了火攻的策略,这就是情境对于言语表达的补充作用。

一个商人受同事的妻子委托:"无论如何,请你劝告我的丈夫,别再喝酒。他一喝酒就耍酒疯,真是受够了!"于是,商人就邀请那位同事到酒馆里,一边喝酒,一边劝告说:"你,喝酒是情有可原的,但是,耍酒疯就不好啦!难道你的夫人不可爱吗?"说着说着,商人的脸色就变了……

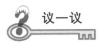

请你想象会有什么结局?为什么?

三、正确性

言语沟通的正确性是指言语表达必须符合语言规则或规范,也就是要符合语法。言语的基本任务,就是根据语言符号系统的使用规则,把语言符号组合为"装载"了一定信息的言语形式。任何言语沟通只有遵守语言规范,才能准确无误地传达信息,才能为听者或读者所接受;倘若违背了语言规范,就会造成沟通障碍。

 读一读

传说山东军阀韩复榘有一次到齐鲁大学演讲,一开头就说:"诸位,各位,在齐位:今天是什么天气?今天就是讲演的天气。来宾十分茂盛,敝人也实在是感冒。今天来的人不少咧,看样子大抵有五分之八啦!来到的不说,没来的举手吧。今天兄弟召集大家,来训一训,兄弟有说得不对的,大家应该互相原谅。……你们大家都是各国留学生,都会说七八国的英文,我不懂这些,今天真是鹤立鸡群了。"

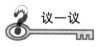 议一议

正确使用祖国的语言文字,我们还需要从哪些方面做出努力?

四、得体性

言语沟通的得体性是指特定的交际环境中话语对交际环境的适应程度问题,即同特定文化背景的协调性和对于交际心理的可接受性、合作与礼貌问题。言语沟通既在特定的人际关系中展开,又起着建立或发展人际关系的作用。如果不看受传者和自己的关系,人际沟通就可能出现障碍。

读一读　议一议

1. 朱元璋做了皇帝,一个从前的穷朋友跑到朝廷去拜见他。见面的时候,穷朋友对朱元璋说:"我主万岁!当年微臣随驾扫荡芦州府,打破罐头城,汤元帅在逃,拿住豆将军,红孩儿当关,多亏蔡将军。"朱元璋听得高兴,也隐约记起他的话里包含了一些从前的事情,就立刻封他做了御林军总管。另一个当年的穷朋友得知这一消息,也跑去求见,见了面就对朱元璋说:"我主万岁!还记得吗?从前,你我都替人家看牛。有一天,我们在芦花荡里把偷来的豆子放在瓦罐里煮。还没等煮熟,大家都抢着吃,把罐子都打破了,撒下一地的豆子,汤都泼在泥地里。你只顾从地上满把地抓豆吃,却不小心连红草叶子也送进嘴里。叶子哽在喉咙里,苦得你哭笑不得,还是我出的主意,叫你把青菜叶子放在手上一拍吞下去,才把红草叶子带下肚子里去了……"朱元璋还没听完,就命令:"推出去斩了!"

2. 1932年11月8日夜晚,在庆祝十月革命胜利15周年的节日盛宴上,斯大林与妻子娜杰日达·谢尔盖耶夫娜发生了争执。"喂,你喝呀!""人民之父"斯大林突然对没有喝酒的妻子说。"我不是你的'喂'!"娜杰日达·谢尔盖耶夫娜不满地反驳一句,并生气地离开了克里姆林宫。第二天早晨,在乌索沃车站旁边的"祖巴洛夫—4"别墅找到斯大林妻子时,时年22岁的她已经死了。她手里握着一支像玩具一样的小型"瓦尔德"手枪。(据斯大林女儿斯韦特兰娜·阿利卢耶娃的回忆录)

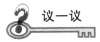

请说一说类似的悲剧还有哪些？其产生的原因是什么？

五、适应性

言语适应理论(speech accommodation theory)是以听话人或听众为中心，即说话人是根据听话人或听众的言语风格来选择自己的谈话方式。在人际沟通过程中,受传者此时此刻的心理状态对于信息的接收具有极大的制约性。言语沟通必须适应言语对象的处境心情,否则便事与愿违。

曹操因行刺董卓未遂而逃到他父亲的好友吕伯奢家中,夜里听到后堂有人说:"缚而杀之,何如?"他以为对方要把自己捆起来杀掉,于是"先发制人",杀尽吕伯奢一家。直到发现一头被缚待宰的猪后,他才知道自己错杀好人。究其原因,在于曹操当时处于亡命境地,一直高度警惕,处处提防着别人会告发甚至捉拿他。

读一读

(1) 急事,慢慢地说。遇到急事,如果能沉下心思考,然后不急不躁地把事情说清楚,会给听者留下稳重、不冲动的印象,从而增加他人对你的信任度。

(2) 小事,幽默地说。尤其是一些善意的提醒,用句玩笑话讲出来,就不会让听者感觉生硬,他们不但会欣然接受你的提醒,还会增强彼此的亲密感。

(3) 没把握的事,谨慎地说。对那些没有把握的事情,如果你不说,别人会觉得你虚伪;如果你能措辞严谨地说出来,会让人感到你是个值得信任的人。

(4) 没发生的事,不要胡说。人们最讨厌无事生非的人,如果你从来不随便臆测或胡说没有的事,会让人觉得你为人成熟、有修养,是个做事认真、有责任感的人。

(5) 做不到的事,别乱说。俗话说"没有金刚钻,别揽瓷器活"。不轻易承诺自己做不到的事,会让听者觉得你是一个"言必信,行必果"的人,愿意相信你。

(6) 伤害人的事,不能说。不轻易用言语伤害别人,尤其在较为亲近的人之间,不说伤害人的话。这会让他们觉得你是个善良的人,有助于维系和增进感情。

(7) 伤心的事,不要见人就说。人在伤心时,都有倾诉的欲望,但如果见人就说,很容易使听者心理压力增大,对你产生怀疑和疏远。同时,你还会给人留下不为他人着想,想把痛苦转嫁给他人的印象。

(8) 别人的事,小心地说。人与人之间都需要安全距离,不轻易评论和传播别人的事,会给人交往的安全感。

(9) 自己的事,听别人怎么说。自己的事情要多听听局外人的看法,一则可以给人以谦虚的印象,二则会让人觉得你是个明事理的人。

(10) 尊长的事,多听少说。年长的人往往不喜欢年轻人对自己的事发表太多的评论,如果年轻人说得过多,他们就觉得你不是一个尊敬长辈、谦虚好学的人。

(11) 夫妻的事,商量着说。夫妻之间,最怕的就是遇到事情相互指责,而相互商量会产生"共情"的效果,能增强夫妻感情。

(12) 孩子们的事,开导着说。尤其是处于青春期的孩子,非常叛逆,采用温和又坚定的态度进行开导,可以既让孩子对你有好感,愿意和你成为朋友,又能起到说服的作用。

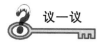

"说者无心,听者有意"涉及言语沟通的哪些原则?

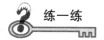

假设面对肥胖的人,请你运用言语沟通的基本原则,将下列词语所适用的对象和场合填写在括号内。

(1) 胖子(   )　(2) 肥胖症(   )　(3) 肥大(   )　(4) 胖乎乎的(   )
(5) 很胖(   )　(6) 胖胖的(   )　(7) 壮实(   )　(8) 结实(   )
(9) 结结实实(   )(10) 富态(   )　(11) 胖墩儿(   )　(12) 胖墩墩的(   )
(13) 丰满(   )　(14) 臃肿(   )　(15) 发福(   )　(16) 小胖子(   )

第三节　言语沟通艺术

孔子曰:"言不顺,则事不成。"人际沟通效果大多取决于说话的方式,而非说话的内容。美国心理学家艾伯特·梅拉比安研究指出:沟通的主要成分=7%语言文字+38%声音+55%非语言。也就是说,在"对谁说""说什么""怎么说"中,"怎么说"尤为重要。正如美国著名语言学家弗里斯(Fries)所说,"重要的不仅是你说的是什么,而是你怎么说",因为听话人注意的是"究竟一句话是用带微笑的口气还是带冷笑的口气说的"。

言语沟通的艺术主要包括:言语精确、吐字清晰、语速适中、适度停顿、语气得当、语调协调、言随旨遣、幽默有度。

一、言语精确

言语沟通的首要问题是言准意达。介绍某一事物,要用唯一的名词;讲述某个动作,要用唯一的动词;说明某种性质,要用唯一的形容词。要避免使用似是而非、模棱两可的话。语言的精确,呈现出高尚的情感。例如,在鲁迅小说《药》中,华大妈关切儿子华小栓的三次对话:

(1)"吃下去罢,——病便好了。"
(2)"睡一会罢,——便好了。"
(3)"小栓,你好些么?——你仍旧只是肚饿?……"

第一次问话,"病便好了",什么病却避而不谈;第二次问话,连"病"都隐去;第三次问话,"小栓,你好些么",华大妈的言语中设法避开"病""痨病"之类的字眼,但又觉得问话太笼统,于是补充了"你仍旧只是肚饿"。肺结核在古代又称为"肺痨",俗称"饿痨",华大妈用肺痨的特征来代替其概念。

二、吐字清晰

言语交际,一定要吐字清晰,咬字真切。正如戏曲艺术界讲究的"吐字归音,字正腔圆",所谓"咬紧字头归字尾,不难达到纯和清"。言语沟通还要防止"吃字"现象。"吃字"是指在情绪激动或急切时把某个音节的字漏了过去,或与其他字词混淆发生新的合并现象,例如:"答案"——"蛋"、"关爱"——"怪",把"只要你们努力"中的"只要"快说成"照你们努力"。这种情况容易造成吐字不清,影响沟通效果。

但是,《爱情公寓4》第11集中,有一段模仿《爱情从告白开始》的台词,将"欧皓辰,你知道吗,我喜欢你"说成"欧皓辰,你造吗,我宣你"。在台湾,一些词语连着读,或者用台湾夸张的腔调读快了就造成"吃字"现象,在影视剧中可以达到幽默夸张的艺术效果。

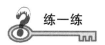

练一练

1. 四和十

四是四,十是十,十四是十四,四十是四十,谁能说准四十、十四、四十四,谁来试一试,谁说十四是四十,就打谁十四,谁说四十是细席,就打谁四十。

2. 化肥会挥发

黑化肥发灰,灰化肥发黑。黑化肥发灰会挥发,灰化肥挥发会发黑。黑化肥发灰挥发会发黑。

3. 龙怕农

老龙恼怒闹老农,老农恼怒闹老龙,龙怒龙恼农更怒,龙闹农怒龙怕农。

4. 八百标兵奔北坡

北坡炮兵并排跑,炮兵怕把标兵碰,标兵怕碰炮兵炮。

三、语速适中

一般认为,用最平常温和的语速,一分钟平均要说250～300个字。无论什么时候,言语交际都要保持心平气和,如果你说话的语速稍稍偏离平和,各种是非就滋生出来了。同样的道理,过快或极快的语速容易让人产生压迫感和强制感,或者是让人不知所云。反之,过慢的语速要么使人着急,要么让人昏昏欲睡。言语交际要求语速必须适中,这既有助于沟通者自身的意思表达,也有助于对方的信息理解和情感愉悦,更有助于拉近沟通者之间的心理距离。

四、适度停顿

停顿的最直接的表现形式就是沉默。在言语交际活动中,人们不仅需要借助有声语言,而且需借无声语言表情达意。"此时无声胜有声"就是对无声语言作用十分恰当的描述。停顿就是一种无声语言。言语交际的停顿,通常分为语法停顿、逻辑停顿和心理停顿。语法停顿是为了结构明确、层次清楚所作的停顿。逻辑停顿是为了强调某一特殊的意思或某种逻辑关系所作的停顿。心理停顿是说话人为了表达某种感情或达到某一目的而有意识安排的一种停顿,它常常取决于说话人的心理情绪。标点符号表示语法关系,也表示语音停顿。在有标点符号的地方,一般都要有适当时间的停顿。停顿的长短要和标点符号表示的语法结构的层次相适应,停顿长短大致是句号＞分号＞冒号＞逗号＞顿号。

逻辑停顿要依句子的逻辑结构来进行,以使沟通内容得到准确的表达。比较这两处停顿处理:

我们的目的／一定要达到。

我们的目的一定／能够达到。

第二句在"一定"与"能够"之间多安排了一个停顿,强调突出了"能够"与上一句中"要"的区别。这是逻辑结构的需要。

心理停顿主要不是服从语意表达,而是服从沟通者心理情境的需要。它形式上是"外部语言的沉默",实质上是"内部语言的活化"。在停顿的片刻,听众的思维情感异常活跃,或急切期待,或自由想象,或默默体验,这就是心理停顿的目的。心理停顿是有意识安排的,时间不定,但比语法停顿、逻辑停顿长。在这停顿的片刻,听众的思维、想象的情感"好像长了翅膀,异常活跃"。"没有一点声音,没有任何喝彩,只有那震耳欲聋的寂静……",这就是停顿所能达到的最佳传播效果。俄国早期的马克思主义者普列汉诺夫曾在日内瓦做题为《无产阶级和农民》的演讲,当时有人蓄意破坏,会场秩序混乱。普列汉诺夫沉着冷静,大声地说:"如果我们也想用这种武器同你们斗争的话,我们来时就会……"说到这里,他故意停顿下来,然后又接着说:"我们来时就会带着冷若冰霜的美女!"顿时,会场上出现了"轰动效应",演讲也得以顺利进行。

适度停顿有助于掌握说话的主动权,可以使说话者赢得思考时间,从而增强语言表达的逻辑性,使表达更严谨,减少说话中的失误;将说话的机会让给对方,可从中获取更多的信息,同时也能避免自己将不该说的讲出去;可以造成对方的心理压力,从而使对方做出某些让步。

五、语气得当

语气是在言语交际中对信息所持的态度。语气有四种:陈述、疑问、祈使、感叹。语气是思想感情运动状态支配下语句的声音形式,包涵一定的思想感情以及一定的具体声音形式。"语"是指有声语言,指通过声音表现出来的语句;"气"是指朗读时支撑有声语言的气息状态,指具有声音和气息合成形式的语句流露出来的气韵。语气是以内心感情的色彩和分量为灵魂、为神韵的,是以具体的声音形式为躯体、为形制的,是存在于具体语境的语句当中的。据说,一位波兰女演员访问美国,在宴会上她用悲伤的语气发表"演讲",大家虽然听不懂她说什么(波兰语),但都被感动得潸然泪下。其实,她念的是晚宴的菜单。

语气既有称之为"神"的内在思想感情的色彩和分量,又有称之为"形"的外在的快慢、高低、强弱、虚实的声音形式。所以说,语气是言语沟通中"神"与"形"的结合体,有什么样的感情,就会产生什么样的气息;有什么样的气息,就会有什么样的声音状态。因此,声音的气息状态和表露有极为重要的意义。

语气运用的一般规律是:

(1) 爱的感情:气徐声柔——漫和感。例如:我爱你中国。
(2) 憎的感情:气足声硬——挤压感。例如:我恨你。
(3) 悲的感情:气沉声缓——迟滞感。例如:唉! 太惨了。
(4) 喜的感情:气满声高——跳跃感。例如:中华人民共和国中央人民政府成立了!
(5) 惧的感情:气提声抖——紧缩感。例如:我,我再也不敢了。
(6) 急的感情:气短声促——紧迫感。例如:不好了! 不好了! 月亮掉到井里了。
(7) 冷的感情:气少声淡——轻视感。例如:啊,我早就知道了。
(8) 怒的感情:气粗声重——震动感。例如:你给我滚!
(9) 疑的感情:气细声黏——踌躇感。例如:怎么能是这样?

尝试以"我认识你"为例,用不同的语气来表达出下列情感:(1) 热情肯定地;(2) 惊讶疑问地;(3) 轻蔑嘲讽地;(4) 冷峻揭露地。

人的声音具有浓厚的感情色彩,能引起人复杂的心理效应。声音的强弱、快慢、高低、纯浊,都能显示出异常复杂的情感,即"如泣如诉,如怨如慕"。

语气凝重深沉者,才高八斗,言辞隽永,对人情事理理解得深刻而准确,对社会、对他人较负责任,有一定的可靠性。

语气锋锐严厉者,言辞锋锐,爱好争辩,看问题一针见血,眼光犀利,但也容易陷入舍本逐末、顶牛抬杠的处境而不能自拔。

语气刚毅坚强者,办事坚持原则,公正无私,是非分明,但是因原则性太强而显得不善变通,为人处事没有商量的余地。

语气圆通和缓者,为人宽厚仁慈,性格宏度优雅,具有圆通性,对新生事物持公正包容的态度。在语言上,圆通能使一个人在交往时显得温和可爱,具有柔和的言辞和态度,不喜欢进行争论,怕伤了和气,言谈举止"入乡随俗",八面玲珑。这种人人见人爱,可以从事任何职业。

语气温顺平畅者,说话速度慢,语气平和,性格温顺,权力欲望平淡,与世无争,易与人相处。

语气激荡回旋者,有强烈的好奇心,有独特的思维能力,敢于向传统挑战,敢于向权威说"不"。他们与众不同、异想天开、独树一帜,缺乏冷静思考的能力,难以被世人理解,成为孤胆英雄。

语气和声细气者,在请求、询问、安慰、陈述意见时常使用和声细气,弘扬男性的文雅大度,呈现女性的阴柔之美,具有一种迷人的魅力。

轻声小气者,表现出尊敬、谦恭、谨慎和文雅,可以缩短人与人之间的感情距离,避免可能招致的麻烦。

高声大气者,适合召唤、鼓动、说理与强调,表现出说话者的激情和粗犷豪放的性格。

唉声叹气者,心理承受能力弱,自信心不强,缺乏勇气,一旦遭到失败,便灰心丧气,沮丧颓唐,乃至一蹶不振。

六、语调协调

语调,就是说话时语流和语势的变化程度,也就是语音的停连、快慢、轻重、高低等配置的情况。其中,语流就是说话的速度和流畅度,包括快慢和停连;语势就是说话时音高和音强的趋势,包括高低和轻重。语调有三类,即基本语调、特殊语调和综合语调。基本语调由最基本要素单独组成,这是由语音的音高、音强、音长和音色四要素决定的,因为单独的音色成不了语调,只有音长派生出停顿,音强派生出重音,音高派生出抑扬。语调总共有两类四种,即语流类的停顿和快慢,语势类的重音和抑扬。语调有平调、升调、曲调和降调。平调常用来表示严肃、平淡、压抑、悲痛;升调常用来表示疑问、反问、愤慨、呼唤;曲调常用来表示欢欣、惊讶、讽刺、暗示;降调常用来表示感叹、肯定、赞扬等。语调促使言语的内容清晰明确,起到润色言语效果的作用。研究表明,言语沟通的效果,肢体动作占55%,语调占38%,内容占7%。语调协调形成了抑扬顿挫,语调变换形成了"一句话百样说"的言语效果。例如:

这是一千万元?(啊!好惊人哟!)——吃惊

这是一千万元?(别吓人了吧!)轻蔑

这是一千万元?(糟糕!)——后悔

这是一千万元?(好高兴喔)——喜悦

这是一千万元?(真稀奇)——好奇心

这是一千万元?(开玩笑)——疑问

语调设计由声音停顿、语气轻重、语速快慢和音量高低四个要素组合而成,要素的不同组合变化,构成了艺术化语言表达的各种调式,并通过这些调式表达沟通者的观点、立场、态度和情感等等。

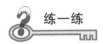

请根据意思提示,在"我没说他偷了你的东西"中应该重读的词语下面加上着重号。

(1) 我没说他偷了你的东西——可是有人这么说的。
(2) 我没说他偷了你的东西——我确实没有这么说。
(3) 我没说他偷了你的东西——可是我是这么暗示的。
(4) 我没说他偷了你的东西——可是有人偷了。
(5) 我没说他偷了你的东西——可能是他借去了。
(6) 我没说他偷了你的东西——他偷了别人的东西。

根据句子的语气,句子的类别分为陈述句、疑问句、祈使句和感叹句。

(一) 陈述句

叙述或说明事实的具有陈述语调的句子叫陈述句。陈述句句末可以带上"的、了、呢、罢了"等语气词。"的—了":"的"表示本来如此,"了"表示有了变化。"呢—罢了":同样表示肯定,但"呢"稍带夸张和强调,而"罢了"却把事情往小里说。陈述句可用肯定形式,也可用否定形式。一个陈述句可以改成疑问句、反问句、双重否定句等多种形式,表达不同的内容。

(二) 疑问句

具有疑问语调的句子叫疑问句。其中,有疑而问的叫询问句,无疑而问的叫反问句。提问手段有疑问语调、疑问词、语气副词、语气词、疑问格式等,疑问语调不可或缺。

根据结构形式上的特点和语义情况,可分为是非问、特指问、选择问、正反问。

1. 是非问 由陈述句加疑问语调或兼用语气词"吗、吧"等构成,一般是对整个命题的疑问,回答也是对整个命题的简单的肯定或否定。例如:你明天会来吗?这些句子可以用"是、对、嗯"或"不、没有"等作答,或用点头、摇头回答。

2. 特指问 用疑问代词(如"谁、什么、怎样"等)和由它组成的短语("为什么、什么事、做什么、怎么做"等)来表明疑问点,说话者希望对方就疑问点做出答复,句子往往用升调。例如:什么事不能好好商量的?

3. 选择问 用两个或两个以上分句提出不止一种看法供对方选择,用"是、还是"连接分句。常用语气词"呢、啊",不用"吗"。例如:喝水还是喝茶呢?

4. 正反问　由谓语动词的肯定形式和否定形式并列构成。例如：昨天玩得高兴不高兴？

其中，还有一种反诘问句。例如：

①我不是已经跟你说过了吗？（＝不用说了——是非问）

②十二点了，怎么还看电视？（＝不要看电视了——特指问）

③你是来帮我呢，还是来拆台呢？（＝老拆台——选择问）

④他们这么不讲理，你说对不对？（＝不对——正反问）

（三）祈使句

要求对方做或不做某事的句子叫祈使句，一般用降调。

1. 禁令类　表示命令、禁止，带有强制性，常不用主语、语气词，结构简单，语调急降而且很短促，否定句用"不准、不许、别"等。例如：禁止吸烟。

2. 商请类　表示请求、劝阻，包括请求、敦促、商量、建议、劝阻等。例如：快说呀，为什么不说呢？说吧。注意：请求或敦促人家做事，总有商量余地，因此宜于使用重叠形式的动词，常用敬辞"请"。例如：您说说。您请坐。您帮帮忙吧。请喝茶。

（四）感叹句

带有浓厚感情的句子叫感叹句。它表示快乐、惊讶、悲伤、愤怒、恐惧等浓厚的感情，一般用降调。例如：哇！这衣服真漂亮！天哪！这可怎么办啦！更多的感叹句里有"多、多么、好、真"等副词，句尾有语气词。例如：那该有多好哇！好热的天气呀！多么可爱的小孩呀！多好的想法呀！

专家指导

升调句调前低后高，整个句子的后半句明显升高，句末音节高亢，用于提出问题、等待回答、感情激动、情绪亢奋、句中顿歇、意犹未尽、发号施令、宣传鼓动、惊异呼唤、出乎意外等场合。

降调句调先高后低，但声音不是明显下降，只是逐渐降低，句末音节短而低。在言语交际中，降调的使用最为常见，它多用于情绪平稳的陈述句、感情强烈的感叹句、表达愿望的祈使句。

曲调句调由高转低再自低升高，或由低转高再降低，用于表达复杂的情绪或隐晦的感情，所以常用于语义双关、言外有意、嘲笑、意外惊奇、有意夸张等处。曲调能表达出幽默含蓄、讽刺的情绪。

平调句调变化不大，平稳、舒缓，多用于表达庄重严肃、冷淡漠然、思索回忆、踌躇不决等分量转重的句子。

想一想　议一议

在人际沟通中应该慎用哪些句式，慎用哪些语调？

 **练一练**

1. 同样是"讨厌"两个字,一个女孩子对一个陌生人讲和对自己的男朋友撒娇地说,两种感觉完全不一样。这是因为语气语调的差异给对方的感觉不一样。请用不同的语调读出下面的三句话,仔细体会一下声调语气的变化给人的不同感觉:

你真坏!(无奈、玩笑、撒娇、痛恨)

你说呢?(疑问、取笑、生气、关心)

我理解你!(同情、不耐烦、嘲讽、口是心非)

2. 影视作品中刻画人物,让人物形象人见人爱、可人可心可敬的,主要是言语;让人物形象人见人恨、烦人恼人恶心人的,主要还是言语。可见,言语是双刃剑。设置一个夫妻争吵的场景,请用不同的语气语调说出"你干嘛""你打啊",说一说分别会产生什么样戏剧性的效果。

专家指导

有话慢慢说,有理好好说!

练一练

"一句话,百样说。"尝试以"她能办好这件事"为例。请你用不同的语调来表达出下列的情感:(1) 热情肯定地;(2) 惊讶疑问地;(3) 轻蔑嘲讽地;(4) 中性客观地。

七、言随旨遣

言随旨遣要求言语沟通必须目的明确,有效地选择和调整言语形式,做到形式和内容、动机和目的的有机统一。现代汉语有陈述句,例如《红楼梦》33回——贾宝玉听见贾政大喝道"不许动"便知道一定要挨打了,连忙对一个老妈妈说:"快去告诉:老爷要打我呢! 快去! 快去! 要紧! 要紧!"这个有些耳聋的老妈妈却将"要紧"理解为"跳井",因为在贾府中丫鬟跳井是常有的事。贾宝玉在情急之中脱口而出的"要紧! 要紧!"是言随旨遣,却被老妈妈曲解,误了宝玉的大事。

言随旨遣承载着语言的魔力,展现了人类的智慧。一天晚上 12 点,有一个想投机钻营的政客给林肯打电话说:"总统先生,我听说咱们的税务局长刚刚去世,我可不可以代替他的位置?"林肯说:"如果殡仪馆同意的话,我没意见!"

练一练 议一议

1. 在言语沟通中,你是否有过"词不达意"或"言不由衷"的情况?

2. 请分析华大妈的"小栓,你好些么?——你仍旧只是肚饿?……"所蕴含的信息本意。再与康大叔的相关言语沟通比较,全面体会言语沟通的艺术。

3. 职业语言:语言能够治疗疾病,也能够导致疾病。西方医学之父希波克拉底说:医生有三种武器——语言、药物、手术刀。

4. 声音最好甜一些、美一些。声音是构成一个人魅力的重要组成部分,很多人之所以愿意听你说话,愿意和你交朋友,也许就是喜欢你说话的声音。想要了解自己的声音是否具有吸引力,可以把自己的话录下来然后仔细听,你就会知道自己的声音是什么样子了。你很快就会发现,自己的声音哪里缺少感性色彩或语调变化,以及你的嗓门听上去是高了还是低了。你的口齿是否伶俐?吐字是否清晰?弱声、重读是否能区分得出来?如果不是,那就加强练习。

八、幽默有度

幽默是一种智慧,是一种品位,是一种人生态度。幽默的好处多多,主要有:降低紧张,制造轻松、无负担的气氛;消除疲劳,使人顿觉轻松、愉快;使人际交往更加和谐;化危机为转机,突破困境、反败为胜。

1. 幽默是一种良好的修养,一种充满魅力的言语交际技能　具有幽默感的人能给人一个良好的印象,同时,幽默感是一种比较高尚的品质,是文明和睿智的体现。

在抗战胜利后,张大千从上海返回四川老家。临行前好友设宴为他饯行,并特邀梅兰芳等人作陪。宴会伊始,大家请张大千坐在首座。张大千说:"梅先生是君子,应坐首座,我是小人,应陪末座。"梅兰芳和众人都不解其意。于是,张大千解释说:"不是有句话'君子动口,小人动手'吗?梅先生唱戏是动口,我作画是动手,我理应请梅先生坐首座。"满堂来宾为之大笑,并请他俩并排坐在首座。张大千自嘲为小人,看似自贬,然而"醉翁之意不在酒",这既表现了张大千的豁达胸怀,又营造了轻松融洽的交谈氛围。

2. 幽默是一种积极的生活态度　你会发现,有幽默感的人往往能从平凡小事中发现有趣、光明的一面,或是在最坏的情况下得到最大的满足感;没有幽默感的人总是对人与事物无动于衷、后知后觉,并使自己或环境陷入"一潭死水,毫无生气,甚至枯燥到无以复加"的境地。

3. 幽默更是一种心智成熟的最佳表现　许多政治家、艺术家、教育家、谈判家都知道把"幽默感"的神奇力量注入潜意识里,使自己更富有人情味,更容易使人亲近。"幽默感"是一种润滑剂,可以消除人与人之间的疏离感,并且达到人我交融的美好境界。

4. 幽默是一种才华,也是一种力量　幽默和笑话是同根生的,哪里有幽默,哪里就有笑声,幽默是笑话取之不尽的源泉。幽默是一种艺术,它使我们的生活绚丽多彩;幽默是一种文明,它让我们用笑脸送走烦恼,让我们用笑声化黑暗为光明。

读一读

法国哲学家伏尔泰是一个人见人爱的幽默高手。

1727年英法战争期间,伏尔泰恰巧在英国旅行。谁知道英国人竟不分青红皂白,把当代的大哲学家伏尔泰抓住了。

"把他吊死!快点把他吊死!"英国人怒气冲冲地大叫。

伏尔泰被抓起来送往绞刑台上时,他的英国朋友纷纷赶来替他解围。他们紧张而又急切地喊道:"你们不能将他处死,伏尔泰先生只是个学者,他从不参与政治!"

"不行,法国人就该死!把他吊死!"那些群众还是不停地怒骂着。

在双方争执不下的时候,伏尔泰举起了双手,悄声地说:"可不可以让我这个将死之人说几句心里话?"

全场突然安静了下来。

伏尔泰对群众深深鞠了个躬,清了清嗓门,说道:

"各位英国朋友!你们要惩罚我,因为我是法国人。以各位的聪明才智,不难发现,我生为法国人,却不能生为高贵的英国人,难道对我的惩罚还不够吗?"

说完,英国人全都哈哈大笑了起来。这番诙谐幽默的话语竟让伏尔泰死里逃生,他被当场释放了。

第四节　言语沟通综合应用

言语沟通是一门表达和应答的艺术。在"说什么""对谁说""怎样说"的沟通过程中,"怎样说"显得尤为重要。"怎样说"主要涉及言语沟通的表达方式和言语沟通的应答艺术。

一、言语沟通表达方式

1. 有话直说　"有话直说"指的是说话的方式。但不是单纯的直说,要求运用最准确简洁的语言表达,比起弯弯绕要好得多,也有效得多。如果试图去暗示或告诉第三方,希望最终能传话到对方耳朵里,那是很危险的,因为暗示常常会被误解或者被忽视。要是通过第三方传话就更危险了,即使传话者没有忘记,也有可能歪曲你的本意。就算你的话没有被歪曲,也没有人愿意间接聆听你的愤怒和失望,除非是感谢。

2. 有话实说　"有话实说"指的是内容要真实。实话实说,即你心中怎么想的,你就怎么说出来。但这并不意味着心中有啥说啥,只意味着你说的话是真实的。你心中有十个想法,你把其中三个说出来了,这就叫实说。作为沟通者来说,你一定要保证自己说出的话是真实的,不能编造事实,但不是说你把所想的全部说出来。你要说的必须是真实的。你要是不想说,你可以说:"我可以不回答你这个问题吗?"或者你可以把话题岔开,但不要编故事。如果一旦你撒了一个谎,你就背上了一个沉重的大十字架,你必然会撒更大的谎才能来掩盖这个谎言。

3. 有话正面说 这既是言语沟通表达的出发点,也是言语沟通者素养的闪光点。作为一个有效沟通者,言语表达的目的是把你的信息准确传达出去,并且你的话语是对对方有好处的。言语表达的出发点必须是善的,必须是美的,必须是正面的,必须是建设性的。有话从正面去说,这是最有效的沟通方法。中国有句俗话:"好人长在嘴上,好马长在腿上。"如果我们的嘴不能说正面的话,"阴阳怪气""指桑骂槐""幸灾乐祸""落井下石",那对听者是具有巨大的杀伤力的,就是"恶语伤人六月寒"。

4. 有话好好说 这指的是沟通态度。言语沟通,态度为先。沟通态度决定人际关系,决定对沟通内容的准确理解。同样的话,如果我们的态度不对,就达不到沟通的目的。你如果想把你的信息通过声音、表情、文字等准确地传达给对方,你就必须采用对方能够接受的态度;否则,对方根本不可能认同你的关系及接受你的信息。有话好好说,就要求在言语沟通时注意该说些什么,哪些话是不能说的,该用什么样的方式说,该用什么样的口吻说,该用什么样的语调说,等等。有话好好说,就是正确认识自己与对方产生矛盾的原因,用建设性的方式避免与对方争吵,以包容的心态和理智的态度与对方平等交流。影片《有话好好说》中的人物有几个能够"有话好好说"的;"有话好好说"中国文明网发起的评论性对话专栏告诉人们,"有话好好说",才是一个沟通者顶级的言语表达修养。

5. 不该说时不说 有效沟通必须是双方进入一种可以接纳对方信息的状态。如果双方都在气愤、焦虑、恐惧等恶性情绪状态下时,或者双方的人际关系没有建立,那么在这个时候双方的沟通就根本没有意义。因为这时双方的沟通只是情绪的表达,而不是意思的传达。所以当一个说者有情绪时,听者只是听者,不必对说者的话认真。当听者有情绪时,无论你说什么,他都听不进去,所以说也是白说。只有等双方进入了符合沟通条件的状态,才是一种有效沟通。

6. 不该说的不说 任何人看到的世界都是不完整的世界,从严格意义上讲,即使把你心中所有的东西都说出来了,也不意味着你就诚实。诚实的人只是把心中对你我有益的东西说出来,其他那些东西,我不想说的可以不说,我永远有保持沉默的权利。伤人的话,损人的话,永远都不能说。反思我们的言语沟通,越是亲人,越说伤害的话,"口无遮拦""哪壶不开提哪壶""下巴底下挂铃铛,响(想)到哪说到哪",这些都是言语沟通表达的大忌。

二、言语沟通应答艺术

(一) 典型的主导式应答

当某人表露自己的问题时,人们对之所做出的典型的应答方式有六种,被称为典型的主导性应答。因为这些应答方式引起了主导谈话的效果,而不是倾听或理解对方讲话的内容。当对方开始谈及自己的问题时,上述应答便成了潜在的破坏语言交流的障碍。

1. 解答式应答　用逻辑的、争辩的、指令的和说教的方式来指导、劝告,提建议,提供解决方法,劝诫,从道德上解释、说明等,都属于解答式应答。例如:

"你应做的是……"

"我要是你的话,我将……"

"你对……做过尝试了吗?"

告诉某人如何解决问题,有可能使他体验不到通过自己的努力而找到问题的答案时的满足感。假如遇到麻烦的人对问题的理解程度要比你深刻,那么,你所提供的解决方式可能会不如对方选择的方法。而且,对方很可能不好意思谢绝你所提供的解决方法,担心由此会伤害彼此之间的关系。换个角度说,倘若你所建议的解决方式被人采用了,但其结果却不尽如人意,那么你或许会为此而遭到责备。有时候,首先表露的问题与真正的、实质性的问题只不过是间接的关系,你对表层问题所提供的解决方法,对实质性问题而言,或许是极为不相适宜的。

2. 强迫式应答　命令、居高临下的谈话、警告和威胁,均属于强迫式应答。例如:

"按我告诉你的那样去做。"

"如果你不能按我所说的去做,我将不得不……"

"如果……事情就会糟糕得不可收拾。"

这种应答所引起的问题,与解答式应答所引起的问题具有一致性,后者还会因为不允许陷入困境的人考虑自己的选择,并试图一味地强迫他做某件事情,而产生更多的问题。强烈的怨恨、抵触、防御、敌视或消极行为,都可能是强迫式应答所带来的恶果。

3. 查究式应答　要求陷入困境的人谈及某些他没有说出的事情,或是要求他详细地描述问题的某一侧面,就是查究式应答。例如:

"你做了些什么事才产生这个问题的?"

"你为什么会那样认为呢?"

"这是否属于首次发生?"

当某人在表露自己的问题时,以提问的方式做出应答是很普遍的,因为这表现出了提问者的兴趣,并使陷入困境的人将自己的问题谈得更深、更细。然而,"为什么"这种提问常使人感到一种挑战,促使其去保护自己的情感、思想和行动,或者证明它们的正确性;有时,会使身陷困境的人感到自己的隐私权受到了威胁;还常常使得遇到麻烦的人不自觉地陷入一种应从的模式,机械地回答每一个问题,而不是采取主动的态度解决自己的问题。

4. 快慰式应答　消除疑虑、同情、安慰、支持、赞许、幽默、同意、满意等,都属于快慰式应答。例如:

"这件事你过去一直干得都很出色。"

"你应该看到事情光明的一面。"

快慰式应答的基本含义表现在几个方面：

"在我面前你应该高兴些才是。"

"我不把你看成是一位心情抑郁的人。"

"我不想听你谈问题。"

这些应答会使陷入困境的人不能真实地看待自己的问题，使之不能深刻地谈及他所遇到的麻烦。

5. 躲避式应答　撤离、变换主题、转移和分散注意力，均是躲避式应答。例如：

"如果你认为遇到了问题，那么你应该听听我的。"

"那倒让我想起了一件事，我真想告诉你。"

躲避式应答所包含的基本含义为"你和你的问题对我来说都是无关紧要的"，暗示自己无意倾听对方的问题，对对方及其所遇到的问题漠不关心。它可能表明自己对对方缺乏兴趣，对对方所遇到的问题不重视；也可能是一种信号，说明倾听者感到爱莫能助，或感到灰心丧气，因为他确实不知道该怎么帮助对方解决问题。

6. 批评式应答　评判、谴责、奚落、为难、否定、解释和诊断等均为批评式应答。例如：

"得了，这真的全是你的过错，你要是不那么目光短浅，你就能明白自己的问题是如何产生的了。"

"你要是听我一句话，也就不会发生这种事了。"

"你怎么能这样做呢？"

批评式应答可能会包含这样一些基本含义：

"我比你优越得多，在判断你和环境方面也比你强。"

"你一定是有什么毛病了。"

这些应答包含着优越感的意味，并使受批评的人显得位卑和浅薄。人们并不喜欢因自己的问题而招致批评或责备。批评式的应答可能会阻断对问题的客观性交谈，会使被批评者垂头丧气，不能更好地暴露问题，这种应答也有可能妨碍彼此间的有效关系。

（二）聆听的应答

1. 聆听的应答特点　大多数心情抑郁者所需要的就是一位能给予理解的聆听者。在问题能为双方充分认识之前，倾听或许就是最有益的应答。倾听，可使身陷困境者摆脱沉重的心情，转而探索问题，甚至有可能找到解决问题的方法。即使是对方需要你帮助寻找解决问题的方法，你也只有在经过认真倾听，直至完全理解问题后，才能提供有益的帮助。当某人心情抑郁时，一般来说，最好是（至少在开始阶段）去倾听而不要去指导，去顺应而不要去控制，去理解而不要去影响。

2. 接收信息　最重要的聆听应答包括注意力完全指向说话者,意识活动完全集中于说话者的言语,并从说话者的角度体验所谈论的问题。一个好的聆听者不仅要听谈话,而且还要听出隐藏在谈话后面的情感。可通过说话者的声调、面部表情以及身体姿态所表达的内容来获悉信息。有效的聆听者,会将全部的注意力集中在对方传递的全部信息的理解上,而不去分析或评定问题。如果对所传递的信息的某些方面没有理解,可以询问。它与那种利用查究式应答控制交谈过程的提问有很大的差异。

良好的聆听者要避免下列这些典型的内部应答:
(1) 当轮到该你说话的时候,要思考你要讲的话。
(2) 分析说话者隐藏的动机。
(3) 思考说话者如何解决自己的问题,或筹划着你将要提出的忠告。
(4) 思考某种相似的经历,并筹划着如何或是否要告诉说话者有关你的经历。

(三) 倾听性应答和反映性应答

1. 倾听性应答　倾听性应答指聆听者在邀请对方进行谈话并能精力集中地吸收所传递的信息的情况下所做出的应答方式,它们包括:①邀请他人进行交谈。②表现出注意听讲的身体语言。③沉默。④发出一些表现注意听讲的声音。⑤顺应地提出问题。

2. 反映性应答　反映性应答是可以观察的应答,其作用在于告知说话者自己对他的谈话内容的理解程度。没有这些应答,说话者无法知晓聆听者是否已准确地理解了说话者意欲交流的内容。正如某人所说:"你相信自己已理解了你自以为我所说的内容。这点我很清楚,但我不清楚你是否意识到了:你所听到的和我的本意相差甚远。"反映性应答包括:①反映出陷入困境的人所传递的情感。②简述陷入困境的人所说的内容。

3. 倾听性应答和反映性应答的技巧
(1) 邀请对方进行交谈。如果招致麻烦的人能毫不犹豫地表露自己的问题,你再邀请对方进行交谈就显得画蛇添足了。然而,时常有这种情况,某人要就某一问题进行交谈,但又担心你对此没有兴趣,或是担心你不愿花费时间去听他谈。这时,说几句鼓励的话,就可以使身陷困境的人直言不讳地交谈了。例如:

"谈谈这件事好吗?"
"告诉我这件事吧。"
"如果你想谈的话,我乐意听。"
"如果你有什么事情要谈,对我来说,这时间真是再好不过了。"

谈话开始后,如果对方对是否继续交谈露出为难的表情,再向他发出继续谈话的邀请是很有益的。

(2) 沉默。保持安静,以便听到和理解他人说话的内容。当他人不再谈话时,尽管缄默不语,但仍保持聚精会神的神态,也是很重要的。

（3）发出一些表示注意的声音。作为一名聆听者,做出一些简洁的表示,就会在没有搅乱谈话者思维的情况下,传递你对他的兴趣和注意。例如：

"是的。"

"我明白。"

"嗯。"

"哇!"

"嗯哼。"

声调以及这些表示注意的声音,还能表达你对说话者的同情心理。

（4）顺应地提出问题。"请你接着说。""我还能知道得更多一点吗?"注意,这些邀请并没有对下面的谈话内容构成任何主导作用,只不过是请对方谈他所选择的任何事情,向对方表明聆听者乐意听将要谈论的任何事情。邀请对方进行交谈,还常常与选择舒适的环境和确保保密结合在一起。

（5）反映对方的情感。当某人被某事搅得心烦意乱时,其沉重的心情会使整个问题笼罩一层乌云,使得他难以客观地看清事实,难以就问题做出明智的决策。对陷入困境的人来说,让他意识到自己的情绪,接收和表现这些情绪,驱散心中的不快是有好处的。一旦这样做了,他就能更为客观、更为有效地处置问题。例如：

"那一定让你遭受挫折了。"

"你对此很担忧。"

"我能看出来这使你感到很窘迫。"

"那种想法让你感到恐惧。"

"你对他似乎很厌烦。"

这些句子绝对没有包含判断谈话者情感正确或恰当与否的意思。聆听者可以不满意谈话人的情绪,但应该承认这种情绪存在的事实。陷入困境的人一旦知道了你对他所传递的情绪有所理解时,他就会对你表示感激的。

（6）简述。某人与你谈论某一问题时,其用意显然是想要你理解这一问题。在尚未真正理解对方涉及的内容时,你可以使用前面所谈到的倾听应答和反映应答来加以应对。嘴上说你已理解,并不能表明你实际上已经理解。对对方来说,若想完全有把握地知道你的理解程度,最容易的方法就是听你说出你所理解的东西。简述你认为你所听到的东西,就能展现你的理解程度,对方就能纠正你对谈话内容的误解。准确地简述也能促使陷入困境的人倾听用不同的词汇对相同问题的描述,或许会促使他从另一个角度来看待自己的问题。

 读一读 议一议

阅读父子沟通训练实录,依据言语沟通原理分析,你能得出哪些结论?

第四章 言语沟通

请看以下一对父子的谈话,先从父亲的角度来看。

"上学真是无聊透了!"

"怎么回事?"(追根究底)

"学的都是些不实用的东西。"

"你现在的确看不出好处来,我当年也有同样的想法,可是我现在却觉得那些知识还满有用的,你就忍耐一下吧!"(好为人师)

"我已经耗了十年了,难道那些 x 加 y 能让我学会修车吗?"

"修车?别开玩笑了。"(价值判断)

"我不是开玩笑,我的同学王明辍学学修车,现在月收入不少,这才有用啊!"

"现在或许如此,以后他后悔就来不及了。你不会喜欢修车的。好好念书,将来不怕找不到更好的工作。"(好为人师)

"我不知道,可是王明现在很成功。"

"你已尽了全力吗?这所高中是名校,应该差不到哪儿去。"(好为人师、价值判断)

"可是同学们都有同感。"

"你知不知道,把你养到这么大,你妈妈和我牺牲了多少?已经读到高二了,不许你半途而废。"(价值判断)

"我知道你们牺牲很大,可是不值得。"

"你应该多读书,少看电视——"(好为人师、价值判断)

"爸,唉——算了,多说也无用。"

这位父亲可谓用心良苦,但并未真正了解孩子的问题。让我们再听听孩子可能想表达的心声。

"上学真是无聊透了!"(我想引起注意,与人谈谈心事。)

"怎么回事?"(父亲有兴趣听,这是好现象。)

"学的都是些不实用的东西。"(我在学校有了问题,心里好烦。)

"你现在的确看不出好处来,我当年也有同样的想法。"(哇!又提当年勇了。我可不想翻这些陈年旧账,谁在乎他当年求学有多艰苦,我只关心我自己的问题。)"可是我现在却觉得那些知识还满有用的,你就忍耐一下吧!"(时间解决不了我的问题,但愿我说得出口,把问题摊开来谈。)

"我已经耗了十年了,难道那些 x 加 y 能让我学会修车吗?"

"修车?别开玩笑了。"(他不喜欢我当修车工,不赞成休学,我必须提出理论根据。)

"我不是开玩笑,我的同学王明辍学学修车,现在月收入不少,这才有用啊!"

"现在或许如此,以后他后悔就来不及了。"(糟糕,又要开始说教。)"你不会喜欢修车的。"(爸,你怎么知道我的想法?)"好好念书,将来不怕找不到更好的工作。"

"我不知道,可是王明现在很成功。"(他没有念完高中,可是混得很不错。)

"你已尽了全力吗?"(又开始顾左右而言他,但愿爸能听我说,我有要事跟你说。)"这所高中是名校,应该差不到哪儿去。"(唉,又转了个话锋,我想谈我的问题。)

"可是同学们都有同感。"(我是有根据的,不是信口雌黄。)

"你知不知道,把你养到这么大,你妈妈和我牺牲了多少?"(又是老招,想让我感到惭愧。学校很棒,爸妈也很了不起,就只有我是个混蛋。)"已经读到高二了,不许你半途而废。"

"我知道你们牺牲很大,可是不值得。"(你们根本不了解我。)

"你应该多读书,少看电视——"(问题不在这里。爸,你根本不明白,讲也讲不通,根本不该跟你谈的。)

"爸,唉——算了,多说也无用。"

这个例子充分显示有效的沟通多么不易,了解他人又是多么重要。正确的沟通方式也就是设身处地地倾听,至少包括四个阶段。

第一阶段是复述语句,这至少能使人专心聆听:

"上学真是无聊透了!"

"你已受不了了,觉得上学太无聊。"

第二阶段加入解释,都是用自己的语句表达,但仍用左脑的逻辑思考去理解:"你不想上学了。"

第三阶段掺入个人的感觉,右脑发挥作用。此时听者所注意的已不止于言语,也开始体会对方的心情:"你觉得很有挫折感。"

第四阶段是既加以解释,又带有感情,左右脑并用:

"你对上学有很深的挫折感。"

运用第四阶段的方式沟通,不仅能了解对方,更能帮助对方认清自己,勇于表白。再以前面的例子说明:

"上学真是无聊透了!"(我想引起注意,与人谈谈心事。)

"你对上学有很深的挫折感。"(对,这正是我的感觉。)

"没错,学校教的东西根本不实用。"

"你觉得读书对你没什么用。"(想想看,我是那么说的吗?)

"对,学校教的不一定对我有用。你看王明,他现在修车技术一流,这才实用。"

"你觉得他的选择正确。"(嗯……)

"嗯,从某个角度看确实如此。现在他收入不错,可是几年后,或许会后悔。""你认为将来他会觉得当年做错了决定。""一定会的,现在的社会里,教育程度不高会吃亏的。""教育很重要。""对,如果高中都没毕业,一定找不到工作,也上不了大学。有件事——我真的很担心,你不会告诉你妈吧?"

"你不想让你妈知道?"

"不是啦,跟她说也无妨,反正她迟早会知道的。今天学校举行阅读能力测验,结果我只有小学程度,可是我已经高二了!"

儿子终于吐露真言,原来他担心阅读程度不如人。此时才是父亲发挥影响力,提供意见的时刻。不过在开导过程中,依然要注意孩子言谈间所表达的讯息。若是合理的反应不妨顺其自然,但情绪性反应出现时,必须仔细聆听。

"我有个构想,也许你可以上补习班加强阅读能力。"

"我已经打听过了,可是每星期要耗掉好几个晚上!"

父亲意识到这是情绪性反应,又恢复设身处地的倾听。

"补习的代价太高了。"

"而且我答应同学,晚上另有节目。"

"你不想食言。"

"不过补习如果真的有效,我可以想办法跟同学改期。"

"你其实很想多下点功夫,又担心补习没用。"

"你觉得会有效吗?"

孩子又恢复了理性,父亲则再次扮演导师的角色。

电影与沟通

《通天塔》(Babel)

《通天塔》也称《巴别塔》,以这个传说为灵感向观众讲述一个有关沟通、有关生死、有关贫富思辨的故事。片中有美国、墨西哥、摩洛哥、日本四个国家,人们说英语、阿拉伯语、西班牙语、日语、巴巴里语、法语六种语言。导演用交错的画面、变换的时空讲了四个故事,看似独立,却是被一把枪联系在一起的。

第五章　非语言沟通

本章目标

1. 识记非语言沟通的三种方式。（认知目标）
2. 辨别非语言沟通的类型。（认知目标）
3. 了解非语言沟通的特点和作用。（认知目标）
4. 正确运用非语言进行有效沟通。（能力目标）
5. 在非语言沟通中表现出得体的态度和行为修养。（情感目标）
6. 在非语言沟通中展示良好的形象。（能力目标）

关键词

非语言沟通　标记语言　行动语言　物体语言　仪表　姿态　手势　表情　目光　微笑　时间控制　空间控制　副语言

读一读

在这些时候，我可以附和着笑，掌柜是决不责备的。而且掌柜见了孔乙己，也每每这样问他，引人发笑。孔乙己自己知道不能和他们谈天，便只好向孩子说话。有一回对我说道，"你读过书么？"我略略点一点头。他说，"读过书，……我便考你一考。茴香豆的茴字，怎样写的？"我想，讨饭一样的人，也配考我么？便回过脸去，不再理会。孔乙己等了许久，很恳切地说道，"不能写罢？……我教给你，记着！这些字应该记着。将来做掌柜的时候，写账要用。"我暗想我和掌柜的等级还很远呢，而且我们掌柜也从不将茴香豆上账。又好笑，又不耐烦，懒懒地答他道，"谁要你教，不是草头底下一个来回的回字么？"孔乙己显出极高兴的样子，将两个指头的长指甲敲着柜台，点头说，"对呀对呀！……回字有四样写法，你知道么？"我愈不耐烦了，努着嘴走远。孔乙己刚用指甲蘸了酒，想在柜上写字，见我毫不热心，便又叹一口气，显出极惋惜的样子。

请说出文中的非语言因素及其交际功能。

网络搜索《孔乙己》的相关影视片断,进一步体会非语言沟通。

第一节 非语言沟通性质

一、非语言沟通方式和含义

（一）非语言沟通的方式

专家将非语言沟通的方式分为标记语言、行动语言、物体语言三类。

1. 标记语言　用手势、代号等代替文字语言的特殊标记系统,如聋哑人的手语、旗语,交通警察的指挥手势,军队的电码,以及一般人惯用的一些表意形式。例如,食指和拇指围成一个圆圈,其他三指伸开的"OK"记号,表示"可以""不错"之意;第25届世界杯足球赛中,德国著名足球运动员埃劳伯格就是因为对观众做了一个不雅的手势而被教练福格茨驱逐出队的;有的小酒店店招上画了一只大高脚酒杯,还有些交通标志如火车、机动车的禁止通行、上坡转弯等,都采用概括性图案加以表现。也有许多相当抽象的视觉符号,如基督教的"十"字、美元的"＄"符号以及许多现代企业的标志,由于长期而广泛的沟通,使它们特指的含义广为知晓。

2. 行动语言　包括那些不特别用于代表某种信号的所有身体运动,不但显示身体的移动或完成某种动作状态,而且泄露与此动作有关的其他信息,如吃喝、挥手、接吻、跺脚等等,都具有功能上和沟通上的双重意义。例如,饭桌上的吃相能反映出一个人的修养;一位顾客在排队,他不停地把口袋里的硬币弄得丁当响,这清楚地表明他很着急。

3. 物体语言　人们有意无意地摆设的一些物体,其特定的形态也能十分准确地表达某种含义,如衣着打扮、环境布置、房间设计等等,都具有表意作用。总把办公物品摆放得很整齐的人,能看出他是个干净利落、讲效率的人;而穿衣追求质地,不跟时尚跑,这样的人大多是有品味的人。

中医看病讲究"望、闻、问、切",其中"望、闻、切"就利用了非语言沟通对患者进行观察;京剧演员强调"唱、念、做、打",其中"唱、念"是言语艺术,"做、打"则是非语言表演艺术;公安人员抓扒手往往借助"一看目,二看眼,三看表现,四看动作","四条经验"无一不是与嫌疑对象的非语言表现有关。

(二) 非语言沟通含义

非语言沟通是人类在语言之外进行沟通时的所有符号。概括地说,非语言沟通是不使用语言的沟通,它包含的信息是通过身体运动、面部表情、利用空间、利用声音和触觉等产生的。

二、非语言沟通类型

(一) 非语言沟通类型框架

非语言沟通是复杂的、多方面的现象,一般将其分为如图 5.1 所示的几种类型。

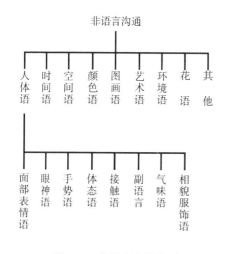

图 5.1　非语言沟通类型

(二) 各类非语言沟通含义

1. 人体语　用人体发送出的非语言信息符号称为人体语。人体语是非语言语中内容最丰富的一种,它又细分为面部表情语、眼神语、手势语、体态语(站、立、走、蹲的姿势)、接触语、副语言(类语言)、气味语、相貌服饰语。其中,副语言(类语言)研究的是声调的高低、强弱、快慢、停顿等。

相貌服饰语是指人们的相貌、衣着、首饰、发式、化妆以及个人的用品发出的非语言信息。衣着饰物和人体的关系比较密切,所以把它归入人体语的范围。

2. 时间语　用时间表达出的信息符号称为时间语,它研究的是人们对准时、及时、延时、时间的早晚长短及过去、现在、将来等概念的理解。

3. 空间语　用空间表达出的信息符号称为空间语,它研究的是沟通者之间的距离、位置的安排等方面。

4. 颜色语　用颜色表达出的信息符号为颜色语。

5. 艺术语　音乐、舞蹈、雕塑、建筑等艺术形式也可以沟通信息。音乐可以沟通人们的思想感情,例如钟子期和伯牙可以通过琴声成为知音。乐理学家、心理学家和物理学家对此都有研究。特别值得一提的是,音乐作为一种高度抽象化的复杂的听觉符号系统,由一系列要素如节奏、节拍、速度、力度、音区、音色、调色、调性等组合而成的旋律作为其主要表意手段。在长期的有序化发展过程中,音乐符号的表意功能日益严格、系统,因而人们经常称之为"音乐语言",表明它像语言一样,具有很强的表意功能。

6. 图画语　用图画表达出的信息符号为图画语。

7. 环境语　用环境表达出的信息符号为环境语，它研究的是场合、室内装饰、温度、光线等问题。

8. 其他　在自然界，除了人之外，很多动物都会进行沟通。动物发出的信号和声音没有复杂到人类语言的程度，是一种非语言语。一些动物学家为了理解这些动物群体的行为，而研究了动物的沟通方式。

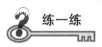

请依据列举的非语言沟通的类型，举例说明其在现实社会生活中的应用。

三、非语言沟通特点与作用

(一) 非语言沟通特点

在信息沟通的互动过程中，非语言符号呈现出哪些特性呢？

1. 连续性　只要沟通双方在各自的视线范围内，非语言信息交流就不断地进行。在沟通过程中双方的语言沟通停止，非语言沟通却仍在进行，从而保证交流的连续进行。也就是说，在一个互动环境中，非语言总是不停地沟通着。只要参与者双方开始进行沟通，自始至终都有非语言沟通在自觉或不自觉地传递着信息。在沟通过程中，有意识的非语言在沟通，无意识的行为举止也在沟通。如某人安静地坐在房间角落读书，可传达诸如"他好学""他性格文静""他对其他人的活动不感兴趣"等丰富的信息。美国科学家经过实验总结出一个公式：信息的总效果＝7%的文字＋38%的音调＋55%的面部表情。这个公式表明，非语言符号具有非常重要的连续沟通作用。

2. 情境性　与语言沟通一样，非语言沟通也受制于特定的语境。情境决定着非语言符号的含义。即使相同的非语言符号，在不同的情境中也会有不同的意义。例如一个人的微笑，在某一种语境中意味着欣喜，在另外一种语境中则有可能流露出的是讥讽的意味，也就是说，其信息含义的解读完全取决于沟通的具体语境。

《唐祝文周四杰传》中描述唐寅（唐伯虎）趁机向丫鬟秋香求婚时的情形：（秋香）当下笑着说道："解元爷你要我许终身，我有一个哑谜儿呢？我的灯谜不写在纸条上，只向你做几个手势。你猜破以后，便知道我允许不允许。"唐寅道："请教请教！"秋香伸着纤手，向上一指，向下一指，向自己心口一指，又把手儿摇这几摇。便道："快猜快猜！"秋香的意思是上有天，下有地，这是邪心，不可不可。但唐寅见了这手势，便道："妙极了，向天一指，在天愿作比翼鸟，向地一指，在地愿作连理枝，向心一指，我和你心心相印，摇手儿便是长相知毋相忘。"秋香皱了皱眉头，暗想其所猜，竟完全和我的念头相反。

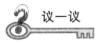

对于同一非语言信息,唐寅和秋香的解读为什么出现如此反差?

3. 组合性　非语言沟通常以组合的方式出现。在非语言行为过程中,人们可以同时使用身体的各种器官来传情达意,因而在空间形态上具有整体性的特点。例如,一个人准备格斗时,通常两手紧握拳头,双臂交叉在胸前,两腿拉开一定的距离站立,两只眼睛狠狠地逼视着对方,全身肌肉紧张。这表明,人们的情绪几乎都是由整个身体表达的,如要身体的不同部位表达各不相同或矛盾的情绪,非常困难。一个非语言符号,通常与其他非语言符号相伴随,构成符号系统。

4. 真实性　在沟通过程中非语言符号基本上是自然地流露,具有无意识性,也叫非自制性。心理学研究成果表明,人类心理活动的发生都伴有情感因素的参与,当情感变化时,会发生一系列生理反应,例如人在暴怒时,会伴有血压升高、心跳加快、燥热出汗等生理现象。这些机体内部变化体现出的外部表征,人的意志是无法控制的,正是这些外化的表情动作,能够真实地表露其内心秘密。当某人说他毫不畏惧的时候,他的手却在发抖,那么我们更相信他是在害怕。言语沟通所传达的信息大多经过理性的加工和过滤,往往不能直接暴露一个人的真实意愿。一个人说他爱你时,可能是发自内心的,也可能是为了达到某种目的而故意向你撒谎;一个人在奉承你时,心中很可能对你恨之入骨。因此,当语言信息与非语言信息不符或发生冲突时,我们就不愿相信语言信息而宁愿接收非语言信息。

5. 隐喻性　按照美国人类学家霍尔的看法:无声语言所显示的含义要比有声语言多得多、深刻得多,因为有声语言往往把所要表达的意思的大部分,甚至是绝大部分隐藏起来。弗洛伊德也表达了同样的意思:要了解说话人的深层心理,即无意识领域,单凭语言是不可靠的,因为人类语言传达的意思大多属于理性层面。经理性加工后表达出来的语言往往不能率直地表露一个人的真正意向,这就是所谓说出来的语言并不等于存在于心中的语言。同样是拍桌子,可能是"拍案而起",表示怒不可遏;也可能是"拍案叫绝",表示赞赏至极。同样是流眼泪,在不同的沟通情境中可以表达悲痛与幸福、生气与高兴、委曲与满足、仇恨与感激等完全对立的情感。只有联系具体的沟通情境,才能了解其确切的含义。这样,非语言表达同语言表达的明确性相比较,便具有很大的隐喻性质。

6. 无意识性　正如弗洛伊德所说,没有人可以隐藏秘密,假如他的嘴唇不说话,则他会用指尖说话。一个人的非言语沟通更多的是一种对外界刺激的直接反应,基本都是无意识的反应。例如,与自己不喜欢的人站在一起时,保持的距离比与自己喜欢的人要远些;有心事时,不自觉地就给人忧心忡忡的感觉。

孔明分拨已定,先引五千兵退去西城县搬运粮草。忽然十余次飞马报到,说:"司马

懿引大军十五万,望西城蜂拥而来!"时孔明身边别无大将,只有一班文官,所引五千军,已分一半先运粮草去了,只剩二千五百军在城中。众官听得这个消息,尽皆失色。

孔明登城望之,果然尘土冲天,魏兵分两路望西城县杀来。孔明传令,教"将旌旗尽皆隐匿;诸军备守城铺,如有妄行出入,及高言大语者,斩之!大开四门,每一门用二十军士,扮作百姓,洒扫街道。如魏兵到时,不可擅动,吾自有计。"孔明乃披鹤氅,戴纶巾,引二小童携琴一张,于城上敌楼前,凭栏而坐,焚香操琴。

却说司马懿前军哨到城下,见了如此模样,皆不敢进,急报与司马懿。懿笑而不信,遂止住三军,自飞马远远望之。果见孔明坐于城楼之上,笑容可掬,焚香操琴。左有一童子,手捧宝剑;右有一童子,手执麈尾。城门内外,有二十余百姓,低头洒扫,旁若无人。

懿看毕大疑,便到中军,教后军作前军,前军作后军,望北山路而退。次子司马昭曰:"莫非诸葛亮无军,故作此态?父亲何故便退兵?"懿曰:"亮平生谨慎,不曾弄险。今大开城门,必有埋伏。我军若进,中其计也。汝辈岂知?宜速退。"

于是两路兵尽皆退去。孔明见魏军远去,抚掌而笑。众官无不骇然,乃问孔明曰:"司马懿乃魏之名将,今统十五万精兵到此,见了丞相,便速退去,何也?"孔明曰:"此人料吾生平谨慎,必不弄险;见如此模样,疑有伏兵,所以退去。吾非行险,盖因不得已而用之。此人必引军投山北小路去也。吾已令兴、苞二人在彼等候。"

众皆惊服曰:"丞相之机,神鬼莫测。若某等之见,必弃城而走矣。"孔明曰:"吾兵止有二千五百,若弃城而走,必不能远遁。得不为司马懿所擒乎?"言讫,拍手大笑,曰:"吾若为司马懿,必不便退也。"

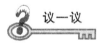

诸葛亮如何妙用"空城计",灵活多变地运用非语言,使之成为克敌制胜的法宝?

网络搜索《空城计》的相关影视片断,全面理解非语言沟通特点。

(二)非语言沟通作用

日本女子送别客人,双手搭膝,低首弯腰,说声"沙扬娜拉"(再见),眼神显得温顺而谦和。这样就很自然地形成了一种特别温柔、文雅、贤惠的神态和风韵,为其送别的言辞平添了无限的魅力,使人久久难以忘怀。为此,诗人徐志摩赞美此种神韵:

最是那一低头的温柔,

像一朵水莲花不胜凉风的娇羞。

道一声珍重,道一声珍重,

那一声珍重里有甜蜜的忧愁——沙扬娜拉!

1. 表达丰富情感　非语言沟通所能够表达的信息比语言沟通所表达的信息要多得多。有研究表明,有65%的"社会含义"是通过非语言传递的。非语言沟通既是沟通的发端,也是语言沟通的基础。现代实验证明,人类使用的非语言沟通极其丰富,据科学推测,单是人的脸部,就能做出大约25万种不同表情。非语言沟通的首要功能是感情和情绪的表现,这个功能是通过情感表达实现的。情感表达可表现个人很多感情,如恼怒或快乐、软弱或坚强、振奋或压抑等。

读一读

吴敬梓的《儒林外史》第五回和第六回中写严监生病入膏肓,弥留之际已不能说话,但是还不咽气:(严监生)病重得一连三天不能说话。晚间挤了一屋的人,桌上点着一盏灯。严监生喉咙里痰响得一进一出、一声不倒一声的,总不得断气,还把手从被单里拿出来,伸着两个指头,大侄子走上前来问道:"二叔,你莫不是还有两个亲人不曾见面?"他就把头摇了两三摇。二侄子走上前来问道:"二叔,莫不是还有两笔银子在哪里,不曾吩咐明白?"他把两眼睁得溜圆,把头又狠狠摇了几摇,越发指得紧了。奶妈抱着哥子插口道:"老爷想是因两位舅爷不在跟前,故此纪念。"他听了这话,把眼闭着摇头,那手只是指着不动。赵氏慌忙揩揩眼泪,走近上前道:"爷,别人都说的不相干,只有我晓得你的意思!……你是为那灯盏里点的是两茎灯草,不放心,恐费了油。我如今挑掉一茎就是了。"说罢,忙走去挑掉一茎。众人看严监生时,点一点头,把手垂下,登时就没有气。

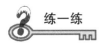

练一练

角色扮演,体会非语言沟通的作用。

2. 验证语言信息　只有当非语言传递的信息验证了语言信息时,才是最有效的沟通。相对于语言信息来说,非语言信息具有确定性和失控性的特点,决定较之语言信息更真实和更可靠。身体语言的确定性是指身体语言多数具有先天性或习惯性,在一般情况下是较难改变的。身体语言的失控性,则是指身体语言多数是人们无意识或半意识状态下显示出来的,如瞳孔变化、心跳加快等往往不是意识可以控制的。也就是说,语言信息可能会"言不由衷",非语言信息却是"真情流露"。如果沟通一方在表达出某种语言信息后,出现脸色发红、假笑、目光回避、掩嘴、频繁舔嘴唇、触摸鼻子等身体动作,则可能表明其语言表达的不真实性。

忆一忆

孩提时代,邻居给你糖果之类的美食,你嘴上说"不要""不要",但是,你的目光,你的表情,甚至你的心跳,又是呈现怎样的情景呢?又如,对于吸烟的烟民,请你观察他们敬烟时的场景,嘴上说"不吸""不吸",但是,手却不由自主地接过香烟。

3. 辅助语言表达 人们运用言语沟通来沟通思想、表达情感,往往有词不达意或词难尽意的感觉,因此需要同时使用非语言行为来进行帮助,或弥补言语的局限性,或对言辞的内容加以强调,使自己的意图得到更充分、更完善的表达。例如,当别人在街上向正在行走的你问路时,你一边告诉他怎么走,一边用手指点方向,帮助对方领会道路方向,达到有效的信息沟通。在演讲活动中,演讲者更是离不开非语言行为的辅助作用,演讲者总企图通过自己的穿着打扮、目光神情、声音变化和手势动作来强化表达效果。甚至在打电话的时候,发话人也总是不停地打着手势,以帮助自己更好地向对方通话。

4. 替代语言表达 经过人类的长期实践,非语言行为形成了部分替代言语沟通的独特功能。例如,将食指垂直放在唇前发出"嘘"的声音就是一种标记动作。同样,摇头表示"不",招手表示"来这儿"。另一个例子是伸出两个指头是和平的手势。重要的是,标记动作是语言的代用品,标记动作常在信息传递受阻时,如与聋哑人或不能说话的患者沟通时使用。非语言行为经过艺术化,就成为艺术表达的重要手段。哑剧演员、舞蹈演员在演出时,一句话也不说,完全凭借手、脚、体形、姿势、眼神、面部表情等非语言行为,就能够准确传神地表现剧情和舞蹈的情节内容。

5. 显示自我情况 非语言沟通帮助人们在他人面前恰如其分地表现自己的形象,也可帮助人们表现他们想在他人面前表现的形象。经验告诉我们,对于一个人的认识在很大程度上来自对其非语言行为的观察。诸如年龄、身份、地位、兴趣、爱好、情感、意志、态度、倾向等有关自我的信息,都可以从非语言行为中表现出来。中医看病讲究"望、闻、问、切",其中前两项就是通过非语言行为对患者进行临床观察。

6. 调节人际互动 在两人谈话时,调节动作被用于维持和调节沟通的有序进行。与情感表达一样,调节动作常包括眼、面部及头的运动;但是,手和臂的运动或体位的转换也可起到调节动作的效果。如谈话中向对方点头,可表示:"说下去,说完你想说的一切。"如抬一下眉头,则可让对方知道:"等你说完后,我可要对此加以评论了。"眼部运动也常作为调节动作。例如,看着谈话者意味着可继续谈话,而看别处则意味着谈话该结束了。简言之,调节动作可帮助交谈者控制沟通的进行。因此,非语言暗示,如点头、对视、皱眉、降低声音、改变体位、靠近对方或远离对方,所有这些都调节着信息的传递。

7. 表示人际关系 非语言沟通有确定关系的作用。非语言暗示反映人际关系状态。因为沟通发生在内容和关系两个方面,一个信息的意义是由它"说的什么"(内容)与"怎样说的"(关系)这两者结合的结果。"怎样说的"主要取决于伴随着信息的非语言暗示。非语言暗示向人们提供了有关人际关系的信息,人们将据此理解某一特殊信息的内容。例如,挥拳相向表示人际关系紧张甚至剑拔弩张的状态,而相互握手则表示着良好的人际关系的建立;父母摸摸小孩子的脑袋表示爱抚;夫妻、恋人、朋友间的拥抱表示相互的爱恋和亲密。在历史上,管宁通过"割席"

这个无声行动拉开了同不专心学习的伙伴华歆的距离;汉文帝垂询贾谊时"夜半虚前席",则缩小了君臣之间的距离。

掌握非语言表达的技能,有一个学习的过程,这几乎和熟练地掌握一门外语同样困难。除了对自己的姿态及其表达的意义随时留意体验外,每天至少要有10分钟的时间注意洞察别人的姿态。任何人群聚集之处,都是锻炼我们洞察力的很好场合。在社交和讨价还价的交易过程中,人们的情绪和态度变化多端,尤其值得仔细观察,人们在这些场合容易兴奋,充分表露自己的神情。但是你在家里,也可以进行这种研究,电视为非语言沟通的观察分析提供了丰富的场景,尤其是记者采访和辩论的节目。我们可以先试着只看画面来审情度势,然后每隔5分钟打开伴音,比较一下语言的表达和你根据表情所推敲出来的结果是否一致。在观察中,一定要注意表情姿态的一致性和连贯性。

《钢琴课》

《钢琴课》(The Piano)是一部以反映女性觉醒意识为出发点的电影。影片对女性感触的描写细腻圆润,心理刻画优美含蓄。就艺术效果而言,影片达到了一种极致,它以钢琴为载体,使爱的音符成为片中男女主角沟通思想感情的媒介,从而把一个将音乐作为心灵寄托的哑少妇和一个外表粗俗而内心情感丰富的男子有机地结合在了一起。

第二节　主要非语言沟通概述

形象永远走在能力前面

杨　澜

1995年的冬天,如果我再找不到工作,灰溜溜地回国几乎是唯一的选择。

可我再一次被拒绝了。想起那个面试官的表情,我非常想抓狂。她竟然说我的形象和我的简历不相符而拒绝继续向我提问。我低头看看自己的打扮,很明显,因为穿着问题,我被她鄙视了。我发誓我可以用我的能力让她收回她对我的鄙视,但我没有得到表现我的能力的机会。

我的房东莎琳娜太太是一个很苛刻的中年女人。她规定我必须十二点之前熄灯睡觉,规定我必须在十分钟之内从浴室出来,规定我如果不穿戴整齐就不准进入她的客厅,不准我用她的漂亮厨房做中餐,她甚至规定我在她有客人来访的时候必须涂口红!

我非常讨厌莎琳娜这种所谓的英伦女人的尊严。但所有人都说,莎琳娜是最好的寄宿房东。

我看不出她好在什么地方。就好比,当我很多次面试失败回来后,厨房里一点吃的都不会有。并且如果我上楼发出声音,她就会站在卧室门口很大声地指责我。

我刚刚洗完头发,坐在床上一边翻看报纸的招聘信息,一边吃我带回来的面包卷。这违反了莎琳娜的原则。她冲上前来,一把夺过我的面包和报纸,用英文大吼:"你这个毫无素质的中国女孩!你滚出我的家!"

我于是披散着头发,在睡衣外裹上大衣冲出了门。

二十五年来,我以非常漂亮的成绩和能力一路所向披靡,从来没有人说我没有素质。

我们家并不贫穷,但二十五年来我的妈妈一直告诉我,能力才是最重要的。我不能明白以貌取人在这里居然成为一个正义的词语。这简直是对我二十五年的人生观的侮辱!

我愤怒地冲进一家咖啡馆。天气实在太冷。我也很饿。

咖啡馆里的人居然很多。侍者以一种奇怪的眼神把我引到一个空座位边。那是咖啡馆里唯一的空位。我的对面是一个英国老太太。她看起来比莎琳娜更加讲究,就像伊丽莎白女王一样尊贵与精致。我不由下意识地收起自己宽松睡裤下的运动鞋。然后我看到她裙子下着了丝袜和漂亮高跟鞋的腿,以她这样的年纪,却仍然把这样的鞋子穿得非常迷人。

在欧洲的很多高级餐厅里,衣衫不整是被拒绝进入的。我想我能进来的原因大概是因为我穿了价值不菲的大衣。我不由得暂时收起自己的愤怒,说:"给我一杯热咖啡,谢谢。"

侍者走开后,对面的老太太并不看我,而是从旁边拿了一张便笺写了一行字递给我。是非常漂亮的手写英文:洗手间在你的左后方拐弯。我抬头看她,她正以非常优雅的姿势喝咖啡,没有看我半眼。我的尴尬难以言明。第一次觉得不被尊重是应该的。

我的头发被风吹得非常凌乱,我的鼻子旁边甚至还沾了一点面包屑!虽然我的大衣质地非常好,但我的睡裤被它衬得很老旧。我第一次有点看不起自己。这样的打扮,我有多不尊重自己,以至使别人觉得我也不尊重他们。我想起下午去面试时自己的日常便装,那应该也是对一个高级经理职位的不尊重吧?

当我再回到座位的时候,那个老太太已经离开了。那张留在铺了细柔的格子的餐桌上的便笺多了另一句漂亮的手写英文:作为女人,你必须精致。这是女人的尊严。

我逃也似的走出了那家咖啡馆。莎琳娜竟然坐在客厅里等我,一见我就对我说我超过了十二点十分钟才回来,所以明天必须去帮她清洗草坪。我答应了她,并向她道歉。

我发现莎琳娜教了我许多同样有用的东西:十二点之前睡觉能让我第二天精神充足,穿戴整洁美观能让别人首先尊重我,穿高跟鞋和使用口红使我得到了更多绅士的帮助,我开始感觉自己的自信非常充足而有底气,我不再希望别人看我的简历来判断我是不是有能力。

我最后一次面试,是一家大化妆品公司的市场推广。我得体的着装打扮为我的表现加了分。那个精致的、干练的女上司对我说:"你非常优秀,欢迎你的加入。"

我没有想到,我的上司居然就是我在咖啡馆里遇到的那位英国老太太。她非常有名!是这个化妆品牌销售女皇!

我对她说:"非常感谢你。"我是真的非常感谢她,非常感谢她那句:作为女人,你必须精致。虽然她没有认出我。是的,没有人有义务必须透过连你自己都毫不在意的邋遢外表去发现你优秀的内在。你必须精致。这是女人的尊严。我在后来的后来,都一直记得!

本节主要简述部分人体语、时间语与空间语、副语言。

一、部分人体语

主要介绍仪表、姿态、手势、表情、目光、微笑。

(一)仪表

1. 仪表的含义 即人的外表,是一个人精神面貌的外观体现,它一般包括人的仪容、仪态、服饰等具体因素。仪容,即人的相貌,它是一个人仪表的基础内容;仪态,即人的行为姿态,它是一个人仪表的动态因素;服饰,即人的穿戴打扮,它是一个人仪表的补充成分。像风度一样,一个人的仪表也是一个多元的整体。

 读一读 议一议

护士应有的仪表——头戴燕式帽;足踏白色软底鞋;雪白得体的白衣;短裙肉色长袜或淡色长裤;短发精神,长发盘起;面色光润,略施粉黛,淡扫蛾眉,轻点红唇;给人以端庄、简约、清丽、素雅之感;让人珍爱生命,唤起对未来的渴望;目光炯炯,满面春风,善意的微笑,体贴的语言;让患者及家人产生无限的信任感。

2. 仪表的注意事项 仪表需要注意四点:注意容貌、注意化妆、注意举止、注意表情。否则,损害你的形象,降低你的身份。

读一读

1960年9月,尼克松和肯尼迪在全美的电视观众面前,举行他们竞选总统的第一次辩论。当时,这两个人的名望和才能大体相当,棋逢对手。但大多数评论员预料,尼克松素以经验丰富的"电视演员"著称,可以击败比他缺乏电视演讲经验的肯尼迪。但事实却并非如此。肯尼迪事先进行了练习和彩排,还专门跑到海滩晒太阳,养精蓄锐。结果,他在屏幕上出现,精神焕发,满面红光,挥洒自如。而尼克松没听从电视导演的规劝,加之那一阵十分劳累,更失策的是面部化妆用了深色的粉,因而在屏幕上显得精神疲惫,表情痛苦,声嘶力竭。正是仪容仪表上的对比差异,帮助肯尼迪取胜,使竞选的结果出人意料。

议一议

你的仪表与你的职业和身份相符吗?

(二)姿态

姿态是一种非文字语言,包括人的体态姿势、动作和表情。古人主张,人的姿态要"站如松、行如风、坐如钟",这是对姿态美的形象概括。

1. 坐姿的礼仪 落座后要保持上身正直,头部正向,向前看。在身后没有任何依靠时,上身应正直并稍向前倾,头平正,两臂贴身自然下垂,两手放在自己的大腿上,两腿间距和肩宽大致相等,不要把腿分得太大,两脚自然着地。背后有依靠时,也不要把头紧紧后靠,显出懒散、傲慢的样子。落座后,绝不可两腿摇来晃去,或者一条腿搁在另一条腿上,也不可半躺半坐、跷二郎腿,这会显得放肆、没修养,耷拉肩膀、含胸驼背,则给人以萎靡不振之感。若前面有桌椅时,可把两臂屈曲放在桌上,或小臂平放在桌椅两侧的扶手上。

2. 站姿的礼仪　从正面看,身形应当正直,头、颈、身躯和双腿应与地面垂直,两肩相平,两臂和手在身体两侧自然下垂;从侧面看,下颌应稍稍收回,胸部稍挺,小腹微收,整个身体显得庄重、平稳,两腿间的距离不宜超过一脚。如站立时间过长,可以用一腿支撑,另一腿稍稍弯曲。站立时不要东倒西歪、耸肩勾背、倚这靠那,不要将手插在裤袋里或交叉放在胸前,不要双手或单手叉腰,不要下意识地摆弄一些小玩意儿,这样会显得懒散、疲倦、拘谨、胆怯、不稳重。

3. 走姿的礼仪　身体直立,两眼平视前方,两腿有节奏地相互交替着向前迈步,大致走在一条等宽的直线上。走时步履轻捷,两臂在身体两侧自然摆动,幅度要随着走路的速度自然增缩,但也不能过大或过小,妙在适度。走路时身体不可前俯后仰,也不可大摇大摆,或者两个脚尖同时向里侧或向外侧呈八字形走步,这是既不雅观又不文明的走相。

4. 蹲姿的礼仪　正确的方法应该弯下膝盖,两个膝盖应该并起来,不应该分开,臀部向下,上体保持直线,这样的蹲姿就典雅优美了。

按照上述要求,分组进行单项训练。

(三) 手势

1. 手势的含义　手势,即以手的动作态势示意。在人际沟通中,人们常常以手势语符号表情达意。使用汉语的人们一般以跷起大拇指表示赞叹,伸出小拇指则是鄙视的表示。手势语是通过手和手指语来传递信息的,它包括握手、招手、摇手和手指动作等。手势作为信息传递方式,是先于有声语言的。所以,手势语在日常沟通中使用频率很高,范围也较广泛。人们一般以拍手捶腿表示高兴;频频捶胸以示悲痛;不停地搓手是为难的表现;拍拍脑门为悔恨的意思;等等。

2. 手势的要求　一般说来,手势的运用应该明确精练,自如和谐,体现个性。

3. 手势的作用　手势在人们的社会互动中可以起下列作用:

(1) 人们常常用手势来代替语言行为。比如:用手的晃动,表示拦车;用手的左右摇摆,表示否定或制止;有时可以代替说话,如聋哑人的交谈。

(2) 用来强调某一问题,或通过这种非语言方式描述语言。在一些社会工作中,手势还是一种专门的语言。比如,在体育比赛中,裁判员用手势向运动员发指令和报告运动情况;在交通管理中,管理员用手势指挥车辆;在建筑工地上,调度员也拿着小旗子打手势;在舞蹈中,手势是一种十分重要的造型语言,如青年舞蹈家杨丽萍就深谙手势的艺术,表演出《雀之灵》《雨丝》《版纳三色》等作品。

(3) 给说话者提供缓解紧张的机会。也就是说,手势象征着说话者的情绪状态。不同的手势可能传达一个人的焦虑、内心冲突和忧虑。小孩要恢复信心、鼓起勇气会吸吮大拇指,学生担心考试会咬指甲或咬笔,而成人遇到棘手的事可能会猛地拉头发。在面对面的交谈或辅导过程中,接收谈话的一方会双手紧绞在一起或反复摆动,加之身体坐立不安,往往表明其情绪紧张而难以接近。

4. 握手是一种常见的"见面礼" 与成功者握手,表示祝贺;与失败者握手,表示理解;与同盟者握手,表示期待;与对立者握手,表示和解;与悲伤者握手,表示慰问;与欢送者握手,表示告别。标准的握手姿势应该是平等式,即大方地伸出右手,用手掌和手指用一点力握住对方的手掌。

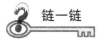

周恩来与尼克松的握手

1972年2月21日,尼克松踏上中国的土地,开始了一次他称为"谋求和平的旅行"。

11时30分,飞机平稳地停在候机楼前。机舱门打开了,穿着大衣的尼克松总统与夫人帕特两人走出舱门。尼克松看到周恩来总理站在舷梯前,在寒风中没有戴帽子。

当尼克松走到舷梯快一半的地方时,周恩来带头开始鼓掌。尼克松略停一下,也按中国的习惯鼓掌相还。待离地面还有三四级台阶时,尼克松已经微笑着伸出他的手,周恩来也伸出手迎上去,两双手紧紧地握在一起,足足有一分多钟。此时,尼克松感到,一个时代结束了,另一个时代开始了。

尼克松显得很激动,说道:"总理先生,我感到很荣幸,终于来到了你们伟大的国家。"

周恩来说:"总统先生,非常欢迎你到我们的国家访问。"

接着,周恩来和尼克松一同进入一辆挂着帘子的防弹高级红旗轿车。在离开机场时,周恩来说:"总统先生,你把手伸过了世界最辽阔的海洋来和我握手。25年没有交往了呵!"

握手的一般规则

(1) 男女之间。一般是女性先伸手;倘若男性已是祖辈年龄,或女性在20岁以下,则男性先伸手也是适宜的。

(2) 同性长幼之间。年长的应先伸手。

(3) 职位高低之间。职位高的应先伸手。

(4) 当别人忽略了握手的先后顺序已经伸出手时,都应该毫不迟疑地立即回握。

(5) 握手时要以掌心相握,注视对方的眼睛,面带诚挚、亲切的笑容。

(6) 老朋友握手时要紧紧相握,对尊敬的长者要双手拥握,对女性不可握得过紧。

专家指导

握手之忌

例如:在中国很多人以为与女性握手只能握她的手指,这是错误的!

(1) 忌用力过大,给人粗鲁之感。忌用力过小,给人拘谨或傲慢之感。

(2) 忌漫不经心、东张西望,给人无礼的感觉。

(3) 忌左手握手。

(4) 忌对女性伸手求握。

(5) 忌戴着手套握手。

(6) 忌坐着握手。

说一说 练一练 议一议

1. 你认为握手还有哪些禁忌?
2. 分别以不同的角色,体验握手的正确要求。
3. 你怎样看待民间流传的看手相和看面相?

(四) 表情

德国哲学家斯科芬翰尔指出:"人们的脸直接地反映了他们的本质,假若我们被欺骗,未能从对方的脸上看穿别人的本质,被欺骗的原因是由于我们自己观察不够。"罗曼·罗兰说:"面部的表情是多少世纪培养成的语言,是比嘴里讲的复杂到千百倍的语言。"

1. 表情的含义　表情是指人们表现在面部的思想感情。它是凭借眼、眉、嘴以及颜面肌肉的变化等体现出丰富内容的。人们对现实环境和事物所产生的内心体验以及所采取的态度,这就是通常所说的感情,它经常有意无意地通过面部表情显示出来。

2. 表情的作用　面部表情的主要功能是辅助人们的语言交流,在交谈过程中加强情绪信息的传达。最典型的是QQ的表情包。

(1) 表情最能反映出一个人的特性:表现出喜悦、悲忧、愤怒、惊惧、爱慕、憎恶、欲望、嘲笑、哭泣等各种心态,表现出坚强与懦弱、直爽与深沉、安静与急躁等各种性格气质,以及肯定与否定的态度,给人以某种特定的刺激。

（2）在所有非语言沟通中，人们认识最趋一致的就是面部表情，因为这是最显眼而且容易一目了然的神态。每个人都见到过诸如"暗送秋波""白眼看人""点头示意"，或者一副"随时奉陪"的模样。

（3）表情在面对面的口语沟通过程中是心灵的屏幕，能够辅助有声语言传递信息，沟通人们的感情。这对于提高口语表达效果是很重要的。正如蔡特金的回忆中所说，列宁讲话时"不但每一个字都是从他心里发出来的，而且面部的表情更加强了那种感觉。"

3. 得体的表情　总的来说，言语过程中的面部表情应该是诚恳坦率、轻松友好的，而不应该摆出一副盛气凌人的嘴脸，也不应显出自负的面孔，那样就会在心理上把听话人拒之于千里之外。此外，表情还应该是落落大方、自然得体、由衷而发的，而不应该是矫揉造作、生硬僵滞的。

看一看　练一练

你能快速识别并描述下列表情吗？例如：凶狠的、阴险的……

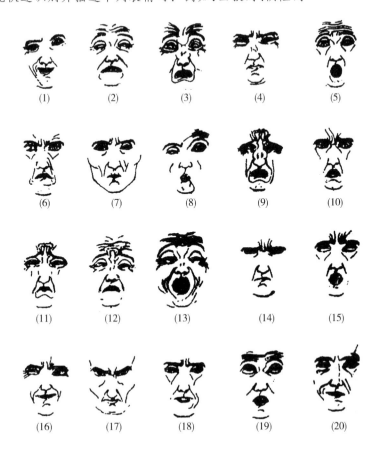

（五）目光

人的眼睛是最富于表情的,"目光如炬""贼眉鼠眼"以及 QQ 的目光表情包,都能充分说明。"眼睛是心灵的窗户",从一个人的眼睛中,往往能看到其整个内心世界。一个人良好的交际形象,目光是坦然、亲切、和蔼、有神的。

1. **目光功能** 研究证明,在各种器官对刺激的印象程度中,眼睛对刺激的反应最为强烈。各种器官各自所占比例分别为:视觉 87%、听觉 7%、嗅觉 1%。可见,目光在人际沟通中具有极为重要的功能。

（1）爱憎功能。亲昵的视线沟通可以打破僵局,使谈话双方的目光长时间相接。深切地注视,是崇敬的表示;眉来眼去、暗送秋波,是情人沟通感情的方式;横眉冷眼,是仇人相见的目光较量;若在公共汽车上对异性死死盯视,则可能伤害对方,引起不愉快的结局。

（2）威吓功能。用视线长时间盯视对方还有一种威吓功能。警察对罪犯、父母对违反规矩的孩子,常常怒目而视,形成无声的压力。

（3）补偿功能。两个人面对面交谈,一般的规则是说者看着对方的次数要少于听者,这样便于说者将更多的注意力集中到要表达的思想内容上。一段时间后,如果说者的视线转向对方,这就是暗示对方可以讲话。

（4）显示地位功能。如果地位高的人与地位低的人谈话,那么,地位高的人投予对方的视线,往往多于对方投来的视线。

2. **目光的具体运用** 眼睛的动作一向被认为是最明确的情感表现,这表明其具有反映深层心理活动的功能。一般说来,你越喜欢的人和物,你就越爱用眼睛来同他接触。它既可以表达和传递情感,也可以用目光显示个性的某些特征,并能影响他人的行为。目光接触可以帮助谈话双方的话语同步,思路保持一致。但目光相互接触时间长,则会形成凝视。凝视往往包含多种含义,有时带有敌意,有时也表示困苦。在社交活动中,应用眼睛看着对方的三角部位,这个三角是以两眼为上线,嘴为下顶角,也就是双眼和嘴之间。当你看着对方这个部位时,会营造出一种社交气氛,别人会感到你有诚意。

眼神接触
1. 12 秒
2. 视点位置

在目光的具体运用时,沟通者要增强自觉的控制能力,要使眼神的变化有一定的目的,表现一定的内容:热情诚恳的目光,亲切;平静坦诚的目光,稳重;闪耀俏皮的目光,幽默;冷淡虚伪的目光,不悦;咄咄逼人的目光,不寒而栗。

（六）微笑

1. **微笑含义** 微笑,这是一种典型的会心的笑容。微笑是面部表情中最能感染人的一种方式,是最被人们所欣赏和接受的笑的形式。

2. 微笑作用　微笑是人良好心境的表现,说明心境平和、心情愉快;微笑是善待人生、乐观处世的表现,说明心里充满了阳光;微笑是有自信心的表现,对自己的魅力和能力抱积极和肯定的态度;微笑是内心真诚友善的自然表露,说明心底的坦荡和善良;微笑还是对工作意义的正确认识,表现乐业敬业的精神。微笑可以表现出温馨、亲切的表情,能有效地缩短双方的距离,给对方留下美好的心理感受,从而形成融洽的交往氛围。你的微笑能使你在单位站稳脚跟,让你得到亲朋好友的爱护;你的微笑使你的人生其乐无穷!研究表明,愁眉苦脸的医生的医疗事故,是面带微笑的医生的医疗事故的两倍。在少年犯的家长中,高达80%的人平时脸色是阴沉着的。

3. 微笑要求　坦诚自然、发自内心、适度得体是微笑的基本要求。

(1) 坦诚自然。应该笑得真诚、适度、合时宜。想要笑得好很容易,只要你把对方想象成自己的朋友或兄弟姐妹,就可以自然大方、真实亲切地微笑了。这种微笑就是亲切、高雅、舒适的微笑。

(2) 发自内心。当一个人心情愉快、兴奋或遇到高兴的事情时,就会自然地流露出这种笑容。这是一种情绪的调节,是内心情感的自然流露,绝不是故作笑颜、故意奉承。发自内心的微笑既是一个人自信、真诚、友善、愉快的心态表露,同时又能制造明朗而富有人情味的生活气氛。真诚微笑应该笑到、口到、眼到、心到、意到、神到、情到。

(3) 适度得体。虽然微笑是人们交往中最有吸引力、最有价值的面部表情,但也不能随心所欲,随便乱笑,想怎么笑就怎么笑,不加节制。试想这样一个场景:在餐厅吃饭时,坐在你对面的是你的一位朋友,你对她微微一笑,可能她会觉得你非常欢迎她与你共同进餐。可当你面前坐的是一位陌生人,你吃一口饭对她笑笑;又吃一口饭,抬头看见她,又笑笑。这样一次两次还可以,如果次数多了,就会让对方心里发毛:这个人是不是有问题?她也许会以最快的速度换到别的位置上去。所以说,笑得得体、适度,才能充分表达友善、诚信、和蔼、融洽等美好的情感。

4. 微笑练习　在微笑的时候,先要放松面部肌肉,然后使嘴角微微向上翘起,让嘴唇略呈弧形。最后,在不牵动鼻子、不发出笑声、不露出牙齿,尤其是不露出牙龈的前提下,轻轻一笑。

(1) 引导练习法。闭上眼睛,调动感情,并发挥想象力,或回忆美好的过去或展望美好的未来,使微笑源自内心,有感而发。

(2) 镜子练习法。力求使眉、眼、面部肌肉、口形在微笑时和谐统一。

(3) 当众练习法。按照要求,当众练习,使微笑规范、自然、大方,克服羞涩和胆怯的心理。也可以请观众评议后再对不足的地方进行纠正。

微笑必须注意整体配合。微笑虽然是一种简单的表情,但要真正地运用成功,除了要注意口形外,还须注意面部其他各部位的相互配合。一个人在微笑时,目光应当柔和发亮,双眼略微眯大;眉头自然舒展,眉心微微向上扬起。这就是人们通常所说的"眉开眼笑"。

按照微笑的要求,坚持一周、一月的训练,并记录下你的情况。你从中会感受到什么变化?

二、时间控制与空间控制

人际沟通总是在一定的时间和空间内进行的,因此时间和空间也就成为沟通过程中不可分割的组成部分,而且人们也总是自觉地利用时空因素来沟通有关信息。

(一)时间控制

沟通时间的选择,交往间隔的长短,沟通次数的多少,以及赴约的迟早,往往透露出行为主体的品性和态度。一个学生上课经常迟到或早退,老师会认为他学习不认真;一位女性和异性约会时,可以让男方稍微等上一段时间,以便使对方感到她更加吸引人;上司可以故意推迟会见下属的时间,表示对下属的不满和惩罚;一般人可以运用及时答复朋友来信的方式,表示对于友谊的重视。

(二)空间控制

如果说时间的利用主要是传达行为主体自身方面的信息,那么空间的利用则主要显示着传受双方彼此间的关系。在人际沟通中,空间的利用除了作为沟通情境构成因素的环境以外,主要包括沟通者与受传者之间的距离和朝向。

1. 空间距离的类型　霍尔教授认为:人在文明社会中与他人交往而产生的关系,其远近亲疏是可以用空间领域的距离大小来衡量的。霍尔教授发现空间范围有这样四种:亲密距离、私人距离、社交距离、公众距离。文明社会的绝大部分人就是在这四种空间范围里行动着。相应地,将空间距离分为四个区域:亲密、个人区、社会区和公众区。美国中层阶级的人们处于亲密区时距离为 0～1.5 英尺(1 英尺≈0.305 米),相互之间的距离在1.5～4 英尺时为个人空间;社会区大约在4～12 英尺之间,这是一般熟人的空间;公众区是正式公开讲话的距离,一般为12～

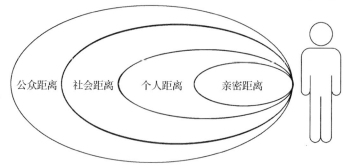

图 5.2　空间距离示意图

15英尺(见图5.2),比如演讲者与听众的距离。空间距离为零就是身体接触,比如握手、手挽手、抚摸、拥抱、接吻等等,一般说来,在沟通活动中,西方人比中国人有更多的身体接触,尤其是异性之间。

2. 空间距离的必要性　一个人需要多少空间领域,情况千差万别,不能一概而论。但每一个人在心理限定上的空间感觉,必然成为自己与他人之间的一种物理距离。即使再拥挤,也需要距离。界域观念是人类潜在的一种欲望,是人类出于"防卫"的潜在需要而产生的以自己的身体支配周围空间的欲望。大到国家的疆界,小到庭院的篱笆,具体到每个人对空间领域的本能需要。例如,在医院里,许多患者发现,随着物理空间的丧失,他们也失去了自己的隐私,这是他们必须承受的最大压力之一。唯一的答案是要尊重人们对物理隐私的需求,并且无论多么困难,都要想办法满足它。一些医院为了做到这一点,允许患者有时在周围拉上帘幕,即使他们并未在进行治疗。

3. 空间距离是沟通手段　空间距离之所以成为一种沟通手段,就是因为不同的沟通距离、不同的空间方位不仅标志着人们不同的情感关系,而且也影响着人们的情感表达。一般说来,交往双方在相当近的距离内,可以通过视觉密码、热量密码、嗅觉密码、嗓音密码传递信息,产生情感压力有助于情感的沟通。视觉密码指面对面地直视,在目光接触中,双方能更清楚地看到对方的容貌、气色和表情,产生一种新的视觉感受。热量密码指双方相距甚近时,能相互感受到对方身上散发的热量,给人一种强有力的情感刺激,产生新的触觉感受。嗅觉密码指两人靠近时,相互之间可以嗅到对方身上的气味,产生嗅觉感受,有助于双方感情的同化。嗓音密码指两人接近时,不但能听清语言而且还能听到发音时的嗓音、呼吸声,产生微妙的听觉感受,有助于感受到语言的情感。

总之,在近距离内,人们相互之间能给予对方强烈的情感刺激,于是产生一种近体效应,越是身体接近,就越能激发情感、密切关系。当然,近体效应的产生要以一定的情感关系为基础,并且需要恰当的情境和其他条件。

三、副语言

副语言指人体发音器发出的有声音而没有固定语意的类似语言的非语言符号,包括说话时的音调、音量、语速、声音补白等。

1. 音调　指声音的高低。音调可以决定声音听起来是否悦耳。如果声音低的人演说,会被人认为是没有把握、害羞;如果声音高一点,并能够抑扬顿挫则更能引起听众的注意。一般来说,音调提高表明强调、情绪激动、兴奋或愤怒;音调降低表示疲劳、心平气和,或者是怀疑、回避或涉及自己或他人敏感、痛苦、伤心的事情。尽管在平时对话中人们的音高不断变化,但是当他想表达某种强烈的感情时,这种变化就会达到极致。

2. 音量　声音强度增大表示强调、激动;强度减小表示失望、不快、软弱、心虚。从积极的方面来看,大声通常与热情和自信相联系,消极的含义则包括好斗、自我膨胀,或者对信息的重要性过分的夸张。地位高的人往往会大声地对着下属说话以表明我是发号施令者,你得按照我说的去做。柔声细语听起来显得值得信赖、富有同情心和善解人意,它也可能暗示缺乏信心、自卑或者是所提供的信息并不重要。音量信息的含义会受到音量的影响,即说得响亮的程度。如果合乎于说话者的目的,且不是不分场合地任何时候都使用,声音响亮是美妙的。柔和的声音也有同样的效果。想要保持课堂安静,有经验的老师知道什么时候提高或降低音量。

3. 语速　指讲话节奏的快慢,可以反映情感和态度。语速加快表明激动、兴奋并可能具有表现力和说服力,但太快会使对方感到紧张,也可能意味着不可靠;语速变慢则表示悲伤、漠不关心、沮丧、冷漠和懒散;而中等语速给人以稳重、自信、可靠的感觉。

4. 声音补白　是在搜寻要用的词时,用于填充句子或做掩饰的声音。像"嗯、啊、呀"以及"你知道"这样的短语,都是表明暂时停顿以及搜寻正确词语的非语言方式。我们都使用声音补白,只是不停地使用或当它们分散听众注意力时,就会产生问题。

专家指导

声音还是一种感情密码。发声系统表现的特点不同,反映人们的情绪情感也就不同。一定的发声特点标志着一定的情感和态度。一般来说,表示气愤的声音特征是声大、音高、音质粗哑,音调上下不规则、变化快,节奏不规则,发音清晰而短促;表示爱慕的声音特征是音质柔和、低音、共鸣音色、慢速、均衡而微向上升的音调,有规律的节奏以及含糊的声音。

四、非语言沟通禁忌

1. 头部的禁忌

(1) 盲目地摇头晃脑。

(2) 经常性地挤眉弄眼。

(3) 两眼死盯住别人不放或闭眼听人讲话。

(4) 用眼睛四处搜寻别人的房间。

(5) 板着面孔斜眼看人。

(6) 冲人龇牙咧嘴,嗤鼻瞪眼。

(7) 抽鼻子,吧嗒嘴,向下流鼻涕、流口水。

(8) 未说话先咳嗽清嗓子,倒吸气,说话时向别人脸上溅唾沫星子。

(9) 看书报时张着嘴或沾唾沫翻书页。

(10) 冲着别人打哈欠、打喷嚏。

(11) 无论对方心情如何都对别人傻笑。

(12) 吸烟时吐烟圈或从鼻子向外喷烟。

忆一忆 练一练

标注出你的禁忌,提出改进措施。

2. 手足的禁忌

(1) 情绪一激动就手舞足蹈,忘乎所以。
(2) 有人无人时都把手指掰得嗒嗒响。
(3) 数钱用手沾唾沫,甚至用舌头舔手指。
(4) 把手放在嘴里咬指甲。
(5) 在大庭广众之下伸手到裤中去搔痒。
(6) 夏天把手伸到衣服里去揩汗。
(7) 随便用手剔牙、抠牙屑。
(8) 擦完鼻子往衣服上揩拭。
(9) 握手时过分用力或者毫不用力。
(10) 说话时用手指点对方。
(11) 坐长椅时跷起二郎腿或把腿颤动不止。
(12) 把腿、脚摆到桌子上或伸到前边座位上去。
(13) 女性在交谈时将双腿叉开。
(14) 跟上级或长辈说话时双手叉腰或两腿叉开。
(15) 走路时东倒西歪,摇摇晃晃。

忆一忆 练一练

标注出你的禁忌,提出改进措施。

3. 其他的禁忌

(1) 随地吐痰、擤鼻涕。
(2) 进屋用脚踹门。
(3) 到商店买东西时故意挤别人或趴在别人身上看东西。
(4) 排队时"夹楔儿"。
(5) 几个人在马路上并排骑自行车,甚至勾肩搭背。
(6) 随地扔废纸、烟蒂和果皮等。
(7) 从楼上往下吐痰、倒垃圾、泼脏水。

想一想 议一议

1. 你认为还有哪些非语言的禁忌?请举例说明。
2. 请朋友、同事、同学或家人,看一看你身上是否有非语言禁忌的表现。如果有,你该如何克服呢?

电影与沟通

《摩登时代》

在20世纪20年代美国经济萧条时期,工人查理在工厂干活,发疯进入精神病院,这一切都是与当时的经济危机给人们带来的生存危机有着密切的联系。而在艰难的生活中,查理和孤女相濡以沫,场面温馨感人,焕发着人性的光辉。卓别林有感于世界经济危机给失业工人带来的痛苦,决定用滑稽夸张的肢体语言来呐喊。卓别林以其高超的表现手法向世人展示了一幅代表千百万失业者遭遇的生活画像。

思考与练习

1. 美国著名记者根舍在他的《回忆罗斯福》一书中有这样的叙述:"在短短20分钟里,他的表情有稀奇、好奇、伪装的吃惊、真诚的关切、担心、同情、坚定、嬉笑、庄严,还有超绝的魅力。但他可不曾说过一个字。"你能再现此情景吗?
2. 拷贝不走样。选择部分成语、俗语、歇后语做游戏。5~7人一组,只准一人看词语并"演示"给另一人,另一人接上次"演示",以此类推,请最后一位说出词语。
3. 心有灵犀一点通。规则:(1) 不可用唇语。(2) 每组5分钟。(3) 范例:放风筝(行为);蛇(动物)、和尚(职业)。
   第一组:(1)自行车;(2)照相机;(3)电话
   第二组:(1)婴儿;(2)直升机;(3)计算机
   第三组:(1)袋鼠;(2)火车;(3)手机
   第四组:(1)企鹅;(2)交通警察;(3)盲人
   第五组:(1)大象;(2)小猪;(3)啦啦队员
   第六组:(1)闹钟;(2)熊猫;(3)瑜伽
4. 编导哑剧:爱,刻骨铭心;恨,恨之入骨。
5. 以小组为单位,谈谈你对学生化妆、服饰的看法。
6. 指出文中的手势语,并说明其交际功能。
   　　王夫人道:"放屁!什么药就这么贵?"宝玉道:"当真的呢!……太太不信,只问宝姐姐。"宝钗听说,笑着摇手儿道:"我不知道,也没听见,你别叫姨娘问我。"王夫人笑道:"到底是宝丫头好孩子,不撒谎。"宝玉站在当地,听见如此说,一回身把手一拍,说道:"我说的倒是真话呢!倒说我撒谎。"口里说着,忽一回身,只见黛玉坐在宝钗身后,抿着嘴笑,用手指头在脸上画着羞他。(《红楼梦》第二十八回)
7. 网络搜索卓别林的《城市之光》《淘金记》等影片,全面体会非语言沟通的艺术。

第六章　倾　听

本章目标

1. 了解倾听的过程。（认知目标）
2. 认识倾听的重要性。（认知目标）
3. 确立善于倾听是人际沟通的重要品德的理念。（情感目标）
4. 评估自己的倾听水平，克服倾听障碍，确保有效倾听。（能力目标）

关键词

倾听　倾听层次　倾听方式　有效倾听　倾听障碍　倾听态度

读一读

三个金塑像

从前，有个国王，他想试探一下邻国的国王和人民是否聪明、有辨别力。于是，他派人送了三个黄金塑造的人像到邻国去。这三个塑像不但外表一模一样，连重量也是完全相同。他想让邻国的国王判定哪一个金像更有价值。

邻国的国王召集了他所有的大臣，大家左看右看，怎么也看不出这三个金像有什么不同，甚至连这个国家最聪明的人也说不出所以然来。全国的人都参与其中，可谁也认不出。国王为此感到很丢脸。正当大家都绝望的时候，一位被关在监狱里的青年人托人带出口信来，说如果让他看一看金像，他就能分辨出它们的价值来。于是这个青年人被带进宫中，国王将三个金像交给他。他仔仔细细地看了又看，最后他发现每个金像的耳朵上都有一个小孔，于是他要了一根极细的银丝，从金像的耳朵里穿进去。他发现：第一个金像，从耳朵里穿进去的银丝从嘴里钻了出来；第二个金像，从一边耳朵穿入而从另一边耳朵钻出；第三个金像，则是从耳朵穿入而从肚脐眼儿钻出来。这个青年人思考了一会儿，对国王说："尊贵的陛下，我认为要解开我们眼前这个谜，就像一本打开的书。你瞧，就像每个人都与其他人都不一样，每个金像也都不一样。这第一个金像提醒我们：有那么一种人，他听到点什么事，一眨眼的工夫就从嘴里说了出去；第二个金像，就像另外一种人，他从这个耳朵听到了什么，马上就从另一个耳朵溜出去了；而这第三个金像，他很像一位能够把听到的事记在心上的人。陛下,您现在可以判断哪一个金像最有价值了吧?您愿意哪一种人做您最亲密的朋友呢?一个嘴上存不住半句话的人?一个把您的话当耳旁风的人?还是一个把您的话牢记在心的可信赖的人呢?"这则故事告诉我们,最有价值的人,不一定是最能说的人。老天给我们两只耳朵一个嘴巴,本来就是让我们多听少说的。善于倾听,才是成熟的人最基本的素质。

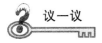

请说说故事给你的启示。

第一节 倾听性质

一、倾听相关概念

心理学研究表明,人在内心深处,都有一种渴望得到别人尊重的愿望。倾听是一项技巧,是一种修养,甚至是一门艺术。学会倾听应该成为每个渴望事业有成的人的一种责任,一种追求,一种职业自觉。

(一)倾听定义与过程

1. **倾听定义** 国际倾听协会的倾听定义:倾听是接收口头及非语言信息、确定其含义和对此做出反应的过程。倾听包括五要素(SOLER):Squarely(正面对着)、Open(姿势开放)、Lean(身体微倾)、Eye(目光接触)、Relaxed(身体放松)。

我们看看"听"字的繁体写法——"聽":一个"耳"字——听,自然要耳朵听;一个"心"字——一心一意,很专心地去听;"四"代表眼睛——要看着对方;"耳"下方还有个"王"字——要把说话的人当成王者对待。

一个孕妇某天偶尔打开收音机,感觉自己腹中的胎儿踢了自己一脚。第二天又是这样,第三天还是这样。后来科学家发现,原来胎儿可以通过羊水的波纹倾听外面发生的一切。所以,倾听是人的一生中最初拥有的感观。

一个老人正在弥留之际,但他的儿子迟迟不能赶到医院。医生都为老人坚强的生存意识而感动。后来某个早晨,老人的儿子终于赶到了医院,看见自己的父亲孤零零地躺在床上,脖子上插的管子中血液依然在涌动。儿子附在老人身边,轻轻地说了一声"Goodbye"。插在脖子上的管子里,血液慢慢停止了流动,老人也安然而去。

所以,倾听是人的一生中最后才失去的感观。

2. **倾听过程** 有效的倾听过程包括四个阶段:接收信息、予以注意、赋予含义、记住它们。因此,倾听不仅是耳朵听到相应的声音的过程,而且是一种情感活动,需要通过面部表情、肢体语言和话语的回应,向对方传递一个信息——我很想听你说话,我尊重和关怀你。

3. 倾听与听见的区别　沟通学研究者注意到,"听"与"倾听"最大的差别在于:"听"是"为自己听","倾听"则是"为别人听"。

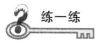 **练一练**

请思考和回答这些问题:
(1) 想想倾听在自己的生活当中所扮演的角色,它到底有多重要?
(2) 作为一个倾听者,你对自己的评价如何?
(3) 你在倾听方面的优势和不足是什么?
(4) 在你的生活当中,有没有人为你树立了很好的倾听榜样?
(5) 你从这些榜样身上能够学到什么?

(二) 倾听目的与类型

1. 倾听目的　①获得事实、数据或别人的想法。②理解他人的思想、情感和信仰。③对听到的内容进行选择。④肯定说话人的价值。

2. 倾听类型　在人际沟通中,倾听按照不同的标准可分为多种类型,例如:为事实而倾听——获取信息式倾听,为了评估我们所听到的内容——批判式倾听,为了情感而倾听——情感移入式倾听,为了自己带来乐趣——享乐式倾听。

与人沟通,最重要的事情是听取没有说出来的话。
——德拉克

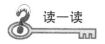 **读一读**

如果你知道一个女人怀孕了,她已经生了8个小孩子,其中有3个耳朵聋,2个眼睛瞎,一个智能不足,而这个女人自己又有梅毒,请问:你会建议她堕胎吗?

我刚要回答,朋友制止了我,又问我第二个问题。

现在要选举一名领袖,而你这一票很关键,下面是关于3个候选人的一些信息:

候选人A:跟一些不诚实的政客有往来,而且会星象占卜学。他有婚外情,是个老烟枪,每天喝8~10杯的马提尼。

候选人B:他过去有过2次被解雇的记录,睡觉睡到中午才起来,大学时吸鸦片,而且每天傍晚会喝一大夸脱威士忌。

候选人C:他是一位受勋的战争英雄,素食主义者,不抽烟,只偶尔喝一点啤酒,从没有发生婚外情。

请问:你会在这些候选人中选择谁?

我把答案写在纸上,然后朋友告诉我:候选人 A 是富兰克林·罗斯福,候选人 B 是温斯顿·丘吉尔,候选人 C 是阿道夫·希特勒。

我听了答案张大了嘴巴。朋友问我:"你是不是为人们选择了希特勒?那你会建议那个妇女去堕胎吗?"

我说:"这个问题不用考虑,我们受优生优育教育多年了,都生那么多歪瓜裂枣了,就别再添乱了。我建议她堕胎。"

朋友告诉我:"你杀了贝多芬,她是贝多芬的母亲!"

我又一次张大了嘴巴。朋友说:"吓一跳吧?本来以为你认为很好的答案,结果却扼杀了贝多芬,创造了希特勒!"

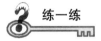

请你分析文中的倾听类型。

(三) 倾听地位

1. 倾听在沟通行为中比例最大　调查研究发现,沟通中的行为比例最大的是倾听,而不是交谈或说话。

如图 6.1 所示,倾听在沟通过程中占有重要的地位。我们在沟通中,花费在倾听上的时间,要超出其他的沟通行为。

2. 会听比会说更重要　莎士比亚说:"最完美的交谈艺术不仅是一味地说,还要善于倾听他人的内在声音。"

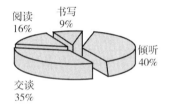

图 6.1　沟通行为比例

沟通学者研究发现,"最有影响的沟通事件则是谈话"。从人际沟通角度看,人际关系是一种相互问询的关系。人际沟通的基本特性,是说者与听者沟通关系的完整性。人际沟通必须保持听与说的回应关系,保持心与心对话的听。因此,人际沟通不仅需要言说,更需要倾听。

一艘游轮遭遇海难,船上有对夫妻好不容易来到救生艇前,艇上只剩一个位子,这时男人却把女人推向身后独自爬上了救生艇。女人在渐沉的大海上,向男人喊了一句话……

讲到这里,朋友问我:"你猜,女人会喊出什么话?"我情绪激愤,说:"我恨你?""我瞎了眼?"

朋友说:"女人喊了句——照顾好我们的孩子!"然后,轮船沉没了,男人回到家乡,独自带大女儿。

多年后,男人病故,女儿整理遗物时,发现了父亲的日记。

原来,父亲和母亲乘坐游轮时,母亲已患了绝症。关键时刻,父亲冲向了那唯一的生机,他在日记中写道:"我多想和你一起沉入海底,可我不能。为了女儿,我只能让你一个人长眠在深深的海底……"

议一议

倾听完整,你的世界才完整;倾听精彩,你的生活才精彩。

二、倾听层次与倾听方式

倾听层次按照由低到高层次排列为:心不在焉地听、被动消极地听、主动积极地倾听、同理心地倾听。从严格意义上来说,心不在焉地听、被动消极地听不能称为倾听,最多是听。

1. 心不在焉地听　听者心不在焉,几乎没有注意说话人所说的话,心里考虑着其他毫无关联的事情,或内心只是一味地想着辩驳。这种听者感兴趣的不是听,而是说,他们正迫不及待地想要说话。这种层次上的听,往往导致人际关系的破裂,是一种极其危险的听的方式。

2. 被动消极地听　听者被动消极地听所说的字词和内容,常常错过了讲话者通过表情、眼神等体态语言所表达的意思。这种层次上的听,常常导致误解、错误的举动,失去真正交流的机会。另外,听者经常通过点头示意来表示正在听,讲话者会误以为所说的话被完全听懂了。

3. 主动积极地倾听　倾听者主动积极地对方所说的话,能够专心地注意对方,能够聆听对方的话语内容。这种层次的倾听,常常能够激发对方的注意,但是很难引起对方的共鸣。

4. 同理心地倾听　这不是一般的"听",而是用心去"听",这是一个优秀倾听者的典型特征。这种倾听者在讲话者的信息中寻找感兴趣的部分,他们认为这是获取有用信息的契机。他们不急于做出判断,而是感同身受对方的情感。他们能够设身处地看待事物,总结已经传递的信息,质疑或是权衡所听到的话,有意识地注意非语言线索,询问而不是反驳或质疑讲话者。他们的宗旨是带着理解和尊重积极主动地去倾听。这种感情注入的倾听方式在形成良好人际关系方面起着极其重要的作用。

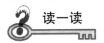

读一读

美元的价值

一位父亲下班回家很晚了,又累又烦,他发现5岁的儿子站在门口等他。

"我可以问你一个问题吗?"

"什么问题?"

"爸,你一小时能赚多少钱?"

"这与你无关,你为什么要问这个问题?"父亲生气地问。

"我只是想知道,请告诉我,你一小时赚多少钱?"小男孩哀求。

"假如你一定要知道的话,我一小时赚20美元。"

"喔,"小男孩低下了头,接着又说,"爸,可以借我10美元吗?"

父亲发怒了:"如果你只是要借钱去买玩具的话,那就给我回房间上床,好好想想为什么你会这么自私!我每天长时间辛苦地工作,没时间和你玩小孩子的游戏!"

小男孩安静地回自己房间关上门。

父亲坐下来还在生气。过了一会儿,他平静下来,想着他可能对孩子太凶了,或许孩子真的很想买什么东西,再说他平时很少要过钱。

父亲走进小男孩的房间:"你睡了吗,孩子?"

"爸,还没,我还醒着。"小男孩回答。

"我刚刚可能对你太凶了,"父亲说,"我不该发脾气,这是你要的10美元。"

"爸,谢谢你。"小男孩欢叫着从枕头下拿出一些被弄褶皱的钞票,慢慢地数。

"为什么你已经有钱了还要?"父亲生气地问。

"因为在这之前不够,但我现在足够了。"小男孩说,"爸,我现在有20美元了,我可以向你买一个小时的时间吗?明天请早一点回家,我想和你一起吃晚饭。"

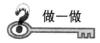

时间可以换取金钱,也可以换取家庭的亲情和快乐。给家庭挤出一点时间吧,因为有些东西是拿钱买不到的!

(二)倾听方式

沟通学研究者发现,有下列四种不同的倾听方式。

1. 人的倾听方式 在侧重于人的倾听方式中,听者关心对方的情感,这些听者寻找与对方的共同兴趣并对情感做出反应。这种倾听方式常见于配偶、家庭和最好的朋友之间。

2. 行动的倾听方式 在侧重于行动的倾听方式中,听者所要的是准确、没有错误的表述,并且可能对组织混乱的内容表现得没有耐心。例如,老板可能要一个部门经理写一份公司经营状况的报告,他希望这份报告内容集中和有要点。

3. 内容的倾听方式 在侧重于内容的倾听方式中,听者更喜欢复杂和充满挑战的信息。由于这种信息通常是抽象的,因此人们可能不掺杂感情地倾听,并且他们在做出判断之前会对信息做出评估。例如,一个医生可能向他的同事寻求关于如何对待特殊患者的信息,由于他所受的培训和经验,复杂的医学解释对他将不难理解。

4. 时间的倾听方式　在侧重于时间的倾听方式中,听者更喜欢简短和快速地与他人沟通,并且经常让说话者知道他有多少时间去阐明观点。例如,准备电视新闻的记者需要迅速、有效地获得信息,因为他们的工作总是靠抢时间,因此他们可能是侧重于时间的倾听者。

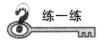

请设计不同场景,科学运用有效的倾听方式。

第二节　有效倾听

请看下面真实的沟通故事,读者不难发现其中的问题。

某传令员将"观看哈雷彗星"的信息传递给连长,由其传达给排长,再由排长传达给班长。在具体沟通过程中,传令员的"观看哈雷彗星"的信息——连长、排长误传为"三星上将乘飞机"——班长曲解为"三颗子弹从你头上穿过"。

请看沟通的过程与内容:

传令员:"××司令官命令:'在明天午后 1 时,全连官兵务必准时在大操场集合,要求大家穿好军装,带好观察工具,观看哈雷彗星从东向西边飞过。'"

接着,连长传令:"××司令官命令:'全体官兵明天午后 1 时到大操场集合,要求大家穿好军装,带好武器,准时接受检阅,还有星级上将从天上飞过。'"

接着,排长传令:"××司令官命令:'全体官兵明天午后 7 时到大操场集合接受检阅,务必穿好军装,带好武器,还有三星上将乘飞机从天上经过。'"

接着,班长传令:"××司令官命令:'全体官兵明晚 7 时到大操场集合接受检阅,务必带好武器整装待发,否则,三颗子弹从你头上穿过。'"

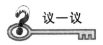

请分析沟通过程中出现的问题所在。

一、倾听障碍

为什么我们会发生倾听差错的问题？倾听是困难的,有许多原因使你分散注意力。

按常规来讲,你应将 50% 以上的时间花在倾听上,如果你讲话的时间等于或大于 50%,则表明你说得太多,听得太少。那么,人们为什么不善于倾听呢？阻碍成功倾听有以下六种障碍。

1. 防御措施　在谈判中,人们不愿意仔细倾听的一个重要原因纯粹是心理防御。

2. 毫无自信（忐忑不安） 许多人由于紧张、惶恐，在本应细细倾听之时而过度地说教。所以，忐忑不安对于良好的倾听可以说是致命的打击。

3. 焦虑 有时我们不能倾听，是因为我们处于一种极度焦虑的状态中。

4. 习惯 或许你已习惯于在倾听之前先说先想了，那么你需要像对待吸烟一样，改掉它。

5. 被动倾听者 人们经常认为听是毫不费力的事，他们的态度可能在"我不需要做任何事，只需背靠后坐着听"和"如果不是考试内容，我就不需要听"之间。

6. 不承认别人的价值 还有一些人不会倾听，是因为他们不认为别人能说出有价值的信息。

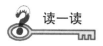

读一读

（1）打断说话人。
（2）眼睛不看说话人。
（3）催促说话人，让他们觉得自己是在浪费你的时间。
（4）对谈话之外的某件事显示出兴趣。
（5）抢话，打断说话人的思路。
（6）对说话人的要求没有反应。
（7）总是说："是，但是……"在说话人把话说完之前就显示出自己有不同的意见。
（8）在倾听的过程当中总是说"这让我想起了"或"这没什么，我告诉你……"。
（9）忘了说话人先前谈到过的内容。
（10）询问太多的细节问题。

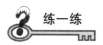

练一练

请标注出你的某些坏习惯，提出改进措施。

电影与沟通

《穿普拉达的女王》

在电影《穿普拉达的女王》(The Devil Wears Prada)中，专横跋扈的老板米兰达·普莱斯特里（梅丽尔·斯特里普饰）就是无效倾听的一个典型例子。她只关注和自己有关的事情（"关于你无能的细节，我不感兴趣"），而且反应很鲁钝，仿佛一点感情也没有（"用你的问题去烦其他人"）。不仅如此，她还常常打断别人，听到不喜欢的东西就翻白眼，在话谈到一半的时候撇下她的下属不管。你知道的人当中有谁用这种方式"倾听"吗？你是如何

回应他们的？

二、有效倾听艺术

（一）倾听态度

1. 说者有心　通过听觉,我们不仅仅能听到对方所说的话语,而且能听到不同的声音、声调、音量、停顿、语速等,这些也是倾听过程中不可忽视的因素。例如,讲话人适当地停顿,给听话人一种谨慎、仔细的印象,而过多的停顿,则给人一种急躁不安、缺乏自信或不可靠的感觉；人们也能从讲话人的音量中区别出愤怒、吃惊、轻视和怀疑等讲话人要表达的态度。

2. 听者有意　即倾听人对讲话人应尊重,承认其潜在的价值。倾听者应采取：①对讲话人接受的态度。②注意讲话人的话语和行动。③在讲话人讲话时,应注意倾听,投入地倾听。④跟随讲话人的思路,而非自己的思路。⑤反馈,给讲话人必要的信息,给其必要的鼓励、尊重。

 读一读

一天,美国知名主持人林克莱特访问一名小朋友,问他:"你长大后想要当什么呀?"小朋友天真地回答:"嗯,我要当飞机驾驶员!"林克莱特接着问:"如果有一天,你的飞机飞到太平洋上空,所有引擎都熄火了,你会怎么办?"小朋友想了想,说:"我会先告诉坐在飞机上的人绑好安全带,然后我挂上我的降落伞先跳出去。"

当现场的观众笑得东倒西歪时,林克莱特继续注视着这孩子,想看看他是不是自作聪明的家伙。

很快,孩子的两行热泪便夺眶而出,这时林克莱特才发觉这孩子的悲悯之情远非笔墨所能形容。于是林克莱特问他:"为什么要这么做?"孩子的回答透露出他真挚的想法:"我要去拿燃料,我还要回来! 我还要回来!"

当现场观众都笑得东倒西歪的时候,其实大家都犯了一个相同的错误,以为这孩子是一个自私的家伙,然而在主持人的诱导下,最后大家才明白了孩子的真正意图。所以,这则故事其实给了我们一个启发:在你听到别人说话时,你真的听懂他说的意思吗? 你懂吗? 如果不懂,就请听别人说完吧。这就是"听的艺术"。

（二）倾听者素质

1. 优秀的倾听者具备的素质　表现在：① 适当地使用眼光接触。②对讲话者的语言和非语言行为保持注意和警觉。③容忍且不打断(等待讲话者讲完)。④使用语言和非语言表达来表示回应。⑤用不带威胁的语气来提问。⑥解释、重申和概述讲话者所说的内容。⑦提供建设性(语言和非语言)的反馈。⑧移情(起理解讲话者的作用)。⑨显示出对讲话者外貌的兴趣。⑩展示关心的态度,并愿意倾听。⑪不批评、不判断。⑫敞开心扉。

2. 不良的倾听者　表现在：①打断讲话者(不耐烦)。②不保持眼光接触(眼睛迷离)。③心烦意乱(坐立不安),不注意讲话者。④对讲话者不感兴趣(不关心,做白日梦)。⑤很少给讲话者反馈或根本没有(语言或非语言)反馈。⑥改变主题。⑦做判断。⑧思想封闭。⑨谈论太多。⑩自己抢先。⑪给予不必要的忠告。⑫忙得顾不上听。

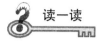
读一读

倾听人生

大自然在赐予人类无尽的能源时,也赐予了人类学会倾听的耳朵和心。

走在路上,你需要倾听,倾听风吹过路旁小草时发出的"簌簌"响声,它在向人们诉说春的生机和生命的多彩多姿,你只有用心去听,才能听懂它们无言的传递。

在树林小道上,你需要倾听,倾听第一缕阳光洒进树林的温和与安详,倾听第一声鸟鸣的悦耳动听,倾听刚接受阳光洗礼的树的低语,你将明白倾听是人生的一大乐趣。

走进校园里,你需要倾听,倾听莘莘学子们朗朗的读书声,倾听辛勤园丁们孜孜不倦的传递声,倾听这些,你便会明白是谁指引我们打开文学的大门,明白我们读书的目的……

花儿的枯萎、河水的浑浊,像一位沧桑的老人流着泪向人类讲诉环境的恶化,鱼儿的减少在无言中为人类敲响了警钟,只有用心你才能听到,才会明白人类必须与大自然和谐共处,否则你倾听到的将只有沙尘暴的呼啸、洪水的肆虐……

一次次的倾听,带来一次次的收获,一次次的收获,促使我们一次次地学会倾听,促使我们珍惜身边的一切事物。

倾听,是连接友谊的桥梁;倾听,是学会关心的前提;倾听,是享受生命的开端。

(三)倾听能力提升

倾听是不容易做到的,是必须学习的。研究表明,只有10%的人能在沟通过程中注意倾听。倾听技能是每个人应该学习的最有价值的技能之一。有效倾听包括:充分运用开放性提问,恰当运用封闭性问题,善于运用鼓励和重复语句,准确运用说明,有效运用情感反应,避免倾听时容易犯的错误,明确倾听目的,建立信任关系。

测一测

请判断对错,在括号内打"√"或"×"。

(1)我们自然而然地学习倾听,训练没有必要。　　　　　　　　　　(　　)

(2)有效的倾听是一种技巧,掌握这种技巧对我们大多数人来说都是困难的。练习和训练能帮助我们提高倾听的能力。　　　　　　　　　　(　　)

(3) 倾听的能力取决于智力。　　　　　　　　　　　　　　（　　）
(4) 智力与倾听技巧之间没有联系。　　　　　　　　　　　（　　）
(5) 倾听的能力与听力密切相关。　　　　　　　　　　　　（　　）
(6) 听力是一种生理现象,它与我们所讲的倾听的能力几乎没有关系。事实上,听力下降的人常常会成为非常有效的倾听者。　　　　　　　　（　　）
(7) 一般来说,大多数人能边听边阅读。　　　　　　　　　（　　）
(8) 边听边阅读这种技巧很少有人能有效地应用。　　　　　（　　）
(9) 大多数情况下,我们能善于倾听。　　　　　　　　　　（　　）
(10) 大多数人都需要提高倾听技巧。　　　　　　　　　　（　　）
(11) 所听即所言。　　　　　　　　　　　　　　　　　　（　　）
(12) 所听经常非所言。　　　　　　　　　　　　　　　　（　　）
(13) 倾听是一种被动行为。　　　　　　　　　　　　　　（　　）
(14) 倾听是一种主动行为,倾听需要我们参与和投入其中。（　　）
(15) 性格对倾听能力基本没有影响。　　　　　　　　　　（　　）
(16) 性格对倾听能力有重要的影响。　　　　　　　　　　（　　）
(17) 倾听是通过耳朵完成的。　　　　　　　　　　　　　（　　）
(18) 有效的倾听是通过整个身体完成的,正确的目光接触和身体姿势有助于倾听。　　　　　　　　　　　　　　　　　　　　　　　　　　（　　）
(19) 倾听注重内容第一,感情第二。　　　　　　　　　　（　　）
(20) 感情常常比语言本身更重要,常常是真实的信息;我们必须寻找信息背后的感情。　　　　　　　　　　　　　　　　　　　　　　　　（　　）

读一读

有一天,猫妈妈把小猫叫来,说:"你已经长大了,三天之后就不能再喝妈妈的奶,要自己去找东西吃了。"

小猫惶恐地问妈妈:"妈妈,那我应该吃什么东西呢?"

猫妈妈说:"你要吃什么食物,妈妈一时也说不清楚,就用我们祖先留下的方法吧!这几天夜里,你躲在人们的屋顶上、梁柱间、陶罐边,仔细倾听人们的谈话,他们自然会教你的。"

第一天晚上,小猫躲在梁柱间,听到一个大人对孩子说:"小宝,把鱼和牛奶放在冰箱里,小猫最爱吃鱼和牛奶了。"

第二天晚上,小猫躲在陶罐边,听见一个女人对男人说:"老公,帮个忙,把香肠、腊肉挂在梁上,小鸡关好,别让小猫偷吃了。"

第三天晚上,小猫躲在屋顶上,从窗户看到一个妇人教训自己的孩子:"奶酪、肉松、鱼干吃剩了,也不会收好。小猫的鼻子很灵,明天你就没得吃了。"

就这样,小猫每天都很开心,它回家告诉妈妈:"妈妈,果然像您说的一样,只要我保持倾听,人们每天都会教我该吃些什么。"

靠着听别人谈话,学习生活的技能,小猫终于成为一只身手敏捷、肌肉强健的大猫。它后来有了孩子,也是这样教导它们:"仔细倾听人们的谈话,他们自然会教你的。"

请说说故事给你的启示。

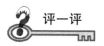

请根据自身实际情况,选择答案。选择 A. 几乎都是——5分;B. 时常——4分;C. 偶尔——3分;D. 很少——2分;E. 从来没有——0分。在与人谈话时,你是否:

(1) 习惯打断别人的谈话。 （ ）
(2) 替别人接话头,即使人家并无此意。 （ ）
(3) 习惯做白日梦,心事四处游离。 （ ）
(4) 自动假设他人会说的话,代别人先发言。 （ ）
(5) 趁他人喘口气时,立刻插入谈话中。 （ ）
(6) 试着记下说话者所说的一切。 （ ）
(7) 不等说话者做出结论,就突然改变话题。 （ ）
(8) 做电话销售访问时,一直是自己在讲。 （ ）
(9) 对方想讨论较严肃的话题时,自己却闪烁其词。 （ ）
(10) 为了表示礼貌而假装倾听,或是因为怕被对方发现自己不专心听时会发脾气。 （ ）
(11) 因噪音、屋外的活动、室内的装饰等,而无法专心听对方说话。 （ ）
(12) 很难接受新思想及新作风。 （ ）
(13) 因为赶时间而催促说话者讲重点。 （ ）
(14) 因为听到一些有争议或伤人的话题而影响自己倾听的态度。 （ ）
(15) 身为一名听众时,会面带微笑,频频点头。 （ ）
(16) 只听想听的,其他的都不听。 （ ）
(17) 针对说话者的个性、语气、年龄、性别或美丑而决定听或者是不听。 （ ）
(18) 急于下结论。 （ ）
(19) 听不懂就保持沉默,也不想搞清楚。 （ ）
(20) 做自己的,不管谈话的内容。 （ ）
(21) 非常讨厌听别人说自己不熟悉的事情。 （ ）

(22) 只注意细节,不在意对方想要传达的信息主体。　　　　　(　)
(23) 忽略了对方的身体语言及语调。　　　　　　　　　　　　(　)
(24) 意识到对方不想询问自己的话题或其他敏感话题。　　　　(　)
(25) 不屑听一些复杂或无聊(但可能很重要)的信息。　　　　　(　)
(26) 当别人说话时,自己忙着对说话者品头论足。　　　　　　(　)
(27) 听他人说话时,习惯地玩弄手边的物品,例如笔、纸、杯子等。(　)
(28) 意识到大家对自己似乎有怨言。　　　　　　　　　　　　(　)
(29) 问一些自己显然没专心听的问题。　　　　　　　　　　　(　)
(30) 别人说话时,自己不断看手表。　　　　　　　　　　　　(　)

参考标准

10～49分:优秀的听众;50～69分:较好的听众;70～99分:普通的听众;100～119分:不会听的听众;120～150分:听力有大问题者。

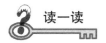
读一读

【场景一】

一个患者去看心内科门诊,拿着几大份心电图给医生。患者说:"我在单位体检时查出有早搏,去了好几家医院,做了好几次的心电图,就是治不了根。"

医生问:"查出有其他心脏病吗?"

患者说:"没有。"

医生说:"那不用治,你这是良性早搏。"

患者说:"但我很担心。"

医生有些不耐烦地说:"没事,良性早搏一般不需要吃药。"

患者将信将疑地离开了,医生觉得患者大惊小怪。医生肚子里一堆关于"良性早搏不能滥用药"的知识也只简化为两句话:你这是良性早搏。良性早搏一般不需要吃药。这两个人显然都在自说自话,结果两个人都很懊恼。

【场景二】

如果换成两个知道点沟通技巧的人,情景会变成:

患者说:"我在单位体检时查出有早搏,去了好几家医院,做了好几次的心电图,就是治不了根。"

医生说:"我能理解你的苦恼。你这种情况不少见,你查出有其他心脏病吗?"

患者说:"没有。有没有其他心脏病和早搏有什么关系?"

医生说:"是这样的,没有器质性心脏病的早搏一般没什么事,又叫良性早搏。良性早搏一般没有明显的症状,也不需要服用抗心律失常的药。有时候,过度治疗反而会产生医源性症状,让你焦虑。用药越积极,精神压力越重,症状反而越明显。"

患者说:"但我还是很担心。不吃药能自己消了?"

医生说:"你知不知道,美国使用抗心律失常药物导致的意外死亡大大超过其民航空难与战争中死亡人数的总和。从今天开始,不妨把你关心早搏的精力放在其他更有意思的事上。正常生活,正常工作,每年来复查一次。"

患者的疑虑被打消了,医生也让患者理解了不用药的意义。

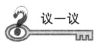

从倾听视角分析场景一、场景二的区别所在。

《对她说》(Talk to Her)

玫瑰色的幕布和巨大的流苏占据了整个的舞台,在观众席上,素不相识的年轻男护士贝尼诺和年逾不惑的作家马克巧遇在一起。一段动情的乐章深深地打动了马克。贝尼诺从马克动情的泪光中感受到了这个素昧平生的男人善良细腻,最终却没有勇气告诉他:自己也同样被感动。不久,两人再次相遇在贝尼诺工作的诊所。马克的女友——职业斗牛士莉迪亚,因在工作时受伤而卧床,而贝尼诺也正在悉心照料着昏迷不醒的芭蕾舞学生阿里西亚。每当马克经过阿里西亚的病房时,都会看到贝尼诺对阿里西亚喃喃地诉说着。

贝尼诺告诉马克,这是一种疗法。在病人昏迷的时候与她谈话,即使她根本无法回答,根本不知道你在说话,也要坚持下去……就这样,在两个男人竭尽心力照顾两个女人的漫长过程中,一段深笃的友谊开始了,他们的爱情、友情、未来也发生了许多变故。

《对她说》描述了两个男人之间的友谊、孤独以及激情过后心灵的复苏,讲述了情侣间交流的重要性。电影作为会话的主题,在一个不善言语的人面前,独白也是一种有效的对话方式;而沉默"这种肢体语言",影片也将其作为在人际关系中传达思想感情的理想工具。一部用语言来表达的影片充分展现了讲述的快乐,证明了呼唤和对话对于孤独、疾病、死亡和疯狂也是一种独特的武器。

思考与练习

下列材料对于解决人际冲突有何借鉴意义?

打个比方,你是一个商人,若接到顾客的投诉时,该怎么办呢?

首先必须站在顾客的立场上,冷静且耐心地倾听,一直等对方把要说的说完。

训练有素的推销员戴维曾经说过:"处理顾客投诉,推销员要用80%的时间来听话,用20%的时间来说话。"

任何一个顾客来投诉,无论开始脾气有多大,只要我们耐心地听,鼓励他把心里的不满都发泄出来,那么,他的脾气会越来越小,像个被扎了一个洞的皮球那样,慢慢地"放气"了。只有等顾客恢复了理智,才能正确地着手处理面前的问题。而且因情绪激动而失礼的顾客冷静下来以后,必然有些后悔,这比我们迎头批评他们要有效得多。

几年前,纽约电话公司碰到了一个对接线员大发脾气的用户,他说要他付的那些费用是敲竹杠。这个人满腔怒火,扬言要把电话线连根拔掉,并且到处申诉、告状。最后,电话公司派了位最干练的调解员去见那位无事生非的人。这位调解员静静地听着,让那个暴怒的用户尽情发泄,不时说"是的",对他的不满表示同情。

"他滔滔不绝地说着,而我洗耳恭听,整整听了3个小时。"这位调解员后来对别人说道,"我先后见过他4次,每次都对他发表的论点表示同情。第4次会面时,他说他要成立一个'电话用户保障协会',我立刻赞成,并说我一定会成为这个协会的会员。他从未见到过一个电话公司的人用这样的态度和方式同他讲话,渐渐地他变得友善起来。前3次见面时,我甚至连同他见面的原因都没有提过,但在第4次见面的时候,我把这件事完全解决了。他所要付的费用都照付了,同时还撤销了向有关方面的申诉。"

第七章　交　　谈

本章目标

1. 了解交谈的含义和特点。(认知目标)
2. 熟悉交谈的过程。(认知目标)
3. 初步养成良好的交谈态度,遵守交谈的规范。(情感目标)
4. 认识交谈的重要性。(认知目标)
5. 运用提问艺术和核实技巧,进行交谈实践。(能力目标)

关键词

交谈　提问　开放性问题　封闭性问题　反映　重复　澄清　阐明　沉默

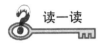
读一读

　　球王贝利,人称"黑珍珠",是人类足球史上享有盛誉的天才。在很小的时候,他就显示出了足球的天赋,并且取得了不俗的成绩。

　　有一次,小贝利参加了一场激烈的足球比赛。赛后,伙伴们都精疲力竭,有几位小球员点上了香烟,说是能解除疲劳。小贝利见状,也要了一支。他得意地抽着烟,看着淡淡的烟雾从嘴里喷出来,觉得自己很潇洒、很前卫。不巧的是,这一幕被前来看望他的父亲撞见。

　　晚上,贝利的父亲坐在椅子上问他:"你今天抽烟了?"

　　"抽了。"小贝利红着脸,低下了头,准备接受父亲的训斥。

　　但是,父亲并没有这样做。他从椅子上站起来,在屋子里来回地走了好半天,这才开口说话:"孩子,你踢球有几分天赋,如果你勤学苦练,将来或许会有点儿出息。但是,你应该明白足球运动的前提是你具有良好的身体素质。可今天你抽烟了。也许你会说,我只是第一次,我只抽了一根,以后不再抽。但你应该明白,有了第一次,便会有第二次、第三次……每次你都会想:仅仅一根,不会有什么关系的。但日积月累,你会渐渐上瘾,你的身体就会不如从前,而你最喜欢的足球可能因此渐渐地离你远去。"

　　父亲顿了顿,接着说:"作为父亲,我有责任教育你向好的方向努力,也有责任制止你的不良行为。但是,是向好的方向努力,还是向坏的方向滑去,主要还是取决于你自己。"

说到这里,父亲问贝利:"你是愿意在烟雾中损坏身体,还是愿意做个有出息的足球运动员呢?你已经懂事了,自己做出选择吧!"

说着,父亲从口袋里掏出一沓钞票,递给贝利,并说道:"如果不愿做个有出息的运动员,执意要抽烟的话,这些钱就作为你抽烟的费用吧!"说完,父亲走了出去。

小贝利望着父亲远去的背影,仔细回味着父亲那深沉而又恳切的话语,不由得掩面而泣,过了一会儿,他止住了哭泣,拿起钞票,来到父亲的面前。

"爸爸,我再也不抽烟了,我一定要做个有出息的运动员!"

从此,贝利训练更加刻苦。后来,他终于成为一代球王。他的成功跟他父亲的一番教导是分不开的。

忆一忆 议一议

回忆你成长过程中的一次愉悦的谈话,分析成功交谈的必备因素。

第一节 交谈性质

一、交谈含义与特点

(一)交谈含义

交谈是以两个人或几个人之间的谈话为基本形式,进行面对面的沟通信息的言语活动。它以对话为基本形态,包括交谈主体、交谈客体、交谈内容三个方面。

国外学者给出了沟通行为比例,分别是倾听40%、书写9%、阅读16%、交谈35%。与人际沟通过程一样,交谈是通过一套共同规则互通信息的过程。因此,交谈是一种特定的人际沟通方式,通常涉及提问和回答,并带有交换信息或满足个体需要的目的。

读一读

谈古论今	谈笑风生	谈情说爱	谈笑自若	避而不谈
不经之谈	促膝谈心	泛泛而谈	高谈阔论	混为一谈
侃侃而谈	夸夸其谈	老生常谈	奇谈怪论	谈何容易
谈天说地	纸上谈兵	一代谈宗	娓娓而谈	无稽之谈

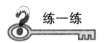

请分别标注出描述交谈的层次、境界以及功能的成语。

(二) 交谈特点

1. 特定的目的　交谈是有意识的,需要参加者将谈话的焦点保持在一个特定的话题上。例如:经济上——谈生意,政治上——谈判,情感上——谈情说爱。

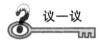

试问:"唠嗑""拉家常""侃大山""闲聊"是否属于交谈?

2. 通常涉及提问与回答　提出问题和回答问题,在交谈过程中起着关键作用。交谈的中心是如何运用沟通技巧去提合适的问题,即问得巧妙,答得精彩。巧问要注重"三点":热点、焦点、难点。妙答要注重"三精":精当、精炼、精彩。

3. 互动性　交谈一般发生于两个人面对面的互动中,并规律性地涉及语言和非语言的信息传递方式。

二、交谈过程

交谈过程可分为五个阶段:准备与计划、开始交谈、引导交谈、结束交谈、做好记录。

1. 准备与计划　要求:①明确交谈的目的,即这次交谈完成哪些事。②了解必要的历史背景,即对方是谁,为什么要进行这次交谈等。③确定初步的问题,使交谈能集中在一个目标上,但要避免有先入为主的思想和固定的期望。④提供合适的环境,选择恰当的时间进行交谈。

2. 开始交谈　交谈开始时应有礼貌地称呼对方并自我介绍,必要时向对方交代此次交谈的目的和大约需要的时间。也可以从一般性交谈开始,活跃气氛。

3. 引导交谈　可提出一些开放式和间接式问题,引导对方诚实、完全地回答。闭合式和直接式问题都容易使对方感到紧张和有威胁感。

4. 结束交谈　可利用小结和核实技巧作为结束,为下一次交谈做好准备。

5. 做好记录　把交谈的主要内容记录下来。

想一想　练一练

1. 回忆你曾经与人交谈的经过,验证交谈的过程。
2. 以小组为单位,现场体验交谈的过程。

三、交谈方式

人们的交谈是按照一定的顺序进行的,不是想说什么就说什么的,想什么时候说就什么时候说的。说话者和听话者双方只有互相配合,才能使交谈顺利进行下去。假设有 A、B、C 三个人在一起,理想的交谈方式应遵循下列模式:

第七章 交 谈

（1）A先开始讲话,他选择一个话题,围绕着它讲几句话。

（2）A通过某些方法使B继续谈下去。

（3）B接过话茬,顺着A选的话题讲几句话。

（4）B选择C作为下一个谈话者。

（5）C接过B的话茬,顺着话题讲几句话。

（6）C选择A作为下一个谈话者。

（7）这个过程一直进行下去,直到大家感到有关这个话题已无话可说,或者时间用完了。在这个过程中,每个人都有大致相等的机会和时间来谈话,并且当一个人讲话时其他人只能听。

（8）最后一个人总结A选择的话题,这时候表明该话题已经结束,可以引出另一个话题。这种说者和听者互换位置的规则,就好像交通规则一样,即使没有警察指挥,大家也都会遵守红灯停、绿灯行的规则,否则便会造成交通堵塞。交谈的规则虽然没有交通规则那样明显,但也是被严格遵守着的。依据这些规则,参加谈话的人才能根据自己的需要决定加入交谈或者回避交谈。如果你想加入谈话,你就必须等待说话的人讲完以后,在停顿时接过话茬。如果在这中间打断别人,就会被认为是不礼貌。如果你想把话题交给下一个人,就要出现停顿,暗示你已经讲完。

专家指导

美国的一个调查表明,在宴会上与陌生人相处时,有四分之三的成年人会感到局促不安。可见在社交场所中,交谈羞怯腼腆,甚至恐惧发抖,是个比较普遍的问题。

（1）害羞,因为不知说话后的效果如何,怕别人笑话。

（2）对自己要求太高,总想开口就"一鸣惊人"。

（3）意思表达不清楚,说话不是一句一句地说,总想一下子把所有的说完,结果一句也说不出来。

下面提供一些克服交谈羞怯症的方法,供参考。

（1）相同类比法。你可以这样想:我交谈的能力虽然差些,但别人开始时何尝不是这样?万事开头难,开了头以后就容易了。这样想想,对于克服与陌生人交谈时的局促很有帮助。

（2）不同比较法。有时遇到对方的谈吐、风度等很出色,不要盲目地将自己和他比较,总想他真棒,我自愧不如。而应当这样想:你确实不错,但尺有所短、寸有所长,你有你的优势,我有我的特长,我在这方面不如你,但你在其他方面也可能不如我,"梅须逊雪三分白,雪却输梅一段香"。这样想想,你就会自信起来。

（3）感情接近法。这一方法对于克服与领导、长者、异性在一起时的拘谨有一定作用。你和他们在一起时,不要过多考虑他们的身份、年龄和性别,而可以这样考虑:假如他们是我的同事、长辈或好朋友。首先从感情上和他们接近,讲话就不会拘谨了。

(4) 难堪练习法。日本一些企业管理人员培训班,为了培养和锻炼学员的自控能力和社交能力,专门让学员站在大街上人多的地方,大声唱歌或朗读报纸。这种使人难堪的举动,对于克服腼腆、不善说话很有好处。你可以经常有意识地主动与陌生人交谈,锻炼自己的胆量,慢慢地就不会羞怯了。

(5) 条件训练法。即有意识地创造各种条件,反复进行交谈前的说话训练。如果你要参加一个座谈会,可以提前拟出发言提纲,自己练习掌握,再向亲友等试说。由于对自己的发言心中有数,就不会出现交谈羞怯的现象了。

四、交谈态度与规范

(一) 交谈态度

1. **表情自然** 表情指一个人面部神态、气色的变化和状态,它是个人心态、动机的无声反映。交谈时的表情应与谈话的内容、场合相适应,语气要和蔼亲切,表达要自然得体。

2. **举止得体** 肢体语言通常是自身对谈话内容和谈话对象态度的真实反映。人们在交谈时往往会伴随着做出一些有意无意的动作举止。目光要注视对方,不要左顾右盼;不要有看手表、伸懒腰、打呵欠等漫不经心的动作。

3. **注意倾听** 倾听是交谈过程的重要一环。认真倾听对方的发言,并予以适当反馈,从而表示自己对对方发言的重视。切记不要轻易打断别人的谈话。自己讲话的时候,要给别人发表意见的机会;不要滔滔不绝、旁若无人,搞"一言堂"。

(二) 交谈规范

1. **言之有物** 交谈的双方都想通过交谈获得知识,拓宽视野,增长见识,提高水平。因此,交谈要有观点、有内涵、有思想,而空洞无物、废话连篇的交谈是不会受人欢迎的。没有材料做根据,没有事实做依托,再动听的语言也是苍白的、乏味的。我们在交谈时,要明确地把话说出来,将所要传递的信息准确地输送到对方的大脑里,才能正确地反映客观事物,恰当地揭示客观事理,贴切地表达思想感情。

2. **言之有序** 就是根据讲话的主题和中心设计讲话的次序,安排讲话的层次,即交谈要有逻辑性、科学性。"使众理虽繁,而无倒置之乖;群言虽多,而无棼丝之乱。"(刘勰《文心雕龙》)有些人讲话,一段话没有中心,语言支离破碎,想到哪儿就说到哪儿,东一榔头西一棒槌,给人的感觉是杂乱无章、言不及义、不知所云。所以,在交谈时,先讲什么、后讲什么,思路要清晰,内容要有条理,布局也要合理。

3. **言之有礼** 交谈时要讲究礼节礼貌。知礼会为你的交谈创造一个和谐、愉快的环境。讲话者,态度要谦逊,语气要友好,内容要适宜,语言要文明;听话者,要认真倾听,不要做其他事情。这样,就会形成一个信任、亲切、友善的交谈气氛,为获得交谈成功奠定基础。

 读一读

一日,孔子与几位侍坐的弟子闲谈,让他们谈谈志向。子路性子急,孔子话音未落,他就洋洋洒洒地讲了一大套。

可子路万万没想到,他这一通情感流露,却让孔子转身就赏了他一声冷笑,这热脸可是大大地贴上了凉屁股。

孔子事后也解释了冷笑的原因——"为国以礼,其言不让,是故哂之"。不是说你讲得不好,而是你这沉不住气的劲儿,太不像样。

孔子一直强调"敏于行而慎于言",遇事须机敏麻利,雷厉风行。可讲话最忌"抢",一定要思虑清楚,等时机恰当,再慢条斯理地说出来。

急着发话,本就易失之慎重。即便话本身没什么毛病,若说话的时机不成熟,好话也多半成了坏话。

智者先思后言,愚者先言后思。

 练一练

以小组为单位,就某一话题展开交谈,观察和评估小组中交谈者的交谈态度与交谈规范。

五、交谈作用

(一)交谈是艺术

交谈是一门艺术,而且是一门古老的艺术。"一人之辩重于九鼎之宝,三寸之舌强于百万之师"。在人类发展史上,交谈作为一种社会现象,是和人类劳动、生活、交际活动一起发展起来的。交谈的艺术性体现在:尽管人人都会,然而效果却大不一样。所谓"酒逢知己千杯少,话不投机半句多",正说明了交谈的优劣直接决定着交谈的效果好坏。与人进行一次成功的谈话,不仅获得知识,而且感情上也会得到很多补偿,是一种莫大的享受;而参与一场枯燥无味、死气沉沉的交谈,除了浪费时间之外,还会有一种备受折磨的感觉。

(二)交谈是友谊

交谈是建立良好人际关系的重要途径,是连接人与人之间思想感情的桥梁,也是增进友谊、加强团结的一种动力。"良言一句三冬暖,恶语伤人六月寒",正说明了交谈在交往中的作用是举足轻重的。一个人善于交谈就能广交朋友,给人带来友爱,为社会增添和谐,就能享受到社会特有的友情与温暖。在现实生活中,我们经常看到不少人因话不得体,伤害了亲友,得罪了同事,甚至有些人因言语失误,结怨结仇,操刀动斧,酿成生活悲剧。

(三)交谈是财富

交谈不仅是人们交流思想的重要手段,而且是学习知识、增长才干的重要途

径。善于同有思想、有修养的人交谈，就能学到很多有用的知识，"与君一席谈，胜读十年书"，就是对交谈意义深刻的总结。英国文豪萧伯纳曾经说过："你我是朋友，各拿一个苹果，彼此交换，交换后仍各有一个苹果；倘若你有一种思想，我也有一种思想，而朋友间相互交流思想，那么，我们每个人就有两种思想了。"可见，广泛地交谈可以交流信息、深化思想、增强认识，提高处理问题和解决问题的能力。

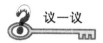

1. 西方医学之父希波克拉底曾说："医生的武器是语言、药物、手术刀。"对此，谈谈你的认识。

2. 请你举例说明职业性交谈的作用。

第二节　提问艺术

一、提问作用

（一）获得全面信息

在倾听过程中，恰当地提出问题，往往有助于相互沟通。沟通的目的是为了获得信息。提问的艺术对于形成判断、更好地了解与我们共事的人以及对于整体的职业关系都十分关键。护士和医生在了解医疗史的情境中接受提问的训练，教师在如何进行课堂提问方面接受训练，警察则接受取证方面的训练。但总的来说，提问通常是一件很随意的事。人们通过提问的内容可获得信息，也可从对方回答的内容、方式、态度、情绪等其他方面获得信息。

（二）和谐人际关系

如何提问，比问什么更为重要。善于提问是交谈的基本功。有技巧性地提问可以使听者做出清楚、完整且诚实的回答。提问在人际沟通中具有十分重要的作用，它不仅是交谈者收集与核实信息的手段，而且可以引导交谈各方围绕主题顺利展开交流，促进人际关系的和谐发展。

（三）体现沟通能力

适时进行一些恰当的提问能够起到三方面作用：①促进、鼓励讲话人继续谈话，并更多地提供这一方面的信息。②促进双方和谐关系的建立，因为这样的提问往往有尊重对方的意味。③在不转移说话内容、主题的前提下获得更多相关的信息。

二、提问类型

提问一般可分为两种类型。

（一）开放性问题

1. 开放性问题的含义　开放性问题是包括范围广阔、不要求有固定结构的回答的问题。回答问题的人可以做出许许多多同样正确的回答。例如，问对方："昨天你怎么样?"这就是一个开放式的问题。对方可以把昨天的情况详详细细地告诉我们,也可以由对方自己决定说什么或不说什么,什么事情说得详细,什么事情说得简单,可以自己选择谈话的重点。

2. 开放性问题的作用　开放性问题有助于对方开启心扉、发泄情绪,并支持他们表达被抑制的情感。下面是开放性问题的一些例子:

(1) 你好像很不愉快,你现在有些什么感觉?
(2) 请谈谈你认为将会发生什么事情。
(3) 你认为这种饮食怎么样?
(4) 你为什么不买房呢?

(二) 封闭性问题

封闭性问题提供的答案是限制性的,有时问题本身就已隐含着答案。当然,问题的封闭程度有很大差异。最常见的封闭性问题只要求患者回答是或否。例如,医生会问偏头疼的患者,是左边疼,还是右边疼,两个答案中只能选择其一,这就是封闭式的提问。下面是封闭性问题的一些例子:

(1) 你今天是开车过来的吗?
(2) 你买房了吗?
(3) 刚才的事情发生了吗?
(4) 你最近愉快吗?

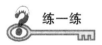
练一练

1. 填表(在相应处填上"是"或"否")。

封闭性问题和开放性问题的优缺点

类　型	时　间	效　率	广泛深入	思想情感
开放性问题				
封闭性问题				

2. 将上述在开放性问题、封闭性问题中所举例子进行转换,即开放性问题转换为封闭性问题,封闭性问题转换为开放性问题。

三、提问方式与技巧

(一) 提问方式

提问的方式可以划分为五种。

1. 明确性提问　它具有明确的方向,要求讲话人给予明确的解释,如:你能把降压仪的使用方法说明一下吗?

2. 相关性提问 即对事物间的联系性进行提问。例如：今天发生的几件事情对您的身心有何影响？

3. 激励性提问 提问的目的是为了激励对方或给予对方勇气。例如：其他三个科室都已表示能按时完成任务，你们认为怎样？

4. 征求意见性提问 询问对方对自己观点的意见、建议等。例如：你认为手术方案有无需要修改的地方？

5. 证实性提问 对讲话人的一些讲话内容进行有目的的提问，以证实其准确性、可靠性。

（二）怎样避免不愉快的提问

如果你希望和他人和睦相处，让他们做什么，或者请求他们帮助你，那你必须准确地掌握"提问"的方法，它是进行交流、理解、说服、协调的得力工具。请注意三个常识性问题。

1. 对他人做了的事情，不要提问他为什么做了 人们有时对自己到底为什么要干这做那，连自己也不明白。有时，如果明白，就不会允许自己干了。听到这样具有责备口吻的提问，人们是不愉快的。例如：你为什么干了那样的事？

2. 不要借助提问，强迫别人同意 下面的提问太过火、太生硬，对于听者来说，那是无视他们存在的行为。例如：我今天所说的，你不认为是正确的吗？

3. 不要提有关对方私生活和侮辱对方的问题 例如：你的体重多少千克呀？你结婚了吗？你有小孩了吗？

守口如瓶是一个人最大的修行

如果说，明知不问是人格魅力，那么，知而不言，就是人格的顶级修养。

美国前总统罗斯福就职于海军时，一位朋友向他打听美国海军在加勒比海一座岛上建潜艇基地的事。罗斯福看了看四周，仿佛是害怕别人注意，然后轻声问他的朋友："你能保守秘密吗？"

朋友回答道："能，当然能！我会守口如瓶！"

罗斯福笑了笑，接着说道："那么，我也能守口如瓶。"

《维摩诘经》有云："防意如城，守口如瓶。"不让杂念侵扰内心，不让言语随口而出，是为人处世一大戒律。守口如瓶，是交谈的道德品质，更是一种人生的修行。我们或许做不到防意如城，却应该警醒，真正的智者，守口如瓶。他人是非，不如不言；人云亦云，不如不言；言而不当，不如不言；旧事重提，不如不言；知而不行，不如不言。真正的智者，知而不言。守口即守心，舌乃心之苗，当人止语时，心是宁静的，安静的人，强大无比。

第七章 交 谈

在交谈中,你或身边的人曾经发生过因问话而引起尴尬吗?请回忆并说说相关情况。

一般来说,提问不是能够引起心情愉快的东西,对它的反感早在人的幼年时代业已开始。对于孩子来说,被提问,就是被责备、被打骂的前奏曲。

"你不知道还有其他更好的做法吗?"

"你今天都干了些什么呀?"

"放学后,去哪儿逛啦?"

"爸爸在问,这是什么呀?"

可是,且慢,只要孩子不傻,在父母亲向他们提问时,他们也都要缩着脖子,想出高明的措辞回答:"不知道呀!""什么也没干啊!""哪儿也没去呀!"并且,把这一切都当成一种游戏。

可是,在学校里却不能这样了,提问在学校里比在家里深刻得多。被老师提问,那是丢面子,是失败。请回过头来回忆一下你的学生时代吧。当着全班同学的面,被点名回答问题,在不知道答案的时候,你的心情如何?你不觉得自己结结巴巴、慌里慌张,仿佛自己是个低能儿吗?至少当初我是这样的,而且,有好多次"够受"的滋味。为了从精神上赶走这一感觉,我花费了很长时间,但是至今仍无法全部奏效。

在我们这个社会中,提问的情形还有很多。

律师在法庭上不断地受到质询。

心理学家想借助提问,探寻隐藏在人内心的苦恼,消除人们的不健康的心理。

上司发出提问,是要弄清"事情的真相",同时,也可能是他"打雷"前的"闪电"。

医生在给患者做手术之前,总要反复提些问题并做多种检查。

纳税也好,买东西也好,借东西也好,加入团体也好,不仅要经过繁杂的手续,而且还要接受一大堆的提问。

"提问"这个词始终被作为尊敬、疑惑或不满的象征来使用的。

"对我的诚实有什么疑问吗?为什么会出现这样的事?"

"如果有疑问的话,我们再想一想吧。"

"怎么老是问我为什么要做那个?"

"他对我的提问,怎么说也不令人愉快。"

提问,使用在攻击他人时,可以传达对对方的嫉妒、愤怒和批判。

"今天你们都死到哪儿去了?"

"为什么要干那样的事?"

"我的事情,一点都不予以考虑?"

辨一辨

请区分提问与询问、讯问、审问、质问的异同。

第三节 核实技巧

核实是接收信息和给予反馈信息的方法。核实的内容包括:①仔细聆听。②观察非语言行为。③尝试去了解它的含义。④通过询问以证实双方表达和理解是否一致。核实的方法有反映、重复、澄清、阐明、沉默。

一、反映与重复

1. 反映　反映是将对方的部分或全部沟通内容反述给他,使他通过你的反述而对自己的讲话和表现重新评估一下或进行必要的澄清。反映需要一定的技巧,除了仔细倾听和观察对方情感(非语言性表现)外,还要选择最能代表其含义的情感词句。例如"烦恼",要比说"恐惧"更易于接受。

2. 重复　作为一种沟通技巧,重复包括对语言的意释和复述。一般来说,重复对对方来说犹如回音壁。

专家指导

反映与重复的区别

在反映中,交谈者宛如一面镜子,反映出对方已表达的或尚未表达的情绪和态度。重复的核心是对方所说的内容,而反映的焦点是对方表达的方式或情感,这将被交谈者以"言外之意,弦外之音"摆到桌面上来。反映帮助对方醒悟自己的真实情感,并进一步明确和描述这种情感。

二、澄清与阐明

1. 澄清　澄清是书面词汇,就是搞清楚的意思。我们所说的澄清包括两个方面的含义:一方面是搞清楚对方每句话的实际内容和说话的目的,这是有效沟通所必需的。有时候,说话的内容和目的是不一致的。例如,炎热的夏天,孩子跟妈妈说"我渴了",渴是孩子的感受,但实际目的是让妈妈给他买汽水喝或买冰棍吃。"我渴了"是说话的内容,目的是为"我"解渴。澄清是将一些模棱两可、含糊不清、不够完整的陈述加以弄清楚,其中也包含试图得到更多的信息。在澄清时,常用"我不完全了解你所说的意思,能否告诉我……","你的意思是不是……"。

2. 阐明　阐明是一种将互动焦点转移到说话者身上的技巧,是说话者对听者所表达的思虑进行解释的过程。目的是为听者提供一个新的观点或新的看待自己经历的方法,以帮助听者更好地认识和理解这一经历。

三、沉默

1. 沉默 沉默是金子,沉默可以起到一种非常积极的效果;但有时沉默又是消极的,对有效的沟通起反作用。摆在交谈者面前的主要问题,是何时运用沉默以及如何最有效地运用沉默。在日常交往中,沉默往往会给你带来益处。在某些场合,沉默不语可以避免失言。许多人在缺乏自信或极力表现得礼貌时,可能会不假思索地说出不恰当的话给自己带来麻烦。

2. 沉默所传递的信息 "沉默可以调节说话和听讲的节奏。沉默在谈话中的作用就相当于零在数学中的作用。尽管是'零',却很关键。没有沉默,一切交流都无法进行。"(格瑞德·古德罗《谈话的艺术》)

(1) 不感兴趣。倾听人如果长时间对讲话人的谈话没有反应,且目光游离不定,那么,给人的印象是他对谈话的内容毫无兴趣。

(2) 支持和信任。当倾听人沉默不语,但保持良好的目光接触且不时点头或以微笑相回应时,这时,讲话人的感觉是倾听者支持或者信任自己。

(3) 被讲话人所打动。当倾听人长时间沉默不语,但目光较长时间固定且面部表情与讲话人所要表达的情感相符合时,十有八九倾听者被打动了。

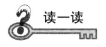

交谈十忌嘴

(1) "闭嘴":即一言不发,使交谈冷场。
(2) "插嘴":即在他人讲话的中途,突然插上一句话,打断对方。
(3) "杂嘴":即乱用方言、俚语、外语、术语,语言不标准、不规范。
(4) "脏嘴":即用语不文明,满口"脏、乱、差"的黑话、脏话。
(5) "荤嘴":即出口带色,时刻将性事、艳情、绯闻、下流话挂在嘴上。
(6) "油嘴":即交谈时油腔滑调,胡乱幽默,取笑他人。
(7) "贫嘴":即爱讲废话,爱饶舌,好犯贫,好起腻。
(8) "强嘴":即爱与人争辩,好强词夺理,自以为一贯正确。
(9) "刀子嘴":即讲话尖酸刻薄,肆无忌惮,恶语伤人。
(10) "电报嘴":即爱传闲话,爱搬弄是非,爱打探小道消息。

请检点自己,你有这些方面的缺点吗?如何改正呢?

电影与沟通

《心灵点滴》
(妙手情真 / 亚当医生 / 心灵点滴 / Patch Adams)

Hunter·Patch·Adams 汉特·帕奇·亚当斯(罗宾·威廉斯饰)在他的精神疾病痊愈之后想成为一名医生,于是进入维吉尼亚医学院学习。但是,医学院的传统观念限制使医生们似乎都十分不近人情。亚当斯不屑于这种限制,于是他把欢笑与幽默看做是医治病人的一个重要处方。他总是穿着鲜艳的衣服和滑稽的装扮到医学院去,目的就是能让每一位病人都开怀大笑。校方对亚当斯的行为十分不满。亚当斯冒着被勒令退学的危险坚持自己的信念。亚当斯需要克服的困难太多,从医路上又将有哪些挑战在等着他?亚当斯是如何不懈地努力向着梦想前行的?

思考与练习

1. 阅读《三国演义》中"诸葛亮舌战群儒"的故事,全面体会交谈的特点和技巧。
2. 把若干人分成两组,一组为参加交谈的人,一组为观察者。观察交谈者在进行交谈过程中的表现并进行评估。
3. 假设一段雇主与愤怒雇员之间的谈话,看一看如何正确运用沉默、提问、澄清技巧。
4. 阅读赫鲁晓夫巧答代表质问,全面体会交谈的艺术。

  1956年,在苏联共产党第二十次代表大会上,赫鲁晓夫做了"秘密报告",揭露、批评了斯大林肃反扩大化等一系列错误,引起苏联人及全世界各国的强烈反响。大家议论纷纷。

  由于赫鲁晓夫曾经是斯大林非常相信和器重的人,很多苏联人都怀有疑问:既然你早就认识到斯大林的错误,那么你为什么早先从来没有提出过不同意见?你当时干什么去了?你有没有参与这些错误行动?

  有一次,在党的代表大会上,赫鲁晓夫再次批判斯大林的错误,这时有人从听众席上递上来一张条子。赫鲁晓夫打开一看,上面写着:"那时候你在哪里?"

  这是一个非常尖锐的问题,赫鲁晓夫很难做出回答。但他又不能回避这个问题,更无法隐瞒这个条子,这样会使他失去威信,让人觉得他没有勇气面对现实。他也知道,许多人有着同样的问题。更何况,这会儿台下成千双眼睛已盯着他手里的那张纸,等他念出来。

  赫鲁晓夫深思了片刻,拿起条子,通过扩音器大声念了一遍条子上的内容。然

后望着台下,大声喊道:"谁写的这张条子,请你马上从座位上站起来,走上台。"

没有人站起来,所有的人心怦怦地跳,不知赫鲁晓夫要干什么。写条子的人更是忐忑不安,心里后悔刚才的举动,想着一旦被查出来会有什么下场。

赫鲁晓夫又重复了一遍他的话,请写条子的人站出来。

全场仍是死一般的沉寂,大家都等着赫鲁晓夫的爆发。

几分钟过去了,赫鲁晓夫平静地说:"好吧,我告诉你,我当时就坐在你现在的那个地方。"

面对当众提出的问题,赫鲁晓夫不能不讲真话。但是,如果他直接承认"当时我没有胆量批评斯大林",势必会大大伤了自己的身份。于是赫鲁晓夫巧妙地即席创造出一个场面,借助这个众人皆知其含义的场景来婉转、含蓄地隐喻出自己的答案。这种回答既不失自己的威望,也让所有的在场者感到他是那么幽默风趣、平易近人。这一策略,可谓绝妙之极。

5. 网络搜索《鲁豫有约》《杨澜访谈录》《面对面》等访谈节目,从交谈视角,说一说这些访谈节目的优点和缺点。

第八章 演 讲

本章目标

1. 识别演讲与交谈的联系与区别。（认知目标）
2. 了解演讲的过程与特点。（认知目标）
3. 分析演讲三要素之间的联系。（认知目标）
4. 正确选择运用演讲类型。（能力目标）
5. 撰写一篇演讲稿。（能力目标）
6. 开展一次演讲活动，并进行评估。（能力目标）
7. 在撰写演讲稿和展示演讲中，体会人际沟通的乐趣，激发热爱生活、敢于沟通、乐于沟通的美好情感（情感目标）

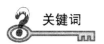

关键词

演讲　演讲稿写作　演讲心态

读一读　议一议

北京申奥形象大使杨澜陈述全文

Mr. President, Ladies and Gentlemen,

　　Good afternoon! Before I introduce our cultural programs, I want to tell you one thing first about 2008. You're going to have a great time in Beijing.

　　China has its own sport legends. Back to Song Dynasty, about the 11th century, people started to play a game called Cuju, which is regarded as the origin of ancient football. The game was very popular and women were also participating. Now, you will understand why our women football team is so good today.

主席先生，女士们，先生们：

　　下午好！在向各位介绍我们的安排之前，我想先告诉大家，你们2008年将在北京度过一段非常愉快的时光。

　　中国拥有自己的体育历史。回溯到公元11世纪的宋朝，人们已经开始进行一项叫做蹴鞠的运动，它被认为是古代足球的起源。这项运动在当时非常普及，连妇女都参与其中。这样，大家就可以明白当今我们中国女子足球队如此优秀的原因了吧。

第八章 演 讲

There are a lot more wonderful and exciting things waiting for you in New Beijing, a dynamic modern metropolis with 3,000 years of cultural treasures woven into the urban tapestry. Along with the iconic imagery of the Forbidden City, the Temple of Heaven and the Great Wall, the city offers an endless mixture of theatres, museums, discos, all kinds of restaurants and shopping malls that will amaze and delight you. But beyond that, it is a place of millions of friendly people who love to meet people from around the world. People of Beijing believe that the 2008 Olympic Games in Beijing will help to enhance the harmony between our culture and the diverse cultures of the world. Their gratitude will pour out in open expressions of affection for you and the great Movement that you guide.

Within our cultural programs, education and communication will receive the highest priority. We seek to create an intellectual and sporting legacy by broadening the understanding of the Olympic Ideals throughout the country. Cultural events will unfold each year, from 2005 to 2008. We will stage multi-disciplined cultural programs, such as concerts, exhibitions, art competitions and camps which will involve young people from around the world. During the Olympics, they will be staged in the Olympic Village and the city for the benefit of the athletes. Our Ceremonies will give China's greatest and the world's greatest artists a stage for celebrating the common aspirations of humanity and the unique heritage of our culture and the Olympic Movement.

With a concept inspired by the famed Silk

北京还有更多令人神奇和兴奋的事物等待您去发掘。这是一座充满活力的现代都市,三千年的历史文化与都市的繁荣相呼应,除了紫禁城、天坛和万里长城这几个标志性的建筑,北京拥有无数的戏院、博物馆、歌舞场所、各种各样的餐厅和购物广场,这一切的一切都会令您感到惊奇和高兴。更重要的是,北京还是一方孕育了千千万万热情好客的友善人民的土地。这里的人民都坚信:在北京举办2008年奥运会,将有助于我国文化与世界多元文化的交流与和谐沟通。他们将向您和您所领导的奥林匹克运动尽情表达他们对奥运会的感激之情。

在我们的计划当中,教育和交流将是我们发展的重中之重,我们期待在全国范围内,通过加深对于奥运理念的理解从而留下一笔精神财富。从2005年到2008年我们每年定期举办文化活动,我们将开展多元的文化项目,例如举办由来自世界各国青少年参加的音乐会、展览、艺术竞赛和夏令营活动。在奥运会期间,这些文化活动会在奥运村和全市范围内展开,以方便运动员参加。我们的开闭幕式,将是中国和世界上最杰出艺术家们的舞台,用以讴歌人类的共同理想、我国独特的文化遗产以及奥林匹克运动。

Road, our Torch Relay will break new ground, traveling from Olympia through some of the oldest civilizations known to man — Greek, Rome, Egypt, Mesopotamia, Persia, India and China. Carrying the message "Share the Peace, Share the Olympics," the eternal flame will reach new heights as it crosses the Himalayas over the world's highest summit—Mount Qomolangma, which is known to many of you as Mt. Everest. In China, the flame will pass through Tibet, cross the Yangtze and Yellow Rivers, travel the Great Wall and visit Hong Kong, Macao, Taiwan and the 56 ethnic communities who make up our society. On its journey, the flame will be seen by and inspire more human beings than any previous relay. I am afraid I can not present the whole picture of our cultural programs within such a short period of time. Before I end, let me share with you one story.

Seven hundred years ago, amazed by his incredible descriptions of a far away land of great beauty, people asked Marco Polo whether his stories about China were true. He answered: What I have told you was not even half of what I saw. Actually, what we have shown you here today is only a fraction of Beijing that awaits you. Ladies and gentlemen, I believe that Beijing will prove to be a land of wonders to athletes, spectators and the worldwide television audience alike. Come and join us. Thank you, Mr. President. Thank you all.

基于丝绸之路带来的灵感,我们的火炬接力将是奥运火炬接力史上的一次创新。她将从希腊出发,途径一些人类最古老文明的发源地——罗马、埃及、美索布达米亚、波斯、印度和中国。为了传递"共享和平、共享奥运"这一信息,"奥运"这一永恒不熄的火炬,将跨越世界最高峰——珠穆朗玛峰,从而达到最高的境界。在中国境内,奥运圣火将通过西藏,穿过长江和黄河,踏上长城,途经香港、澳门、台湾,在组成我们国家的56个民族中传递。通过这样的路线,我们保证目睹这次火炬接力并受其鼓舞的人,会比任何一次都多。很遗憾,由于时间有限,我不能呈现出我们的文化项目的全部规划。在我结束这次演讲之前,请允许我跟大家分享这样一个故事。

700年前,人们对马可·波罗对于这块遥远土地之壮美的描述感到难以置信,于是就有人问马可·波罗:你的有关中国的描述是真的吗?他说:我所描述的连我看到的一半都不到。同样的,事实上,今天我所能为您描述的,只是为您的到来北京所准备的一小部分而已。女士们,先生们,我相信北京和中国将向运动员、观众和全世界的电视观众证明,这是一块神奇的土地。来加入我们的行列吧!谢谢主席先生,谢谢大家!

第一节　演讲性质

一、演讲含义

演讲，又称演说、讲演。它是一个人在公共场合向众多人就某问题发表意见或阐明事理的传播活动，其基本模式为一人讲，众人听。讲，就是陈述，运用口头语言把要发表的意见或阐明的事理表达出来，达到说服公众的目的。演，包含着演绎和表演两种意义，特指运用非语言行为来体现和辅助口头语言表达的内容，给人以艺术化的具体表象，强化口头语言表达的效果。因此，演讲是以讲为主、以演为辅，讲演结合的信息传播形式。从本质上看，演讲就是艺术化地发表意见或阐明事理。因此，演讲的基本要求是内容上正确感人，表达上晓畅生动，感情上朴实真诚，态势上自然得体。

演讲与交谈的区别

（1）口语化性质不同。演讲适用于隆重场合，属于典雅口语体；而交谈则适用于一般社交场合，属事务口语体。

（2）语言表达艺术性程度各异。演讲的语态表达的艺术性比交谈更强烈，演讲要求以讲为主，辅之以演；而交谈则要求用较为平实的语言表情达意，以朴素为主。

（3）沟通氛围不同，目的各异。演讲是一人面对众人的社会活动，注重理性的教育和行动的导向作用；而交谈则是在较小的交际场所进行的面对面的沟通形式，主要用来发表见解、表述问题或应酬和聊天的需要。

（4）准备过程有别。演讲往往需要写成演讲稿，有反复背记、练习等预先的准备过程，具有系统性；而交谈的准备过程较为简单，伴有随意性、即席性。

二、演讲过程与特点

（一）演讲过程

图8.1　演讲过程

演讲通常是由演讲者"告知"听众的单向过程。然而，演讲实际上是一个双向过程，如图8.1所示。经验丰富的演讲者（Tx）能够根据反馈的信号判断出他与听众（Rx）沟通的效果。反馈的信号包括眼神、身体姿态等表现形式。在演讲过程中，听众的身体姿态、眼神将向演讲者反馈这样的信息：听众是否在聆听他的讲话。同时，演讲者经常要鼓励听众提出问题，这一过程如图8.2所示。

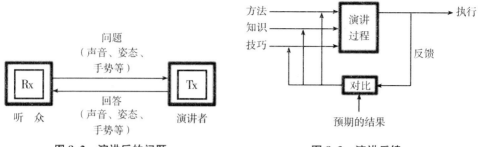

图 8.2　演讲后的问题　　　　　图 8.3　演讲反馈

图 8.3 显示了技巧、知识、方法是如何融入演讲过程的。

(二) 演讲特点

1. 广泛性　在短时间内向许多人传递大量信息,最有效的沟通手段就是演讲。它可以是正式的,也可以是非正式的。

2. 综合性　演讲以讲为主、以演为辅,运用有声语言,加上"无声"的动作、体态、表情,两者相辅相成,巧妙结合,融为一体。但演讲者也经常使用幻灯机、旋转图表等直观的视听教具来弥补只用语言的不足,增强演讲的效果。

3. 独白性　演讲者是演讲活动的主体,在整个演讲过程中,听众始终处于接收地位。因此,真正意义上的演讲,是高度个性化的产物,是一个人的性格、气质、形态、口才的综合反映。

4. 鼓动性　即以情感人。"动人心者莫先乎情",唯有炽热真实的感情,才能使"快者撷髦,愤者扼腕,悲者掩泣,羡者色飞"。要说出自己的心里话,而不是"为赋新词强说愁"。这样,从演讲的内容到演讲的语言都有较强的宣传鼓动性。

你认为演讲的特点还有哪些?

三、演讲基本要素及其相互关系

(一) 演讲基本要素

1. 信息　信息由演讲者与听众共享。演讲中的信息,主要是言语信息。词语描述主要是抽象的概念。这就要求演讲者找到共同的参照事物,与听众达成沟通的共识。

2. 演讲者　演讲者是信息的发源地。演讲者必须具备一定的理论修养、品德修养、学识修养、气质修养等。演讲者主要以语言传递信息,也包括用其他形式,如动作、手势、姿态、表情等传递非语言符号的辅助信息,甚至演讲者的生理特征、衣着装束、音容笑貌等对传递信息也有影响。

3. 听众　在演讲过程中,听众是一个情况各异的群体,极为复杂。要想使演讲为大部分人所理解,演讲者在演讲前要对听众有充分地了解。例如:谁听你的演讲?听众的年龄、职业、级别、信仰?听众想从你的演讲中知道什么?听众已经知道了什么?听众中谁是重要角色?听众对这次演讲的态度是怎样的?

(二)演讲者与听众的关系

从人际沟通的角度来分析,演讲者的演讲过程,就是信息的传播过程。演讲者是信息的发出者,其信息内容是精彩生动还是枯燥无味,是新颖别致还是陈词滥调,这些都直接影响着传播的效果;同时,非语言信息(如仪态、服饰、年龄、性别、声调等)也对传播的效果产生影响。而作为接收者的听众,则会根据自己的已有知识和态度,对演讲内容进行过滤并予以反馈——满意、欣喜、遗憾、不满等,这又促使演讲者进行调节。总之,演讲者与听众是互相影响、彼此作用的,演讲是双方以信息为中心的沟通过程。

四、演讲目的、类型与作用

(一)演讲目的

演讲作为沟通的一种方式,与其他沟通过程一样,它的目的在于交流信息、传授知识、施加影响。

(二)演讲类型

根据演讲的目的,演讲可分为四种类型。

1. **娱乐性演讲** 有时也叫饭后闲谈,主要是给人们轻松愉快之感,无须记住所说的事情。这种演讲的中心议题由一连串幽默笑料组成,偶尔也涉及一些真实可靠的消息,如庆功宴会的娱乐性演讲。

2. **传授性演讲** 也称讲解性演讲,主要是传递信息,而不是为某个特定的观点辩护。演讲的主题没有异议,以避免演讲者与听众发生争议。

3. **说服性演讲** 说服一些持有反对意见或者态度冷淡的听众赞同或支持某种观点或主张。这种演讲要运用激情感染力和逻辑说服力,以使听众同意演讲者的观点。

4. **鼓励性演讲** 激励、说服人们为信仰而采取行动,如募捐、献血、支持一项事业或为某项工作加倍努力。这类演讲常用激动人心的语言,它的有效性在于听众与演讲者的观点基本一致。

(三)演讲作用

演讲向来是人际沟通的重要手段,也是宣传鼓动的重要方式。哪一位出色的政治家、外交家、活动家不具有出色的演讲才能?拿破仑对出征前战士的演讲,激励得他们热血沸腾;林肯在葛茨堡两分十秒的演讲奠定了几百年的治国纲领,其影响超越了国界;列宁的每场公开演讲都使工人欢欣鼓舞,敌人闻风丧胆。在现代社会,演讲也是传授文化知识、促进科学理论发展的重要手段,如《财富》论坛活动中的专家讲演。管理沟通也需要出色的演讲才能。演讲不仅是杰出人物应备的品质,也是普通人应具的才华。

第二节　演讲写作

演讲的写作要求:选好讲题、选好材料、精心安排结构、认真推敲语句。

一、选好讲题

(一)讲题拟定

首先,必须确定演讲的论题。讲题要求是现实需要、本人熟悉、听众欢迎。讲题不仅是演讲者所关心的,也是听众所注目的。首先,论题决定演讲题目,题目决定了演讲内容,又在一定程度上决定了演讲的价值;题目不仅与演讲的形式有关,更与演讲的内容、风格、格调有关。其次,一个新颖而富有吸引力的题目,不仅在演讲前就激发起听众的听讲欲望,而且在演讲后也给听众留下深刻的印象,甚至成为警句流传。题目的选定,对演讲效果起着画龙点睛的作用。

1. 题目必须有意义　演讲题目应是大多数人都普遍关心的问题,必须指向听众的兴趣,满足听众的需要。演讲者的神圣权力,也就是负有言之有理的责任。给你发言权,并非让你炫耀自己的知识或缅怀往事,不能只是你自己需要的演讲。

2. 题目要有建设性　标题要选择那些能给人希望的、积极向上的、令人振奋的、鼓舞人心的文字。内容也要能带给听众新的信息、新的知识,引起兴趣,满足求知欲望。

3. 题目要新奇醒目　"语不惊人死不休",演讲的题目也应像磁石一样,一下子吸引住听众。鲁迅的演讲标题具有先声夺人、振聋发聩的吸引力。如《流氓与文学》《老而不死论》等标题,从大量雷同、陈旧、平庸、司空见惯的演讲题目中脱颖而出,受到听众的关注。演讲的题目应根据实际内容,力求新奇别致。

4. 题目三忌　忌冗长,忌故作深奥,忌空泛。演讲的主题应有针对性,对存在的问题有的放矢,而不能泛泛而谈。必须是演讲者有创见的思想观念,切不可老生常谈,人云亦云。演讲论题也应有所限制,围绕论题扩展内容。演讲题目限制框子,取决于演讲者在专业范围内掌握知识的深度和听众的水平。围绕题目选材,要把演讲的题目分成几个更加具体的部分;在写演讲提纲时,这几个部分就可以成为段落的标题。

(二)撰写讲题原则

用一句话把演讲的中心内容简明扼要地表达出来,这可称为演讲的论题。论题能帮助演讲者用最确切、最简明的语言驾驭整个演讲。

撰写论题的一般原则:①应该用完整的句子,用正规演讲的措辞,大致要接近演讲时使用的语言。②应采用陈述句,而不是疑问句。在拟定提纲时可以使用反问句,但陈述的时候就应该使用陈述句。③应从听众的角度来措辞,而不是从演讲者自身的角度来考虑。

构思你的演讲:

对谁演讲?

我要讲什么?

听众从我的演讲中将要得到什么?

二、选好材料

演讲使用的材料及其结构对演讲有至关重要的影响。因为演讲的主题,就是通过一定的事实和道理,即具体的材料表达出来的。必须收集材料、积累材料、占有材料;获取材料,即直接材料、间接材料;收集经典言论、具体事例、精确数据。

(一)演讲选材步骤

1. **查寻占有材料** 你要给人一杯水,你就该拥有一桶水。演讲材料多了,就能左右逢源,游刃有余;材料不足,难免捉襟见肘,穷于应付。材料主要靠平时的积累,还可以通过查找资料索引,快速有效地查阅资料。

2. **筛选材料** 查寻占有材料是筛选材料的基础。必须严格根据主题的需要,把最典型、最生动、最真实、最有说明力的材料筛选留用。具体地讲,要选择那些形象具体地表现主题的材料,有吸引力、有说明力的材料,针对不同场合、不同听众的具体特点爱好的材料,针对听众的心理要求与切身利益的材料。

3. **使用材料** 演讲运用的材料,其先后次序、详细安排、感情色彩,都要运用灵活而得体。

(二)演讲选材原则

1. **趣味性** 富有趣味性的材料使听众乐于倾听,可增强演讲效果;富有诙谐幽默的材料可以吸引听众的注意力,活跃会场气氛,使听众更主动参与思想交流。

2. **独特性** 独特的例子也可以收到独特的效果。这些例子有点像烧菜时的佐料,能增进菜的味道。适当提及一些,肯定会得到听众的反响。

3. **多样化** 演讲选材还应注意材料的多样化,即运用各方面的材料为演讲所用。

三、精心安排结构

(一)演讲结构安排的重要性及方法

1. **演讲结构安排的重要性** 合理的结构安排是演讲成功的基础,解决了演讲"怎么讲"的问题。选材以后,就要布局谋篇,设计演讲的结构,即如何开头、如何结尾、何处为主、何处为次、怎样铺垫、怎样承接都应成竹在胸,精心推敲。这样就能使演讲思路清晰,顺理成章;中心突出,铺排严谨;首尾呼应,浑然一体。

2. **演讲结构安排的方法** 安排结构最有效的办法是列演讲提纲。列提纲是把整个演讲划分成几个部分,如开场白、论题、正文和结尾,把每一部分之间的关系有机地连接起来,并在两个部分之间留下适当的空白;还应当用号码和字母标出标题并反映出它们之间的从属关系。

(二)演讲结构安排模式

演讲结构安排,有不同模式:

1. 演讲结构的一般模式　①陈述主张——②预期的目标——③提出论据——④重申主张。这是循环论证的结构。

2. 演讲结构的其他模式　①序言(欢迎词、自我介绍、目的、演讲程序方法)——②现状——③困难或问题——④建议办法。这一结构还可扩充、完善:①序言——②立场——③问题——④可能性——⑤建议。

(三)演讲正文结构安排

演讲正文是演讲的核心部分。正文的结构安排主要在于提出问题、分析问题和解决问题,但又并非一成不变。正文的层次结构安排,要服务于主题需要;层次清楚,逻辑严密;重点突出,内容连贯。

1. 总分式　首先总地提出演讲者的主张和观点,然后分开论述,形成总分关系;也可以先分开来说,最后再下结论,形成分总关系。在总分式中,分的部分之间往往是并列的。这样的结构,在集中论述一个主要问题时,有较强的逻辑力量,听众也清楚明了。

2. 并列式　把几个主要问题排列起来,各自成为一个独立的部分,相互并列,从不同侧面来论述问题。它可以按不同的内容的问题、必然的顺序结构,也可以按时间的先后、事物发展的进程为顺序,还可以按客观事物的空间位置顺序。另外,还可以按时间、空间、问题等的对比顺序。这是演讲常用的结构。

3. 递进式　各层意思之间一层进一层,层层深入,环环相扣,最后水到渠成。它由浅入深,由表及里,既符合事物的发展规律,又符合听众的认识规律。这种结构方式逻辑力量较强,最能引起听众的注意和兴趣,易于理解和记忆,演讲效果好。

(四)过渡和照应

一篇演讲,如果内容衔接、转换不好,听起来就不顺当;如果照应不好,就难以突出演讲重点,主题的表达也会受到影响。

下列情况应考虑过渡:①讲述的问题由总到分或由分到总。②由一层意思转到另一层意思。③由议论转为叙述或由叙述转为议论。④由一件事情转到另一件事情。⑤由开场白承接正文。

照应的运用情况:①演讲内容与论题的照应。②演讲内容之间的前后照应。③论点与关键词语之间的照应。④观点和例证的照应。⑤开头与结尾的照应。

(五)材料次序安排方法

在确定了整体演讲结构之后,还有如何安排材料结构次序的问题。材料的次序安排,可选择:①时间先后次序。②逻辑次序。③按材料重要性或增强或降低次序。④按材料复杂性或增加或减弱次序。⑤听众心理顺序(由已知到未知)。

(六)演讲开头和结尾技巧

1. 开头技巧 一个能打动听众的开场白,必须做到:①使听众熟悉题目和进程。②强调讲题的重要性。③建立起演讲者与听众的友好关系。④建立演讲者的可信性。⑤吸引听众的注意力。那么,怎样开头好呢?

(1)由演讲的题目讲起。例如:《少读中国书,做好事之徒》——鲁迅

(2)由演讲的主题讲起。例如:《在莫斯科鲍曼区中学八九十年级学生会议上的演讲》——加里宁

(3)由演讲的缘由讲起。例如:《生活的意义与价值》——鲁迅

(4)由当时的形势讲起。例如:《在斯普林菲乐德共和党州代表大会上的演说》——林肯

(5)由具体事例讲起。例如:《干部的培养》——加里宁

(6)由惊人的或意外的事件讲起。例如:《最后一次演讲》——闻一多

(7)由时间或当场的情景讲起。例如:《在苏联列宁共产主义青年团第七次代表大会上的演讲》——加里宁

培养独立工作和独立思考的人

爱因斯坦

文章结构:

第一部分(①~③)演讲的开场白:说明自己演讲的内容及初衷。

第①~③小节主要作用是强调自己愿意对能动的人类事物尤其是教育问题进行不断的反思与批评。这里所谓的"能动的人类事物"就是指社会文化等强调人类主观意志的活动,它区别于科学研究等主要用来揭示客观规律的工作。

在这一部分中,特别要关注第③小节,因为在

(1936年在美国高等教育300周年纪念会上演讲)

① 在纪念的日子里,通常需要回顾一下过去,尤其是要怀念一下那些由于发展文化生活而得到特殊荣誉的人们。这种对于我们先辈的纪念仪式确实是不可少的,尤其是因为这种对过去最美好事物的纪念,必定会鼓励今天善良的人们去勇敢奋斗。但这种怀念应当由从小生长在这个国家并熟悉它的过去的人来做,而不应当把这种任务交给一个像吉卜赛人那样到处流浪并且从各式各样的国家里收集了他的经验的人。

② 这样,剩下来我能讲的就只能是超乎空间和时间条件的、但同教育事业的过去和将来都始终有关的一些问题。进行这一尝试时,我不能以权威自居,特别是因为各时代的有才智的善良的人们都已讨论过教育这一问题,并且无疑已清楚地反复讲明他们对于这个问题的见解。在教育学领域中,我是个半外行,除了个

人经验和个人信念以外,我的意见就没有别的基础。那么我究竟是凭着什么而有胆量来发表这些意见呢?如果这真是一个科学的问题,人们也许就因为这样一些考虑而不想讲话了。

③但是对于能动的人类的事务而言,情况就不同了,在这里,单靠真理的知识是不够的;相反,如果要不失掉这种知识,就必须以不断的努力来使它经常更新。它像一座矗立在沙漠上的大理石像,随时都有被流沙掩埋的危险。为了使它永远照耀在阳光之下,必须不断地勤加拂拭和维护。我就愿意为这工作而努力。

④学校向来是把传统的财富从一代传到一代的最重要机构。同过去相比,在今天就更是这样。由于现代经济生活的发展,家庭作为传统和教育的承担者,已经削弱了。因此比起以前来,人类社会的延续和健全要在更高程度上依靠学校。

⑤有时,人们把学校简单地看做一种工具,靠它来把最大量的知识传授给成长中的一代。但这种看法是不正确的。知识是死的,而学校却要为活人服务。它应当在青年人中发展那些有益于公共福利的品质和才能。但这并不意味着应当消灭个性,使个人变成仅仅是社会的工具,像一只蜜蜂或蚂蚁那样。因为由没有个人独创性和个人志愿的统一规格的人所组成的社会,将是一个没有发展可能的不幸的社会。相反,学校的目标应当是培养独立工作和独立思考的人,这些人把为社会服务看作自己最高的人生问题。就我所能作判断的范围来说,英国学校制度最接近于这种理想的实现。

⑥但是人们应当怎样来努力达到这种理想呢?是不是要用讲道理来实现这个目标呢?完全不是。言辞永远是空的,而且通向毁灭的道路总是和多谈理想联系在一起的。但是人格绝不是靠所听到的和所说出来的言语而是靠劳动和行动来形成的。

⑦因此,最重要的教育方法总是鼓励学生去实际行动。初入学的儿童第一次学写字便是如此,大学毕业写博士论文也是如此,简单地默记一首诗,写一篇作

这一小节,爱因斯坦不仅表达了自己关注教育的愿望,同时也强调了人类的一切主观活动都必须时时处于理性反思与批判的监督之下,只有这样,人类社会才能够健康地发展。——在这里,我们可以看到一个伟大的科学家的强烈的社会责任感。

第二部分(④~⑱)演讲的主体:学校教育的理想(目标)、指导思想、途径方法。第一层(④~⑦)学校教育的理想及实现的方法。第二层(⑧~⑮)推动学生实际行动的三种动力。第三层(⑯~⑰)课程设置和教学方法是次要的。第四层(⑱)总结学校教育的理想。

第④~⑤小节,作者指出了学校的意义与价值。其中第④小节指出了学校教育在现代社会生活中的地位越来越重要,而第⑤小节则强调了学校的真正目标应该是培养独立工作与独立思考的人。

第⑥~⑦小节则着重指出了要实现这样的目标,学校应该怎样去做,作者认为主要是鼓励学生去实际行动。

第八章 演 讲 ·173·

文,解释和翻译一段课文,解一道数学题目,或在体育运动的实践中,也都是如此。

⑧ 但在每项成绩背后都有一种推动力,它是成绩的基础,而反过来,计划的实现也使它增长和加强。这里有极大的差别,对学校的教育价值关系极大。同样工作的动力,可以是恐怖和强制,追求威信荣誉的好胜心,也可以是对于对象的诚挚兴趣,和追求真理与理解的愿望,因而也可以是每个健康儿童都具有的天赋和好奇心,只是这种好奇心很早就衰退了。同一工作的完成,对于学生教育影响可以有很大差别,这要看推动工作的主因究竟是对苦痛的恐惧、是自私的欲望,还是快乐和满足的追求。没有人会认为学校的管理和教师的态度对塑造学生的心理基础没有影响。

⑨ 我以为对学校来说最坏的事,是主要靠恐吓、暴力和人为的权威这些办法来进行工作。这种做法伤害了学生的健康的感情、诚实的自信;它制造出的是顺从的人。这样的学校在德国和俄国成为常例;在瑞士,以及差不多在一切民主管理的国家也都如此。要使学校不受到这种一切祸害中最坏的祸害的侵袭,那是比较简单的。只允许教师使用尽可能少的强制手段,这样教师的德和才就将成为学生对教师的尊敬的唯一源泉。

⑩ 第二项动机是好胜心,或者说得婉转些,是期望得到表扬和尊重,它根深蒂固地存在于人的本性之中。没有这种精神刺激,人类合作就完全不可能;一个人希望得到其同类赞许的愿望,肯定是社会对他的最大约束力之一。但在这种复杂的感情中,建设性同破坏性的力量密切地交织在一起。要求得到表扬和赞许的愿望,本来是一种健康的动机;但如果要求别人承认自己比同学、伙伴们更高明、更强有力或更有才智,那就容易产生极端自私的心理状态,而这对个人和社会都有害。因此,学校和教师必须注意防止为了引导学生努力工作而使用那种会造成个人好胜心的简单化的方法。

⑪ 达尔文的生存竞争以及同它有关的选择理论,被很多人引证来作为鼓励竞争精神的根据。有些人还

第⑧～⑭小节进一步探讨了学校教育的"动力"问题,爱因斯坦分三个方面阐述了这个动力系统。

首先是"天赋与好奇心"(第⑧、⑨小节),并且指出教师只有较少使用强制手段,才能赢得尊重。

第二是好胜心(第⑩～⑫小节)。在第⑩小节中作者不仅提出好胜心的重要性,也指出了要防止为了引导学生的努力工作而使用那种会造成个人好胜心的简单化的方法。这一部分应该要注意的是,作者对于好胜心的认识有一定的复杂性:一方面,作者意识到好胜心的作用;但是另一方面,作者又意识到过于强调这一方面的负面效应。

以这样的办法试图伪科学地证明个人之间的这种破坏性经济竞争的必然性。但这是错误的,因为人在生存竞争中的力量全在于他是一个过着社会生活的动物。正像一个蚁垤里蚂蚁之间的交战说不上什么是为生存竞争所必需的,人类社会中成员之间的情况也是这样。

⑫ 因此,人们必须防止把习惯意义上的成功作为人生目标向青年人宣传。因为一个获得成功的人从他人那里所取得的,总是无可比拟地超过他对他们的贡献。然而看一个人的价值应当是从他的贡献来看,而不应当看他所能取得的多少。

⑬ 在学校里和生活中,工作的最重要的动机是在工作和工作的结果中的乐趣,以及对这些结果的社会价值的认识。启发并且加强青年人的这些心理力量,我看这该是学校的最重要的任务。只有这样的心理基础,才能引导出一种愉快的愿望,去追求人的最高财富——知识和艺术技能。

⑭ 要启发这种创造性的心理才能,当然不像使用强力或者唤起个人好胜心那样容易,但也正因为如此,所以才更有价值。关键在于发展孩子们对游戏的天真爱好和获得他人赞许的天真愿望,引导他们为了社会的需要参与到重要的领域中去。这种教育的主要基础是这样一种愿望,即希望得到有效的活动能力和人们的谢意。如果学校从这样的观点出发顺利完成了任务,它就会受到成长中的一代的高度尊敬,学校规定的课业就会被他们当作礼物来领受。我知道有些儿童就对在学时间比对假期还要喜爱。

⑮ 这样一种学校要求教师在他的本行成为一个艺术家。为了能在学校中养成这种精神,我们能够做些什么呢?对于这一点,正像没有什么方法可以使一个人永远健康一样,万应灵丹是不存在的。但是还有某些必要的条件是可以满足的。首先,教师应当在这样的学校成长起来。其次,在选择教材和教学方法上应当给教师很大的自由。因为强制和外界压力无疑也会扼杀他在安排他的工作时所感到的乐趣。

⑯ 如果你们一直在专心听我的想法,那么有件事

所以作者认为真正重要的动机是"工作和工作结果中的乐趣,以及对这些结果的社会价值的认识"(第⑬、⑭小节),其中第⑭小节是对于如何培养这种动机的一些建议。

在第⑮~⑱小节中,作者又进一步指出要推动这样的动机的产生,教师以及学校应该怎样去做。在这一部分中,爱因斯坦对于教师与学校提出了自己的见解。首先是一种先进的教育观,其次是自由宽松的教育环

境,而目的只有一个,那就是努力去培养具有独立工作与独立思考能力与意识的人。

或许你们会觉得奇怪。我详细讲到的是,我认为应当以什么精神教导青少年。但我既未讲到课程设置,也未讲到教学方法。譬如说究竟应当以语文为主,还是以科学的专业教育为主?

⑰ 对这个问题,我的回答是:照我看来,这都是次要的。如果青年人通过体操和远足活动训练了肌肉和体力的耐劳性,以后他就会适合任何体力劳动。脑力上的训练,以及智力和手艺方面技能的锻炼也类似这样。因此,那个诙谐的人确实讲得很对,他这样来定义教育:"如果人们忘掉了他们在学校里所学到的每一样东西,那么留下来的就是教育。"就是这个原因,我对于遵守古典、文史教育制度的人同那些着重自然科学教育的人之间的争论,一点也不急于想偏袒哪一方。

⑱ 另一方面,我也要反对把学校看作应当直接传授专门知识和在以后的生活中直接用到的技能的那种观点。生活的要求太多种多样了,不大可能允许学校采用这样专门的训练。除开这一点,我还认为应当反对把个人作为死的工具。学校的目标始终应当是使青年人在离开它时具有一个和谐的人格,而不是使他成为一个专家。照我的见解,这在某种意义上,即使对技术学校也是正确的,尽管它的学生所要从事的是完全确定的专业。学校始终应当把发展独立思考和独立判断的一般能力放在首位,而不应当把取得专门知识放在首位。如果一个人掌握了他的学科的基础,并且学会了独立思考和独立工作,就必定会找到自己的道路,而且比起那种其主要训练在于获得细节知识的人来,他会更好地适应进步和变化。

第三部分(⑲)演讲的结尾:重申演讲是个人看法。

最后一小节回应第一部分,结束全文。

⑲ 最后,我要再一次强调一下,这里所讲的,虽然多少带有点绝对肯定的口气,其实,我并没有想要求它比个人的意见具有更多的意义。而提出这些意见的人,除了在他做学生和教师时积累起来的个人的经验以外,再没有别的什么东西来做他的根据。

(许良英 译)

搜索上述所提及的例文,体会演讲开头的奥妙。

2. 结尾技巧　成功的结尾,加深认识,揭示题旨;鼓舞斗志,促使行动;抒发感情,感染情绪;富有哲理,发人深思。结尾既是终点,又是引发听众思维的新的起点——言已尽而意无穷。

下面是些帮助你结尾的有用建议:

(1) 总结你的观点。

(2) 请求采取行动。

(3) 简洁而真诚的赞扬。

(4) 幽默的结尾。

(5) 以一首名人诗句作结束。

1962年,82岁高龄的麦克阿瑟将军回到他曾经学习和工作过的西点军校,面对学员发表了最动人也是他的最后一次公开的演讲。在结束时,他说:"我的生命已近黄昏,暮色已经降临,我昔日的风采和荣誉已经消逝。它们随着对昔日事业的憧憬带着那余晖消失了,昔日的记忆美好而奇妙,浸透着眼泪,得到了昨日的微笑的安慰与抚摸。我尽力但徒然地倾呼着,渴望听到军号吹奏,起床号那微弱而迷人的旋律,以及远处战鼓急促敲击的动人节奏。我在梦中依稀听到大炮在轰鸣,又听到滑膛枪在鸣放,又听到了战场上那陌生、哀愁的呻吟。然而,晚年的回忆经常将我带回西点军校,我耳畔响着,反复呼喊着:责任、荣誉、国家。今天,是我对你们进行的最后一次点名。但我想让你们知道,当我到达彼岸时,想着的是你们,吟咏的是责任、荣誉、国家。"

说说演讲结尾给你的感受。

演讲结尾的毛病

草草收兵;不作强调,不作必要的概括;突然作结,显得突兀;画蛇添足,"关于这个问题,我再来补充几句"或"这一点很重要,我再耽误大家几分钟,再啰嗦几句"等;套话废话,诸如"讲得不好,耽误大家很多时间,请大家原谅,望大家批评"等。

四、认真推敲语句

演讲的句子更要精练,用最少的字句,表达最丰富的内容。演讲的每一句话都是稍纵即逝的,要尽量避免长句和复杂的句子,减少修饰和限制的成分;演讲中要多用短句,力求简洁明快、生动有力,适当穿插长句、整句、对句、排句等句式。有些演讲者总想在演讲中多用点"优美词语",于是堆砌辞藻,咬文嚼字,趋于雕琢。而这正是演讲所忌讳的,演讲的选词要做到准确、洁净、规范、和谐。准确,即掌握词语的含义,辨别词义之间的细微差别,把握好词的感情色彩、语体色彩。例如:"逝世""牺牲""完蛋了""死了",说的都是死,但其褒贬好恶却大相径庭。洁净,指具体演讲中要字不虚设、词不虚发。规范,要求演讲中要力避佶屈聱牙、晦涩难懂。和谐,要求演讲语言要朗朗上口、生动悦耳。

演讲要求运用鲜明生动的语言,使抽象的事物具体化,深奥的道理浅显化,概念的东西形象化。这要求演讲者善于把握运用人的第二信号系统的特点,用形象的语言调动听众的全部感觉器官——听觉、视觉、嗅觉、感觉、味觉,使听众身临其境。语言形象生动的方法是讲究修辞手法的运用。如一篇演讲的结尾:"'日出江花红似火,春来江水绿如蓝',这是人民的春天,这是科学的春天!让我们张开双臂热烈地拥抱这个春天吧!"这段话就用了引用、排比、反复、比喻、拟人、双关等修辞手法,使演讲妙语生辉,大放异彩。

读一读　议一议

在林肯纪念堂前的演讲
马丁·路德·金

我有一个梦,有朝一日,这个国家会跃然而起,将立国之纲的真谛付诸实践。我们信奉一条不证自明的真理:人人生而平等。

我有一个梦,有朝一日,奴隶的后代和奴隶主的子孙会在佐治亚州的红色山岗上同席而坐,亲如兄弟。

我有一个梦,有朝一日,即便是密西西比州那里压迫和不平如同酷暑炽热的炎炎荒漠,也终将变成自由和公正的青青绿洲。

我有一个梦,有朝一日,我四个所爱的孩子将生活在一个不再以肤色深浅,而是以品格高低为论人准绳的国家里。

今天,我心怀一个梦。我有一个梦,终有一天,在亚拉巴马州,黑男孩、黑女孩和白男孩、白女孩如同兄弟姐妹一般,手挽手、肩并肩同步而行。

今天,我心怀一个梦。我有一个梦,终有一天,深谷弥合、高山夷平,崎路化坦途,曲径变通道,云消雾散见天日,万众共沐天主恩。

第三节 演讲非语言表达技巧

身体语言也是演讲表达手段。它主要配合有声语言生动形象地表达演讲者的思想感情,包括表情、眼神、身姿、声音等。例如手势的高低起伏、动作的节奏和力度、面部表情的喜怒哀乐等。

一、表情

演讲家最大的才能就是运用表情的能力。美国总统罗斯福演讲就非常注重面部表情,有时虽然谈得很少,但他的表情向听众传递了更多准确、真实、有效的信息。其实,面部表情比说的话更复杂。人往往不由自主地或自觉地运用表情来表达自己的思想感情,而其他人能够读出这种特殊的"语言",如喜悦、悲痛、畏惧、愤怒、烦恼、忧虑、怜悯、鄙夷、疑惑、失望、报复心等。面部表情是人的思想感情最复杂、最准确、最微妙的"晴雨表"。面部表情可以对听众施加影响,更好地达到演讲效果。

实验表明:人们对愉快的感情流露领会得最快最好。因为微笑最容易得到对方的认同、喜欢,所以演讲者在演讲中不妨多一点微笑,给听众带去自信、友好的信息,因此有人把真诚的微笑誉为"最好的入场券"。但是,面部表情要随着演讲内容和演讲者情感的变化而变化,既顺乎自然,又富于变化。切忌拘谨木然,目不斜视,呆板僵硬;精神慌张,手足无措,惶恐不安;自作多情,矫揉造作。这些都可能影响听众情绪和演讲效果。

二、眼神

眼神的表情达意功能在演讲中起着关键的作用。俗话说"眼睛是心灵的窗户",人的喜怒哀乐都可以通过眼睛反映出来。演讲应如何运用眼神呢?

(一)看着听众说话

演讲应该看着听众。演讲者上台以后,不能总是低头俯视讲稿或讲台,不敢看听众,也不应总是看着天花板,东张西望,更不能死盯住一个地方。应该以前视为主,统摄全场,与听众保持目光接触,让更多的听众以为"他在向我讲话",适当地环视全场,但眼睛不能滴溜溜地频繁乱转。应给坐在后排的听众更多的目光关注,以补偿空间距离。

(二)目光实在性接触

看着听众讲话分虚视和凝视。凝视能增强双方的感情联系,与听众建立起灵敏的信息反馈。演讲应当有适宜的凝视时间。但如果凝视时间太长或过多,又会给听众造成压力。因此不时地虚视,双方都更感觉自然舒适。只有交替使用虚视和凝视,才能收到更好的演讲效果。

(三)多种眼神并用

不同的眼神,传递着不同的信息,交流着不同的情感。演讲内容的波澜起伏,情感的抑扬跌宕,都可以通过眼神,配合有声语言以及手势、姿态等,协调和谐地表达出来。列宁讲话总是两眼凝望听众,精神饱满,信心十足。他时而离开讲台,来回走动,身躯随着演讲的内容而前俯后仰;时而踮起脚来,把一只手臂有力地伸向前方;时而将左手的大拇指习惯地插在背心偏口,充满激情地挥动右手;时而猛然抓住帽子;时而有力地握紧拳头。他每次演讲都使听众达到了入迷的程度。

三、身姿

身体的动作姿势传递信息或强调所说的话,包括动作、手势等。演讲一般采用站立姿势,两腿略微分开,前后略有交叉,身体的重心放在一只脚上,另一只则起平衡作用。站立移动灵活,身姿和手势也可以自由摆动,演讲者全身轻松、呼吸自然、发音畅快,有利于慷慨激昂的演讲。但有时也可以坐着说,适合于那种时间过长或"拉家常"式的演讲。无论是哪种姿态,演讲者都不宜于做过多戏剧性的、夸张的、无意义的动作。否则,只能表示其浅薄、狂妄或胆怯。

手势是最重要的表达手段。自然而安详的手势,可以帮助演讲者平静地陈述和说明;急剧而有力的手势,可以帮助升华情绪;柔和、平静的手势,可以帮助抒发内心火热的情感。大方、得体的手势是演讲必不可少的手段。英国首相丘吉尔演讲时就常伸出食指和中指,组成"V"字符号象征胜利,表达信心和决心,激励人们。

手势不能重复一种,而应富于变化,表达与内容相联系的意思,与口头语言同步;应该符合听众的习惯,简单明了,为听众理解并接受;应根据内容表达的需要,有时可以用来掩饰演讲者的紧张情绪。但令人眼花缭乱的手势,只能弄巧成拙。

手势能使人的情感形象化、具体化。在演讲中,手势有以下几种情况:

(1) 两手平端,向上挥动,号召人们行动起来。
(2) 举起双拳,在空中晃动,号召人们起来斗争、奋斗。
(3) 单手前伸,掌心向上,做小范围的平移以表肯定。
(4) 当要表示否定、厌恶的内容时,方向向下。

四、声音

(一) 发声要点

强调关键词,弱化非关键词。请你阅读下面一句话,括号内的字要重读,其他字要弱读,会有何效果呢?

无论我做什么(事情),都获得了(成功),因为我(渴望)如此。对于上天赐予的绝佳机遇,我(绝不迟疑)。——拿破仑

(二) 变换语调

在演讲中,你的语调会时而高亢,时而低沉,时而又恢复如常,而这种变换,正如大海的海面一样,永不停歇。

在下面的语句中,请用较低的语调朗读括号内的单词,会有什么效果呢?

我只有一个优点,那就是(永不言败)。——马绍尔·弗克

教育的关键目的不是知识,而是(行动)。——赫伯特·史宾塞

(三) 改变语速

语速是不断改变着的。这令人感到愉悦并显得极为自然,同时,还是突出我们语意的最佳方法之一。

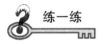 练一练

请大声朗读这段话,尝试变化语速,注意其效果。

就在其逝世前夕,吉朋斯说道:"在八十六年的生涯中,我已目睹了许许多多的(成功)人士,而在使他们成功的诸因素中,(最重要)的就是(信念,缺少信念,任何人都不可能取得成功)。"

(四) 稍作停顿

例如林肯的传记,记者这样谈他的演讲:当他和道格拉斯的著名辩论趋于尾声,而所有的迹象都表明对他不利时,他显得沮丧起来,他那惯有的忧郁不时地写在了脸上,并给他的演讲带来了一种悲壮的力量。在一场总结发言中,林肯突然停了下来,沉默地竖立在那里,他环顾四周,打量着半数漠不关心、半数和善友好的面孔,那双深陷的、疲惫的眼睛里,似乎满含着泪水;他的双手摊开了,好似已厌倦了这场无助的战争。

他以一种特别的单调声音缓缓说道:"我的朋友们,无论是道格拉斯还是我当选美利坚合众国的参议员,这都并不重要;但是,今天,我们在这里提出的伟大方案将会超越任何个人的利益,也绝不是个人的政治财富。"说到这里,林肯又停了下来,而听众们在全神贯注地听着每一个字。接着,林肯又说了下去:"这个方案的生命力将会与世长存,即使道格拉斯和我有一天已静静地躺在了坟墓里。"

"这些朴素的话,加之以那样的表达方式,深深触动了听者的灵魂。"林肯的一位传记作者如是评述道。

 读一读 议一议

热血铸魂 倾诉真情
——北京成功演讲奥秘

据报道,当北京奥申委主席特别助理、亚奥理事会体育委员会主席魏纪中从演讲厅出来时,碰到了六位国际奥委会委员。当时,他们都一致对魏纪中说:"你们的陈述,到目前为止是最出色的!"

为什么北京申奥代表团的演讲是"最出色"的呢?我们不妨静心品味和深刻理解北京代表团精彩绝伦的演讲过程,就不难看出北京代表团演讲的成功奥秘。

7月13日,在莫斯科国家大剧院召开的国际奥委会第112次全会上,五个城市

是以申办奥运会为主题而发表演讲。这种演讲形式,在演讲学理论上称为"专题演讲"。根据专题演讲特点的要求:首先,选题要明确,事先要作充分准备。演讲者要事先确定演讲的题目,并根据选题写成演讲稿。而演讲的成败优劣,在很大程度上又取决于事先准备的演讲稿。其二,内容要求阐述系统,结构完整。在内容上,要求做到论点鲜明、论据确凿、论证有力;在结构上,要求层次和段落、过渡和照应、开头和结尾等结构全面、完整。同时,在语言上,要求通俗易懂,能为听众接受。其三,艺术手法要多样,以情感人,增强亲和力。所以,只要演讲者注意演讲技巧的适当运用,应该说可以取得预期的演讲效果和达到最终目的。为此,我们认为,北京申奥代表团八位代表的演讲成功之处,就是:

1. 针对性强 针对性,是演讲的特点之一。针对性,就是要根据当时的形势要求,针对听众的需求,"有的放矢"地进行演讲。从国际奥委会委员们的心理来说,他们就是要从演讲的城市中得到确实的细节。因为他们事先已从评估团的汇报和《考察报告》中,获得了对五个申办城市总体上多侧面的印象。另外,从各城市演讲结束后奥委会委员们对申办城市的提问答疑中,也可以非常明确地看到这一点。因此,北京代表团在演讲中,注意针对奥委会委员的心理,进行了分工明确的演讲。一是三个政府官员对北京申办作出坚实保证;二是两个体育专家对申办条件详细表述;三是三个代表即邓亚萍、杨澜和何振梁的演讲,则表达了中国人民对奥运会的期盼。除此之外,在奥委会八位委员提出的如控制污染、比赛场地、语言沟通、反兴奋剂、交通、盈余分配等11个非常实际的问题上,北京代表团花了近20分钟时间进行详细答复。正如北京申奥委主席特别助理魏纪中曾对记者所说的:"我们的陈述报告,关键是如何更符合国际奥委会委员的要求。因为这是做给他们看的,不是给我们自己看的。我们最大的特点,是针对委员们想知道的东西讲。要把他们最想知道的东西,准确地传递给他们。"

2. 严谨平实 庄重性,是演讲的又一特点。它不仅在内容上要有求实精神和求是作风,而且在语言表达上要做到通俗化、口语化,严密准确,使人信服。这种演讲,一般来说态势语言用得不太多,演讲者的站立姿势和位置,都应该保持相对的稳定性。这次北京代表团的演讲,在形式上,不刻意去追求很强的艺术效果;在内容上,力求务实求真。如中共中央政治局常委、国务院副总理李岚清在演讲中,代表中国政府强调坚决支持北京申请举办2008年国际奥运会的立场,中国政府尊重并赞赏国际奥委会评估团所作的评估报告,并且承诺如果2008年奥运会有盈余,中国将建立奥林匹克友谊基金会,来帮助发展中国家的体育事业发展。如果发生赤字,将由政府承担。北京申奥会主席、北京市市长刘淇在演讲中承诺,在今后7年中,北京计划投资200亿美元,以解决国际奥委会评估团提出的挑战性问题,"确保北京的奥运会将为中国和世界体育留下一笔独一无二的遗产"。北京奥申委执行主席、国家体育总局局长袁伟民在演讲中表示,北京奥申委得到了多方面的大力支持,并指出如果选择北京举办,"将会办成奥运史上最好的一次运动会"。北京奥申委体育主任楼大鹏和北京奥申委秘书长王伟,在演讲中分别介绍了北京举办奥运会的技术条件和北京的基础建设规划。由于北京代表团在演讲中,一有坚实的保证,二有明确的优势,三有真实的细节,因而使国际奥委会委员们从中得到了需要了解的确实细节和真实能力的信息。

3. 以情感人　抒情法,是演讲艺术手法之一。演讲者以抒发自己的情感来引发听众共鸣,从而达到演讲的目的。在北京代表团演讲中,首先注意演讲者从各个侧面进行叙述,形成多侧面情感传递,以引发奥委会委员们的共鸣。北京代表团在申办演讲中,选择了三个有代表性的人物来进行演讲,以他们的切身体验和真实情感来打动国际奥委会委员的心。在北京代表团的演讲中,著名乒乓球运动员邓亚萍,是作为北京申奥形象大使、运动员代表参加演讲的。她在一分半的演讲中,首先讲述了一个她在悉尼参加火炬接力时的故事。她说,在悉尼传递火炬的途中,曾注意到一位小男孩在接力火炬经过他身旁时,整个脸一下子都亮了起来。"我想就在那个时候,他的一生发生了变化,因为奥林匹克的火种已在他心中扎下了根。如果中国的4亿年轻人也都和他一样,能够亲身体会到奥运精神,那该有多好啊!"邓亚萍演讲之后,是由北京申奥大使、著名主持人杨澜作演讲。在她4分钟的演讲中,则从一位文化人的角度,讲述了中国古老文化的神奇魅力。她引用了英国著名历史学家汤恩比的例子。"如果他可以停留在历史上的任何时候任何地方,那么他的选择将是什么呢? 汤恩比回答说,我愿意停留在1 000年前中国唐朝的丝绸之路……我们希望,通过奥运会,我们的文化能够和其他世界的文化建立一种新的和谐……"最后,作为国际奥林匹克大家庭成员已近50年的中国奥委会主席何振梁,在演讲中富有感情地总结了北京申奥的历史意义。他对国际奥委会的同事们说道:"无论你们今天做出什么选择,都将创造历史。但是,只有一个决定有改变历史的力量,你们今天这个决定,将通过运动促使世界和中国的友谊,从而使全人类受益。"北京代表团每个成员在演讲时,他们的脸庞上,满溢着微笑;他们的言语中,流露着深情。由于他们的演讲注意调动委员们的情感,言之灼灼、情之切切,所以,从现场的实际效果来看,他们的演讲确实打动了许多国际奥委会委员们的心。另外,在北京代表团的演讲过程中,还播放了三部宣传片作为背景衬托。你看:一飞冲天的万里长城、潇洒俊逸的中国功夫、豪气万丈的威风锣鼓……飘逸的红色,流畅的黑色,动感的黄色,是中华大地的色彩,是中华儿女的情感。古老的中国,五千年的历史沉淀,如大江奔腾入海一般喷薄而出。此时此刻,北京的辉煌成就和对申办奥运的迫切渴望,全方位地展现在世人眼前,使来过和从未来过北京的奥委会委员,通过宣传片,了解北京,了解中国,熟悉中国的文化,从而把庄严的一票,投给了北京,投给了中国。

4. 准备充分　演讲的准备情况,直接关系到演讲的效果和成败。美国语言学家戴尔·卡耐基在《语言的突破》一书中指出:"只要遵循正确的方法,做周全的准备,任何人都能成为出色的演说家。"北京代表团为了这次演讲,从上至下,从主讲成员到每个工作人员,对此都十分重视。无论在国内还是到了国外,代表团成员都要反复演练和修改。在北京时间7月10日9:30分,当国务院副总理李岚清乘坐的专机离开北京往莫斯科起飞后不久,外交部高级翻译周景兴把中国国际广播电台记者仝宇虹和运动员代表郎平、黄志红叫到前舱,李副总理对他们说:"来,快坐下,你们当作听众,提提意见。"他说:"13日我要面对所有的国际奥委会委员,我希望这份陈述报告能打动他们。"李副总理抑扬顿挫的演讲,恰到好处,博得了大家一片掌声。李副总理在飞机上的"彩排",便成了这次北京申奥中的一大美谈。代表团成员在北京时,其间排练和修改多少遍,许多人都无法讲清。北京申奥形象大使、著名主持人杨澜在接受记者采访时说,她的那份演讲稿,首先是她与专家小组从陈述报告中精练出约20分钟的演讲稿,后来又经过反复修改才确定下来。她说:这份演讲稿,"其中开头和结尾都融入了我自己的感情色彩","在语调及表情上,我们更是经过了多次的演练"。她还说:"在国内最后一次排练时,张艺谋导演来了。他当时提醒我,在陈述时眼神应注意与台下的交流,而不应只看正前方,这对我帮助很大。"到了莫斯科后,陈述演讲仍然是北京代表团的重中之重。代表团根据具体情况,做了精益求精的改进,甚至在演讲时眼镜放在鼻梁的哪个位置都有讲究,力图使这次演讲能在有限的45分钟里发挥最佳的效果。著名乒乓球运动员邓亚萍,在机场大厅接受记者采访时曾感慨地说:"我们的陈述准备得非常充分,就是为了这几分钟,我们大家都付出了非常大的代价!就为了这几分钟,我们不知道付出了多长的时间,一遍遍地改这个稿子,一遍遍地准备这最后的陈述⋯⋯当前三个城市陈述结束后,我们大家都感到非常自信,因为我们准备得太充分了!"

各展所长,各具特色
——四城演讲失败成因

纵观大阪、巴黎、多伦多和伊斯坦布尔四个城市的申办演讲,从内容上看,缺乏整体形象,所提供的信息也较分散,特别缺乏典型细节描述。有的城市,虽然有细节的介绍,但还不太清楚。从形式上讲,应该说还是比较丰富的。除有各种类型代表演讲外,还采取了播放宣传片、请小朋友演唱或演奏、歌唱舞蹈表演等形式为辅助手段,丰富、活跃和深化了各自的演讲内容。从演讲艺术上看,主要问题是平铺直叙,缺乏吸引力和感染力。相比较说,在四个城市的演讲中,加拿大多伦多市的演讲,要比法国巴黎、日本大阪好一些。从实际效果上看,多伦多市的演讲,是经过认真设计和精心策划的。首先,演讲主题突出。他们一开始,就在演讲中把申办理念很强烈地凸现出来:一是"运动员为运动员办奥运会"。他们代表团的组成,是以运动员为主。在整个演讲中,主要是以运动员演讲为重点。二是演讲中突出强调加拿大是一个多民族、多元化的国家。多伦多市长在演讲中,突出强调多伦多的多元化、多民族的融合;在宣传片中,特别请当地一些少数民族人士谈话,通过他们的口述表明多伦多是一个民族和睦共处的城市;第一个演讲者,是安排印第安土著酋长。三是宣传片语言简洁。他们在宣传片中,用很简练的语言把奥委会所要求反映的十七个问题,全部回答出来了。四是辅助形式新颖,出人意料。如他们出场的亮相仪式,颇为新颖。在锣鼓声中,一群土著人穿着鲜艳的民族服装,边跳边舞地在会场中穿过。最后,由一个可爱的名叫摩根的黑人女孩,演唱了一首节奏明快、非常具有感染力的歌曲,展示了这个充满活力的多伦多城市风貌。很多奥委会委员都跟着歌曲有节奏地打拍子、鼓掌,使演讲达到高潮,取得了理想效果。

从日本大阪市的演讲来看,内容一般,技巧较少。大阪先放了5分钟录像,然后他们在演讲前搬出奇兵——一位14岁初中女学生用小提琴演奏了一曲奥林匹克会歌,以表达他们对奥运会的渴望,并在演讲中提出"海上运动天堂"——建立奥林匹克岛屿的计划,无疑是引人注目的。一开始,大阪只是想从情感和理念上寻求突破。但是在演讲中,如果演讲内容一般、演讲艺术手法缺乏,单纯想一上来就用煽情的手法以引起听众注意,在实践上是不会成功的。日本大阪市演讲的失败,就是明证。

法国巴黎,客观上因是世界著名城市,大家一般都去过,比较熟悉,如果演讲中没有新的东西,实际上是比较难的。巴黎为了申办2008年奥运会,组委会煞费苦心,组成了庞大的明星代表团,其中最具号召力的是世界足球先生齐达内。齐达内首先演讲,他代表运动员向国际奥委会表达了对巴黎举办奥运会的向往和对奥林匹克精神的理解。接着,播放了十几分钟的宣传片,让人们追随一位金发美女的视角,全方位地感受"艺术之廊"美的震撼。特别是在宣传片中,有一些新奇做法,很能吸引人。如在埃菲尔铁塔前进行沙滩排球比赛及围绕凯旋门和巴黎圣母院开展马拉松比赛;还通过一位老人和孩子,把体育运动完全融合到了巴黎的日常生活中。在宣传片中,他们采用体育与文化的结合,介绍名胜古迹等手段,通过对话巧妙地将许多信息发布出来。所以,宣传片做得美不胜收,这是难能可贵的。但是,他们在演讲中缺乏艺术手法,在整体上给人感觉有些平铺直叙,不能吸引人和感染人,缺乏亲和力。

土耳其伊斯坦布尔的演讲,是最后出场。他们曾在1993年同北京一起申办过第27届奥运会。这次也是第二次申办。他们在演讲中说,伊斯坦布尔人民热切盼望着2008年奥运会在此举行。他们的申办主任还称,他们已经把申办奥运会写入自己的"奥林匹克宪章",以法律的形式规定,坚持申办,直到成功。然而,他们的演讲内容一般,又加上没有其他演讲辅助手段,如没有播放宣传片,也没有特别惊人的举措,因而整个演讲平淡乏味。所以,在第二轮投票中,就以最低票数被淘汰出局。

电影与沟通

《国王的演讲》

《国王的演讲》(The King's Speech)是由汤姆·霍珀指导,科林·费斯、杰弗里·拉什主演的英国电影。影片讲述了1936年英王乔治五世逝世,王位留给了患严重口吃的艾伯特王子,后来在语言治疗师莱纳尔罗格的治疗下,王子克服障碍,在二战前发表了鼓舞人心的演讲。

第四节　演讲心态与上台演讲

一、演讲心态

（一）调整认识

用演讲成功有效的积极声明来取代消极声明。如果总是担心"会把准备好的内容忘得一干二净的……","我不适合做演讲……",那么担心可能会真的变成现实。认识可以这样调整:第一,建立正确的认识,并承认这样一个事实——怯场是一种心理上的反应,只要能放开来讲,就可以改变,要相信自己的实力。第二,了解消极声明的主要内容,然后审查剖析,看有无合理之处。第三,以积极声明代替消极声明,自我鼓励——"只要我不慌不忙地讲,就能获得演讲的成功";"凭我的实力和充分的准备,我完全能行"等。最后,在专家指导下进行针对性地训练,有效减轻怯场心理。

了解害怕当众说话的实情。你害怕当众说话并不是特例。某种程度的登台恐惧感反而有用,我们天生就有能力应付环境中不寻常的挑战。许多职业的演说家从来都没有完全祛除登台的恐惧。即使登台的恐惧一发而不可收,造成心灵的滞塞、言语的不畅、肌肉过度痉挛无法控制,从而严重降低你说话的效力,你也毋须绝望。只要你多下功夫,就会发现这种上台恐惧的程度,很快便会减少到某一地步,这时它就是一种助力,而不是阻力了。

（二）充分准备

怯场心理大多是因准备工作不充分而产生的。要自信:演讲提出的论题能被有趣而具体的实例证明;演讲的结构已成竹在胸,并已在演讲前演练;有一篇条理清晰的稿子,演讲时能轻松自如、举止适度;准备记录资料的摘录卡片,记下演讲的思路、重要的词和短语,可帮助回忆论题;提前几分钟入场,熟悉环境氛围,调整自己的状态。

（三）做些设想

预先想一下将要做的事情,越具体越好;另外,牢牢记住自己的形象,这有利于在演讲中完成这种形象。凭想象可以创造出任何一种意境。

（四）嗓音练习

在条件许可的情况下，应练习演讲时所需要的洪亮的讲话声音。在清晨大声呼喊、放松声带，在讲话时放声歌唱。演讲要真正感到轻松自如，还必须进行大量的实践——发表演讲。

（五）表现得信心十足

演说家们觉察到，自己能够轻易地克服别的恐惧和焦虑，并且从前可能会失败的事，现在却成功了。也能够从当众说话获得信心，从而满怀把握地面对每一天的献礼。你将能以面目一新的胜利感，迎战生活里的难题和困扰，曾是缠绵难解的境况，也可以变成生活中增添情趣的愉快挑战。

二、上台演讲

演讲的各种准备，最终要通过走上演讲台发表演讲表现出来。

（一）面对听众

一般要站着面对听众。要站得稳，别扭的站立姿势会分散自己或听众的注意力；不要把桌子、椅子、讲台作为"拐杖"，把身体靠在上面；站直也并不意味着纹丝不动，根据演讲的需要可来回走动，有时甚至走到听众中间的过道上去。

演讲者走上讲台，应该精神饱满，容光焕发，富有朝气，给听众留下深刻的印象；表情自然，镇定自信；用眼神与听众进行诚恳的交流，正视听众，不要超越听众的头顶或凝视远方。

（二）塑造形象

演讲者的仪表风度，听众是严格审视和评判的。1961年美国大选，呼声极高的尼克松以微弱的票数差额49%比49.9%输给了肯尼迪，原因就是在电视辩论中，出现了两个截然不同的形象：尼克松显得憔悴不堪、精疲力竭；肯尼迪却气宇轩昂、风度翩翩。无疑，仪表风度上的优势，帮了肯尼迪的大忙。演讲者要保持良好的仪表风度，需要饱满的精神状态；衣着打扮得体、协调、适中、和谐，与演讲内容、环境氛围相吻合，讲求庄重、整洁、朴素；举止雍容大方，彬彬有礼，不卑不亢；演讲过程应该稳健潇洒、干练英武，给人以胸有成竹、生气勃勃的印象；还应给听众诚实的印象，用轻松的姿势、熟练的手势、愉快的情绪、看着听众等来赢得听众的信任与支持。

（三）强调重点

强调重点的办法包括有节奏的停顿，音量和语气语调的变化，还有动作、手势等等。

1. 排位　让听众记住所讲的内容，内容安排是重要因素。演讲的内容和时间是有限制的，但听众最容易记住演讲开头和结尾的话，听众的注意力在开头最集中，中间逐渐低落，快结束又回升。这样，演讲者要费一番功夫来设计演讲的开场白和结尾，重点内容也最好放在开头几分钟。

2. 明示 开门见山地宣布你要发表一篇重要的演讲,或者某个问题比较重要。如老师说:"这一点很重要,期末考试极有可能要考。"学生们肯定会把有关内容背得滚瓜烂熟。另外,强调的内容要确实重要,阐明的论点也易于被人理解和记忆。

3. 重复 研究表明,一个内容重复3～5次就能够记住。但演讲不可能重复这么多次。可以集中性地重复,用不同的语气重复同一内容,如:"世界人口将在今后30年成倍地增长。到2030年,我们这个星球的人口将增加一倍。"或者,可以用抑扬顿挫的音调重复同一句话。

（四）提问与问答

提问的问题可能是听众感兴趣的,或是演讲中易引起争论的部分。

（1）材料一定要丰富。在提问过程中,听众不仅可以搞清楚模糊的观点,而且能反映演讲者是否真正弄懂了自己的论题。因此,在回答问题时,演讲者应补充新的材料和运用其他例子论证观点。

（2）预先做好回答各类问题的准备。充分的准备就不会惊慌失措,要对各种问题和反对观点成竹在胸,让听众认为:你欢迎有这样的机会来阐明观点。

（3）回答问题简明扼要。

（4）面向全体听众回答,除非是演讲结束后的私下交流,对听众的提问,一般要向全体听众重复一遍,然后回答,让大家都能听清。

（5）要照顾到大多数人的提问。提问的气氛应该是活跃的,不能拖拖拉拉。要让尽可能多的听众参与。如果有人接二连三地提问,在听清所提问题的要点后,要果断地加以阻止,回答了他们的问题后立即转向其他听众的问题。如果与一位听众纠缠不清,势必会影响会场气氛。

（6）控制整个会场。演讲者应注意观察会场情况,如果提问变成了听众之间的讨论或私下交谈,那就应有所控制;如果无效,可以停止提问。要能处变不惊。

（7）选择恰当时机结束提问。演讲提问的时间长短取决于实际情况,由于演讲时间有限,演讲者要事先设计好提问时间并告知听众,但在全体听众趣味浓厚时应继续答问。注意不要只让一两个人提问而使其他人厌倦。在演讲答问中,可以设法插入结论性的话作为退场话。

（五）反馈信息

听众反馈是演讲效果真实而重要的衡量标准。反馈信息表明:听众是感兴趣,还是感到厌倦? 演讲者是否达到了其演讲目标? 这些反馈信息可能是直接或间接的,可能是非语言的或以语言表示的。听众最直接的反应是热烈鼓掌,表示赞同和欣赏。其他反馈信息,如打哈欠、低声讲话、摇头、打盹等,可能有一定的隐蔽性——打哈欠或闭着眼睛的人也可能比看上去精神十足的人听讲更专心;频频点头的听众并不一定赞同你的观点,或许他只是在注意演讲的内容。演讲者根据这些信息进行判断,并据此调节会场气氛,甚至变更准备的部分演讲内容。

（六）排除干扰

即使做了演讲准备，也难免不出意外情况。但是，只要演讲者具有应变能力，就能排除干扰按计划演讲。

1. 会场的环境　在演讲发生变化时，要及时处理：会场外出现预料不到的噪声，等场外安静再讲；如果外面正在进行机械操作，那就采取相应的积极措施；如果麦克风突然坏了，演讲者要保持镇静，及时找工作人员处理，或者继续直接演讲——这样会感动听众。

2. 听众的干扰　如果听众迟到，因找座位分散大家注意，演讲者就可以稍等片刻，让他们找座位；听众低声说话，演讲者应慎重处理，如果干扰声太大，就应采取果断措施，但不要动怒，可以委婉地劝说；听众突然插话提问，演讲者要采取灵活的方法回答处理，有时可以利用听众打断的时机，强调演讲的观点，激发听众的情绪。

3. 自身的失误　"智者千虑，必有一失"，演讲难免出现怯场、忘词、讲错的情况。这类情况发生时要处变不惊，镇定自若地应付：如遇到忘词的情况，切不要停下来苦思冥想，而应临场发挥，等想起来后再找机会不露痕迹地补述；如果无关大局，就可略去；如出现口误，也没必要声明讲错了，最好的办法是按正确的再讲一遍。

思考与练习

1. 演讲者在听众面前有哪些有利的条件和不利的因素？
2. 演讲练习。

保护儿童呼吁书

我衷心期望以后我再也不做这样的事情了。一个孩子就要饿死了，可你只能给他一粒花生米，世界上还有比这更糟的事情吗？我希望以后你们也不要再做这样的事情，不要事后念念不忘。如果诸位在一月份被炸毁的雅典工人居住区听见了那些孩子的声音，看见了他们的眼睛，那就好了……可是，当时我所剩下的，只有一只半磅重的咸花生米罐头，我十分吃力地打开这筒花生米，这时候，十几个衣衫褴褛的小孩儿都来帮我的忙。他们疯狂地抓着自己的身体。二十多位母亲怀抱着婴儿也使劲冲了过来，拼命地想去抓花生米。她们把孩子朝我举来。孩子们痉挛地伸出一双双瘦得皮包骨头的小手。我竭力一粒一粒地数着花生米。

这些人的疯狂举动使我几乎站不稳了。我面前没有别的，只有几百只手，乞求的手，攥紧的手，绝望无助的手。这些手全是些可怜巴巴的小手啊。我往这只手里放一粒咸花生米，往那只手里放一粒。有六粒花生米从我手指缝中掉了出来，我脚下立即开始了一场疯狂的争抢骚动，一个个骨瘦如柴的身体挤成了一团。这儿有一粒，那儿有一粒。上百只手朝我伸过来，向我乞求，上百只闪烁着希望的眼睛。我无可奈何地站在那里，手中是一只空空如也的蓝色罐头筒——的确，我希望你们永远不要遇到这种情景。

第八章 演 讲

提灯女神

1854年至1856年间,为争夺巴尔干半岛的控制权,英国、法国、土耳其、撒丁王国先后向沙俄宣战,爆发了著名的克里米亚战争。

哀鸿遍野,伤残无数。

一位年轻的护士白天协助医生进行手术,护理伤员,替士兵寄信,给他们以慰藉;夜晚则提着一盏小小的油灯,沿着崎岖的小路,在4英里之遥的营区里一间病房一间病房地探视病员。

这位护士获得了士兵们的崇高敬意,并亲切地称她为"提灯女神"。每当她走过,士兵们就感到一阵春风拂来,许多伤员挣扎着亲吻她那浮动在墙壁上修长的身影……

她,就是弗芬伦斯·南丁格尔。

这位出身富有移民家庭的小姐,不顾世俗的偏见,不顾父母的激烈反对,投身于当时只有最低层妇女和教会修女才担任的护理工作;为了投身这项事业,这位聪慧端庄的姑娘竟终身未嫁。

一位伟人曾先后写过两篇充满感情色彩的通讯,称赞这位既温柔又坚强的女性:"在当地找不到一个男人有足够的毅力去打破这套陈规旧习,能够根据情况的需要不顾规章地去采取负责行动。只有一个人敢于这样做,那是一个女人,南丁格尔小姐。她确信必需的物品都在仓库里,于是带领几个大胆的人,真的撬开了锁,盗窃了女王陛下的仓库,并且向吓得呆若木鸡的军需官们声称:'我终于有了我需要的一切。现在请你们把你们所看到的去告诉英国吧!全部责任由我来负!'"

写下这段文字的伟人就是马克思。

南丁格尔一生对现代护理和护理教育等做出了杰出贡献,是现代护理工作的奠基人,"白衣天使"的先驱。

这位曾照亮苦难人间的"提灯女神",在81岁时因操劳过度而双目失明;在90岁的一个夜晚,于睡梦中安然长逝。

南丁格尔的那盏灯,永远照耀着护理界;南丁格尔的身影,永远受到人们的亲吻。

3. 阅读下列材料,就演讲方面发表你的感想。

林肯在人际传播中最有力的武器是他的演讲,他是美国历任总统中最伟大的演讲家。为了"说到别人想听",他非常注意积累知识。林肯习惯于戴一顶高帽子,他总是随时随地抄写记录,把点点滴滴有用的知识记在碎纸片、旧信封上面,然后摘下帽子,把它们放进里面,再把帽子戴上。闲暇时,他便取出这些东西加以整理,分门别类,以备将来演讲之用。

1863年11月19日,葛底斯堡国家公墓落成举行典礼,15 000民众聚集在临时搭就的主席台前。在牧师做了祈祷之后,大会主席请预先公推的发言人爱德华

·埃弗雷特献词。这位素有"银舌"之誉的大演讲家,演讲虽长达1小时57分钟,却始终牢牢吸引着台下的听众,就连主席台上包括总统在内的官员们也为之着迷。

轮到林肯发表演讲了。

八十七年以前,我们的先辈们在这块大陆上创立了一个新国家,她孕育于自由之中,奉行一切人生来平等的原则。

现在,我们正从事于一场伟大的内战,以考验这个国家,或者说,以考验任何一个孕育于自由并奉行上述原则的国家能否长久生存。在这场战争中的一个伟大战场上,烈士们为使这个国家生存而献出自己的生命,我们在此集会是为了把这个战场的一部分奉献给他们,作为他们的最后安息之所。我们这样做是理所当然的,恰如其分的。

但是,从最广泛的意义上来说,我们无法奉献,无法圣化,无法神化这块土地。那些曾在这里战斗过的勇敢的生者与死者已经把这块土地都神圣化了。这远不是我们微薄的力量所能增减的。全世界不会注意,也不会长久地记住我们今天在这里所讲的话。但是,全世界将永远不会忘记这些勇士们在这里所做过的事。对于我们这些活着的人来说,倒是应该把自己奉献于勇士们以崇高的精神向前推进而尚未完成的事业;倒是应该把自己奉献给依然摆在我们面前的伟大任务——我们要从这些可敬的死者身上吸取更多的献身精神,来完成他们为之献出全部忠诚的事业;要在这里下定最大的决心,不让烈士们的鲜血白流;要使我们的国家在上帝的保佑下,得到自由的新生;要使我们这个民有、民治、民享的政府永世长存。

台下的人们,都以为演讲刚刚开始,林肯却戛然而止,整个演讲还不到3分钟!掌声,经久不息。你可能想不到,为了这篇只有10个句子、272个单词的演讲,林肯做了15天的精心准备。这些中学生用语一般质朴无华的字句,铸成了英语演讲史上的一篇珍品。演讲词的手稿被珍藏于美国国会图书馆,演讲词的内容被铸成金文放在牛津大学,作为英语演讲的最高典范。

平民出身的林肯,靠的是他超人的勤奋,才结出了伟大的传播力的果实。

4. 网络搜索《超级演说家》《开讲啦》《我是演说家》等演讲节目,全面体会演讲的艺术。
5. 网络搜索《鲁豫有约》——"尼克胡哲·希望"的使者,感受演讲的魅力。

电影与沟通

《义海雄风》

《义海雄风》(A Few Good Men)是由罗伯·莱纳执导,汤姆·克鲁斯、戴米·摩尔、杰克·尼科尔森等主演的剧情片。影片讲述了律师丹尼尔·卡菲为美军基地中发生的一等兵离奇死亡事件进行调查、辩护的故事。本片是庭审与辩论爱好者绝佳的教材。

第九章　阅读和书写

本章目标

1. 了解阅读的过程。（认知目标）
2. 识别阅读的方法。（认知目标）
3. 熟悉阅读能力的构成。（认知目标）
4. 运用阅读效率原理，提高阅读速度与阅读质量。（能力目标）
5. 初步养成正确阅读、热爱阅读、快乐阅读的情感。（情感目标）
6. 识记书写的要素。（认知目标）
7. 熟悉书写的功能。（认知目标）
8. 按照书写技能要求，提高书写质量与书写速度。（能力目标）
9. 初步养成热爱祖国语言文字、正确使用语言文字的情感。（情感目标）

 关键词

阅读　阅读过程　阅读方法　阅读能力　阅读效率　阅读品质　图表阅读
阅读质量　书写要素　书写功能　书写技能　书写质量　书写速度

读一读　议一议

　　阅读是为了活着。福楼拜如是说。阅读是为了活得体面和高贵。阅读令人睿智、豁达、优雅、美丽。阅读可以改变人生。阅读不能改变人生的长度，但它可以改变人生的宽度。阅读让人生在有限的长度内，宽广辽远，波澜壮阔，奔腾汹涌，浩荡激越。阅读不能改变人生的物相，但它可以改变人生的气象。外在的相貌和物质的构成基于遗传而无法改变，但人的精神可以因阅读而蓬勃葱茏、气象万千。阅读不能改变人生的起点，但它可以改变人生的终点。阅读让人生永不听任命运的摆布，把握自己，执着地走向梦想的极地。不论出身高贵与卑贱，阅读可以改变人生的坐标和轨迹，奏响人生的乐章。

　　阅读是幸福的发祥地。缜密的逻辑，深奥的思想，崇高的境界，伟大的灵魂，都环拥着阅读者。你可以视通四海，思接千古，与智者交谈，与伟人对话。做一个读书人，就是做一个幸福的人。阅读使文字具有了永恒的价值，它比图像更空灵，比记忆更清晰，比冥想更深邃。它让你站在巨人的肩膀之上，让你凌驾于伟人的思考

之上。阅读是人社会化的重要途径,它把自然人转化为社会人。我们所认识的世界、人生、社会,很多都源于阅读。

阅读的意义在于,它在超越世俗生活的层面上,建立起精神生活的世界。一个人的阅读史,即是他的心灵发育史。阅读使人超越动物性,不至沦为活动木偶、行尸走肉。停止阅读就意味着切断了与世界的沟通、与心灵的沟通,人生也就进入了死循环。可以说,是阅读拯救了我们。要活着,就必须阅读。但是,这样令人心驰神往的阅读却不是人类与生俱来的本能。人们必须通过学习阅读才能抵达阅读的自由王国。

阅读对你的意义在于:

无声语言是不发出声音的内部语言形式,这种语言形式是内隐式发音的反应,言语器官组织仍然活动,大脑皮层仍然输送动觉刺激,它执行着发音时的同样功能。无声语言是口头、书面语言的内化,它可以使语言活动过程连贯一致,使语言更加简练、浓缩。完全默声地阅读和书写都是无声沟通的形式。

第一节　阅读性质

阅读是一种生活方式。对于现代人而言,阅读就如同呼吸、吃饭和睡眠一样必不可少。阅读是一种文化生活,是一种精神生活。阅读可以在物质与精神之间找到平衡,阅读可以拥有幸福人生。一个人的精神发育史,实质上就是一个人的阅读史;一个民族的精神境界,在很大程度上取决于全民族的阅读水平。

为什么要阅读?人们出于不同的目的去读书,或为实用,或为消遣,但都没有把读书变成自身的精神需要。阅读应该成为人们精神生活中重要的组成形式,通过阅读在精神上得到愉悦,使人优秀、使人幸福、使人宁静,这才是真正的爱读书,是养成了阅读的习惯,也正是阅读的意义所在。

一、阅读含义和过程

(一)阅读含义

1. 阅读是一个心理过程　读者对由视觉输入的语言文字符号的信息进行解码,获取作者原意想表达的信息。换句话说,作者通过编码将意义变成书面语言,读者又将书面语言变成意义。这一过程包括构建过程的结构层次,即理解语言输入的词、短语、句子的字面意义;利用过程的意图层次,即要了解作者的意图,也就是说,作者究竟要表达什么。

2. 阅读是对外来视觉信号输入进行加工、处理的过程　在阅读过程中,读者用眼睛的移动、注视和回视获取直观信息,而对直观信息的加工充满了复杂的心理活动,如辨认、记忆、回忆、联想、分析、综合、推理、预测,甚至再创造等。

3. 阅读概念的不同表达　例如朗读、默读、精读、略读、理解、欣赏、诵读、背诵、浏览等,其实都是在不同语境维度下对阅读行为的不同表述。

(二)阅读过程

阅读是眼睛和大脑对文字材料的感知,其过程涉及知觉广度、眼球移动等问题。读书时眼球并不是沿着每个字连续不断地移动,而是经常"眼停"。抓住一些字,静读后再移到另一些字上。研究发现,只有眼停时才能感知字句,大部分阅读的时间属于眼停。眼动只占全部阅读时间的 $5\%\sim6\%$。每次眼停,视觉广度大的可见 $6\sim7$ 个字,视觉广度小的只看见 $3\sim4$ 个字,有时一个字也需经两三次的注视。阅读时的眼停不仅作"正移动",有时因意义不明了,或未看清楚,还会倒退到原定点,重新感知和理解。这种回视越多,眼停的次数和所费的时间也越多。

传统逐字阅读过程:

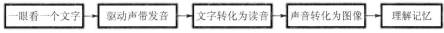

快速阅读记忆过程:

从阅读方式来比较,我们一般可以把阅读分为两大类:一是传统阅读法或称"慢读",即按照字、词等少数几个单字为单位逐个阅读;二是快速阅读或称"速读",它是将被阅读的文字以组或行、块为单位进行大小不一的整体阅读,而"组"或"块"内所包含的往往可能是词组、半行、一行、多行甚至整页内容,它是一种让我们能够从文字材料中迅速接收信息的阅读法。

快速阅读是一种纯粹运用视觉的阅读。速读的要领是:要用眼睛读,不要用声音读;在阅读文章时,将所看到的文字直接在大脑中唤起意识。阅读时人的眼睛处于运动和停顿的交替过程中,只有在眼停时才能感知字句,每次眼停时感知的文字量愈大,阅读的速度就愈快;眼停的次数越少,阅读的速度也越快。换句话说,阅读时要尽量摄入较大的文字信息量,每次眼停时不是感知一个字、一个词,而是要感知整句话或整段文字。

快速阅读是一种"眼脑直映"的科学运用视力和脑力的方法,这种"眼脑直映"式的阅读方法省略了语言中枢和听觉中枢这两个可有可无的中间环节,将文字信号直接映入大脑记忆中枢进行理解和记忆,所以,眼睛所看到的文字可以如同图像一样,一眼所看到的文字信息同时"并行"地进入大脑中枢,以与大脑思维速度相匹配的速度供给信息,使二者的工作协调,趋于同步,这就是快速阅读效率极高的主要原因。

二、阅读方法

根据阅读目的的不同,可灵活选用不同的阅读方法。

1. 泛读　一种浏览式的精读。鲁迅曾给这种方法取了个通俗的名字,叫"随便翻翻"。其特点为:阅读广泛,快速浏览;略观大意,不求甚解;多为务博,不必刻意求深,主要是为了开阔视野。

2. 精读　熟读精思的阅读方法。精读的一般过程为:①预习。了解概要,发现疑难。②复读。加深理解,解难释疑。③全面理解,创造性发挥。在精读过程中,可做些必要的圈点、批、画、摘录等。

3. 朗读　一种心到、眼到、口到并发声的读书方法。它通过逐字逐句地朗读,品味出读物的内涵和情感,体现朗读的基本作用。

4. 默读　省去发声的阅读。这是一种不出声的阅读方式,是快速阅读的起点。默读程序较传统阅读程序大大简化了。传统阅读:目→脑→口→耳→脑;默读:目→脑。默读不需要逐字逐句地读,可以用眼扫视,把整句整行的文字符号整体识别。默读与传统阅读比较,速度快、理解深、应用范围广。查阅资料、文件,阅读报纸、杂志等,一般采用默读。

5. 跳读　选择性地阅读。首先,看标题或小标题,以及文章开头或结尾部分,对阅读对象有个概况了解,以决定内容的取舍和阅读的详略;然后,对主体部分的若干段,通过各自然段的起始句或小结句,粗略地了解段意,从而确定哪些是需要精读的认识对象,哪些只需一晃而过,进行跳跃性的阅读,撷取其要点,对全文作线索性的提纲式的了解。

6. 全读　对那些参考价值大的文章和论著进行全面细致地通读。它不像跳读那样,读一部分,舍一部分,而是在通读的基础上,再从中选取有用的资料细看,以触发自己的思考,推动创见的产生,具有精读的特点;而跳读只要求提炼出篇章的要点、概况,带有泛读和速读的特点。

7. 慢读　按传统的见解,它是一种咬文嚼字、细心玩味的读书方法。它不仅要求逐字逐句地减速阅读,而且还要有停顿、有反复,直至确有体会为止。

8. 速读　一目十行地快速阅读。它要求精力高度集中,随着目光快速扫视而迅速、扼要地抓住读物主要内容,了解篇章结构,掌握文章观点。

 测一测

如果你的答案是"通常是这样",请打"√";如果是"很少",请打"×"。

1. 我会先把要阅读的东西浏览一遍,再开始仔细阅读。

2. 遇到不懂的字或词组,我会回头多读几遍,之后继续看下去。

3. 我觉得要找出一段内容的主旨很难。
4. 不同种类的内容,我会用不同的速度阅读。
5. 阅读的时候,我会把字默念出来。
6. 如果要读很多东西,我会尽量拉长每次阅读的时间。
7. 写问卷、考卷时,我会先把整张问卷或考卷浏览一遍,中间很少休息。
8. 要阅读报告或期刊时,我常常会开始做白日梦,然后才开始作答。
9. 如果是困难的文章,我会仔细慢慢阅读,不会选择快速地读个两三遍。
10. 我觉得要理解和记住读过的东西很容易。
11. 一般来说,我的阅读速度算是慢的。
12. 开始回答这些问题之前,我已把所有的问题都快速略读过一遍了。

第二节 阅读能力构成及其培养

一、阅读能力构成

阅读能力是阅读者运用自己的知识、经验和一定的方法顺利地进行阅读文字的能力,是由多种因素组成的复杂系统。一般认为,认读能力、理解能力、评价能力、应用能力等是构成阅读能力的重要组成部分。

(一)认读能力

认读能力,就是对文字符号的感知能力,即对阅读材料中的单字、词语、句子的认识能力。它是最基本的阅读能力,是整个阅读过程的基础,也是阅读最起码的要求。顺利进行认读的心理特征主要有两项:一是认读的广度,即视知觉范围的大小;二是认读的准确度,主要表现在对一些音形义混淆,容易错读、错写的字以及对同义词、反义词的辨析等,同时注意在认读时避免增字、减字、重字。读得准确,不仅能锻炼语言的感知能力,而且能促进对语言的理解和记忆等。

(二)理解能力

理解能力是在认读的基础上,对阅读信息进行消化、加工的能力,它是阅读能力的核心,衡量阅读能力最主要的是看理解能力。理解能力包括:理解词语的能力、理解句子的能力、理解语言结构的能力、理解文章表达方法的能力等。整个理解过程是按照从对语言形式到对语言内容的理解、从对部分的理解到对整体的理解,然后在这个基础上,加深对语言形式和部分内容的理解这样的规律来完成的。在这个循环往复的过程中,从字词句入手,经过判断和推理、抽象与概括的思维活动,达到对材料主旨的理解。

(三)评价能力

评价能力是指对阅读材料的体验和评价能力,包括对从材料的思想内容到表现形式、语言文字、写作风格等进行评价,也就是能从评价的角度进行阅读。

（四）应用能力

应用能力指通过阅读后,将获取的种种信息加以灵活使用,以获得新闻知识的能力。应用语言的能力的最大特征是由此及彼、举一反三。这是一种较高的思维活动,需要掌握精读、速读、浏览、质疑、比较等方法,具有独立性和研究性。

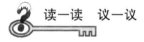 读一读　议一议

世界上具有快速阅读能力的卓越人物

马克思是个名副其实的速读高手,他读书的速度奇快。为了写《资本论》,他阅读了1 500多种书,在书中引用了十几个学科、数百个作者的观点,留下了100多本读书笔记。勤奋是一方面,但假设没有高超的速读能力,完成如此艰巨的工作几乎是不可能的。可以说正是由于他异乎寻常的速读能力,使他有可能在所研究的每个领域涉猎了无数有用的资料。他有极为丰富的哲学、政治经济学、历史、法律等社会科学知识。他对文字艺术也有极高的修养,海涅、歌德、但丁、巴尔扎克、莎士比亚等作家的作品,他如数家珍,随口吟诵。他几乎能掌握欧洲一切国家的语言,能和流畅的英语、法语著书立说,对自然科学也有很深造诣。他运用快速阅读的方法,在头脑里储存了取之不尽、用之不竭的信息和资料,使他的头脑成为一艘升火待发的战舰,随时准备开往任何一片思想的海洋。

列宁看书习惯于一目十行,迅速抓住整段整页的意思。他在《列宁全集》中引用自己看过的书竟达16 000多册。他在研究帝国主义这个专题时,读了148本书,49种期刊中的232篇文章,写下60多万字的札记。

斯大林也是一位速读能手。1938年夏,几位苏联红军将领来到斯大林的住宅,看到办公桌上堆着一厚叠印刷厂送来的新书,大为惊愕。斯大林笑着说:"无论如何,我每天一定要读完500页书,这是我的定额。"

法国的拿破仑就是一个酷爱读书,有惊人的记忆能力和快速阅读能力的人。他能在一天内读完20本书,即使外出或率军队远征,也要让人带几十箱书籍来供他阅读。在一次和俄国沙皇作战时,拿破仑被打得落花流水,他的书也被俄军缴获。回国后,拿破仑凭记忆开出清单,派人重新购置,当人们将清单和上次的书单核对时,发现竟然一模一样,无一差错和遗漏。

大发明家爱迪生在研究打字机的一个部件时,有一次和制造商们约好某一天把各种打字机的样子都送来,在客人们来的前一天晚上,爱迪生集中精力将有关这个部件的书全部看了一遍。第二天,爱迪生就对客人们头头是道地讲起来。事后,他的助手把他那天晚上读过的书借来通读一遍,结果用了11天才读完。

文学家高尔基,也是具备令人吃惊的快速阅读能力的人。他看书不是从左向右来读,而是从上往下看,像下楼梯一样。后来,苏联学者研究出来的垂直阅读法,

可能就与这些记载的线索有关。

美国第35任总统肯尼迪,40多岁就当选此职,是美国通过选举选出的最年轻的总统。他每分钟能阅读1 200多个英文单词,而一般美国人的阅读速度仅为200多个英文单词。肯尼迪的阅读速度是一般美国人的五六倍。他曾提出过"平面凸现"的阅读方法,即眼睛就像照相机镜头一样,可以一次阅读整整一页的内容。另外一名美国前总统罗斯福也是一个快速阅读的高手。据记载,他常常是眼睛一扫,就可以看完一段文章;一坐下来,就读完一本书。美国前总统卡特在当选之后,就专门抽出两个星期时间,请专家来为他传授快速阅读的方法,以便到白宫后能及时处理由总统签发的堆积如山的文件。美国历届总统中大多数都是速读高手,甚至是速读协会的成员。

二、阅读能力培养

阅读是一种本领,也是一种艺术。专家指出:一般人的阅读速度大约为每分钟5～200个词,经过训练,大部分人的阅读速度可以稳固地提高2～3倍。那么,怎样提高阅读能力呢?

(一)提高阅读效率

阅读效率是指单位时间内阅读的有效信息量,一般用每分钟阅读的有效字数表示。阅读效率的计算公式可以表示为:阅读效率(E)=阅读速度(R)×理解率(C)。这个公式表明:阅读效率等于阅读速度和理解率的乘积。速读是一种兼顾理解与速度的阅读技能,既要在阅读中获取有用信息,对读物进行积极的、创造性的理解,又要高效率地思维,提高阅读速度。经实践证明,该公式简便易行、合理有效。

阅读效率与阅读速度、理解率两个因素相关。仅有速度没有理解率或理解率很高而速度上不去,都不会有阅读效率。公式中速度和理解率是互相制约的。

为达到一定的阅读效率,速度快时,理解率就要降低些;相反,如果过分追求很高的理解率,那么速度就势必要大大放慢。因此,孤立地强调阅读速度或理解率,都不利于提高阅读效率。

阅读速度的计算公式为:$S=(G/M)\times L$。其中,S为有效读速;G为阅读字数;M为阅读所用时间,以秒为单位;L为理解系数,$L\leqslant 1$。这个公式求得的是每秒的有效读速,再换算成以分为单位的有效读速为$S\times 60$。

台北师专附小速读教学试验课上,学生经过训练后,"每分钟小学低年级生读300～400字;中年级生1 000字左右;高年级生可达2 000字左右"。

"一目十行"并非神化。阅读能力强的奥妙在于眼球移动的次数少,每次抓住的字数多,回视的频率低;阅读能力低,眼停的次数较多,每次抓住的字数却很少,而且经常来回反复地读,甚至只能把一字、一词作为认读单位。因此,只要扩大视幅广度,增加每次眼停时抓住的字数,阅读的效率是会提高的。视幅广度是指一个视点所感知的文字范围,又称"视音距"或"视域"。视幅广度不是一个点、一条线,而是一个面。视幅广度越大,阅读速度就越快。提高阅读效率,必须在四个方面下功夫。

1. 扩展视幅　每个人具备一眼识别多个字的能力,经训练就可以充分开发出来。汉字及英文单词本身就由多个字组成,如"谢"字,由"言身寸"三个字组成,繁体更典型,大家一眼就可以识别"言身寸"是"谢"字,而不用分别念每个偏旁才能识别;英语单词由多个字母组成,每一个字母都有自己的发音,但我们一眼就能辨认出单词整体意思,如"word"不用"w-o-r-d"地逐字发音就能认识;更具体的例子,你一眼就能看懂含有两三个字的熟悉而简单的词语。也可以理解为阅读单位的改变,即由字到词、词组、句子、语段等。

2. 焦点移动　阅读过程中,眼睛是以快速眼跳运动的方式进行的。其中眼跳运动的时间只占10%,而眼睛停留在各个注视点上停顿的时间占到总时间的90%。可见,眼睛主要不是靠眼跳的运动,而是通过眼跳中的注视停顿来获取信息。这样,减少一行乃至一页文字中的注视点,也就相应使得视觉幅度扩大,每次眼停获得的信息增多,从而可以节省阅读时间,提高阅读的效率。

3. 眼脑直映　传统阅读者的阅读路线往往是由视觉中心传至说话中心,经发音器官发出声音传至听觉中心,再由听觉中心传到阅读中心,最后才达到理解文字意义的目的。这样的过程曲折迂回,路线太长,不仅费精力、易疲劳,而且直接影响到理解和记忆的效果。速读记忆则是培养阅读者直接把视觉器官感知的文字符号转换成意义,消除头脑中潜在的发声现象,形成眼脑直映,从而实现阅读速度的飞跃。

4. 消除回视　回视是指眼跳经过某一注视点后又重新返回。回视的次数越多,阅读的速度就会越慢。

5. 避免发声　出声阅读是影响阅读速度的重要因素。实验统计表明,朗读的速度最快每分钟只能达到200字,而默读每分钟可达800字左右,是朗读的4倍。因此,提高阅读首先要学会默读。默读的关键在于避免出声,有的人在读时虽然听不到有明显的出声现象,但是仔细观察会发现他的唇或舌在动,说明其阅读仍有不易觉察的潜在发声现象,这仍会影响到阅读的速度。在实际阅读训练中,要有意识地克服唇动、舌动的现象。

(二)养成良好的阅读品质

1. 要保持注意力集中　快速阅读不只是求速度,还要求达到理解的程度,如果注意力不集中就很难保证在极短的时间内能够理解内容,更谈不上对内容的记忆和掌握。因此,阅读的速度越快,就越需要读者的注意力保持高度集中。这对于保证快速阅读的效率是非常重要的。

2. 提高整体识读能力　阅读速度的提高,与阅读者的整体识读能力有着直接的关系。逐字逐句读书的习惯使注视点增多,眼跳次数增多,势必影响阅读的速度。而如果将许多字词、一句或数句甚至一段作为一个整体来识读,就会大大减少注视点和眼跳次数,使每次眼停的阅读视野扩大,阅读速度也会成倍地提高。因此,在阅读中注意养成整体识读的习惯,也是提高快速阅读能力的一个重要方面。

3. 正确处理好阅读速度与理解、记忆关系　我们所说的快速阅读,当然是在理解、记忆基础上的阅读。如果抛开了对所读材料的理解和记忆,而单纯追求速度,那这个速度即使再快也是没有意义的。因此,提高阅读的速度,一定要处理好速度与理解、记忆之间的关系。快速阅读必须以一定的理解水平、记忆掌握能力为前提。一般来说,快速阅读的理解率应保持在70%左右的水平。

三、提高阅读质量

（一）读错字原因

为了避免读错字,我们有必要了解发生读错字的原因。读错字的原因大体上可归纳为:

1. 因形体近似而误读　如病入膏肓(huāng)误读盲(máng);遗(yí)传误读遣(qiǎn)。

2. 因形声字声旁有问题而误读　形声字的误读类型有三种情况:

（1）读了声旁的现代读音,发生错误。如:

胴体不读 tóng,而读 dòng;咯血不读 gè,而读 kǎ。

（2）不按声旁读而发生错误。如:

细胞不读 pāo,而读 bāo;分娩不读 wǎn,而读 miǎn。

（3）因声旁类推而发生错误。如:

浸润不读 qīn,而读 jìn;胚胎不读 pī,而读 pēi。

3. 专有名词的特殊读音　如厚朴不读 pǔ,而读 pò。

4. 多义多音字的认读　如:

处—{处方　chǔ / 处所　chù}　　　吐—{吐气　tǔ / 呕吐　tù}

四、图表阅读

自然科学与社会科学书籍有大量专列表格、图表、图解和图片,这些无字句材料往往同文字一样重要。统计表和统计图是表达统计资料结果的重要工具。统计表不仅便于阅读,而且便于分析比较。统计图是把数字资料形象化,使人获得清晰和直观的印象。因此,统计图表的正确阅读,对统计结果的表达、分析、理解有着重要的影响。学会掌握无字句材料的最好方法,只要对在指定阅读材料中遇到的表格、图表、图解、图片作深入细致研究,就会学到一种现在有用而且将来对工作也有用的技能,并在使用这种技能过程中变得越来越熟练。

<h2 style="text-align:center">表　格</h2>

表格提供大量实际材料,通常是统计表。这种密集的、有条理的格式可使复杂的关系立即变清楚。例如,一份人口平均寿命及不同年龄死亡率的统计表,可用 3 英寸大小的表明估算的平均寿命如何随着人们的年龄、种族、性别及职业的不同而不同。顶栏标题列出了一组变数,边栏标题列出了另一组变数。任何两个变数的关系均在横栏及竖栏的交点处找到。

统计表的基本表式示意如下:

```
表×(表号)              标题×××                              顶线
横标目
的总名称          纵标目         纵标目         纵标目         隔线
横标目
(主要比较的组别)               数字区域
                                                            隔线
合计
                                                            底线
* 备注
```

<h2 style="text-align:center">图　表</h2>

图表像表格一样,表示两组变数之间的关系。一个带有直线或曲线的图表还表示连续性。当每个单独标出的点连接起来时,你就可看出其过去、现在和设想的将来的前后关系。

统计图是用线条的升降变化、面积的大小、直条的长短等表示数据的数量大小和关系,形象直观、通俗易懂。但从统计图上不能得出确切的数字,所以它不能代替统计表,必要时可将统计表一并列出。常用的统计图有直条图、圆图、线图、直方图。

<h2 style="text-align:center">图　解</h2>

在一些自然科学教科书中,如解剖学、生物学的教科书中,几乎每页都使用图解。一幅人体解剖结构的标记图有助于你清楚了解各部分之间的复杂关系。根据自己的记忆来复制标记图解进行学习的学生是必然会精通这门学科的。

教科书中有图片,是因为图片担负直观教学的任务。图片能帮助你将人物、地方、物体及情况具体化。图片能传达状态和色调。对图片不要只是瞥一眼就算了,要研究它与课文的联系。假如有标题,要仔细阅读。要试图弄明白为什么使用图片,以及它是怎样用来加深你对主题的了解的。一幅希腊寺庙图片可告诉你许多有关古代希腊人表现在建筑学方面的内容。一张岩石构成的照片能说明一条地质构造原理,而这些仅用文字是难以描述清楚的。

查找常用的统计图(直条图、圆图、线图、直方图)进一步了解相关知识,并绘制出相应的图表。

第三节 书写性质

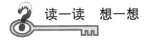

年轻人的书写能力不断退化

认清汉字,写好汉字,本应是一个受过教育的年轻人要具备的基本素质,然而事实却表明,年轻一代的书写能力正在不断地退化。和父辈相比,这些年轻人或许在电脑文字输入以及发短信的速度上遥遥领先,但写一手好字的本领却大为逊色。记者调查发现,随着年龄的增长,这种书写能力退化的迹象越来越明显。

小学生:不写错字者"凤毛麟角"

最近,小学五年级学生肖洋(化名)的一篇小作文让他的父母很苦恼。在这篇500字不到的文章里,竟然出现了30多处文字错误,例如"我走过来的",竟然会写成"我有走来"这样不符合语法的说法。更为严重的是错别字太多而且字迹潦草,如"很气愤"写成"很气奋","大吃一惊"写成"大吃一斤"。如果不是熟悉他的笔迹,这篇文章简直无法让人读下去。肖洋的字写得不好,但是电脑打字速度却很快。肖洋的父母担心,以后如果要进行升学考试,他肯定要吃"写字亏"。

这并非个例,不少教师反映,一些学生用电脑上网打字的时间已不亚于甚至超过在作业本上写字的时间,这对正处于"识字期"的他们非常不利。与过去的小学生相比,现在的同龄学生受到电子文字输入习惯的干扰要大得多。这种干扰最直接地体现在学生写作中。现在作文如果进行评分,一般采用每3个错别字扣1分的标准。小学生的作文一般都不长,能够1分不扣的学生不到四分之一,而"通篇没写错别字,这样的学生真是凤毛麟角"。

中学生:考试栽"写字"跟头的不少

如果说正处于"识字"阶段的小学生书写能力退化的迹象还不明显的话,在中学阶段的升学考试中,这种能力退化的弊端就很明显地表现出来。

据有高考阅卷经验的高级教师陈老师介绍,现在高中生的字写得越来越差,卷面不整洁、笔画不清楚的问题非常严重。他说虽然这几年的高考作文对字体和卷面没有做特殊规定,但卷面和书写的潜在作用还是相当大的。在阅卷疲劳的情况下,如果一个学生的字写得很漂亮,改卷子的老师就会眼前一亮,印象分自然会高一些。他惋惜地说:"只是这种卷面整洁、字体漂亮的试卷,有时候一天也碰不上几份。"学生写字差带来的隐性影响凸现。

其实,字是否写得好对成绩的影响是客观存在的。此前,上海市曾经做过一个有关"写字教育"与学生全面发展的调查,写字"优"的学生,语、数、英三科得"优"的概率为76.2%;写字"差"的学生,三科得"差"的概率为80%。

成年人:经常提笔忘字

前不久,市民苏小姐参加了一次职业培训考试,走出考场的她十分懊恼地说:"考试的时候,我真想打开手机看看!因为有很多题目都是知道答案的,就是字写不出来。"记者在采访中发现,不少市民平时大量使用电脑打字,遇到写不出的字就习惯于向手机和电脑"救助"……越来越多受过高等教育的成年人也面临提笔忘字的困境。

一些文字工作者也纷纷表示,在电脑前打字,文思泉涌,而在纸上写字,过去那种妙笔生花的感觉就找不到了。于是,结构稍微复杂一点的汉字写不完整;书写歪歪扭扭;写留言、便条经常出现错别字……

不仅如此,出现在成年人身上提笔忘字的"通病",正在大学生群体中蔓延。在华侨大学任教的张老师,在最近几年的大学生考试试卷里,就明显发现这样的趋势。例如,试卷中写生僻字的能力越来越差,一些学生干脆用拼音来代替写不出的汉字;错别字也多了起来,有时连一些常用词都会写错或忘记怎么写;除了拼音错误、错别字泛滥的问题以外,如今大学生的书写水平也越来越差,和多年前的大学生已经不在一个水平线上。"想想也不奇怪,有的同学一支圆珠笔芯油一年没用完,你说他一年能写几个字?"

汉字是记录汉语、传递信息的重要工具。规范、端正、整洁地书写汉字是有效进行书面交流的基本保证。

一、书写含义与要素

(一)书写含义

传统书写,指用笔在载体(通常是纸)上留下字迹的行为过程。但是,随着社会的发展,书写必然反映新的内涵与外延:凡是借助一定的工具在载体的平面上留下字迹,发挥信息处理作用的过程,都叫书写。

(二)书写要素

书写的含义包含四个要素:①书写的工具。它已不单是毛笔、钢笔、圆珠笔、铅笔之类,像机械打字机、电子打字机、文字处理机等应包含其中。②载体。它已不完全是纸张,像电子屏幕等也属载体的范畴。③书写的内容。它不仅是汉字这样的表意文字,也可以是表音的外文字母,甚至是一些线条、符号,都可以是书写的内容。④书写的作用。书写是为了处理信息。

二、书写类别与类型

（一）书写类别

（1）按书写产品或结果是否成篇,可分为成篇的书写和不成篇的书写。前者如写信、写总结、做会议记录等,后者如签字、填数、做记号等。

（2）书写按其产品和结果是否可读,分为可读的书写和不可读的书写。前者如写的总结、做的会议记录等,后者如画示意线、加着重号等。

（3）按书写产品或结果达到的手段是直接的还是间接的,可分为:直接书写和间接书写。前者如毛笔书写、钢笔书写,都是直接通过使用者手中的书写工具在载体上体现出产品或结果;后者如借助打字机之类的机器使产品或结果体现出来。

（4）按书写凭借的工具将书写分为软笔书写、硬笔书写和机器书写。其中,软笔书写主要指毛笔书写;硬笔书写主要指钢笔、圆珠笔、铅笔书写;机器书写主要指机械打字机和电子打字机书写。该分类法体现了书写的基本特征。

（二）书写类型

1. 硬笔书写 指用钢笔、圆珠笔、铅笔等硬尖书写工具书写的方法。它的特点是书写流利、简易、迅捷,工具携带方便。其中,钢笔、圆珠笔书写应成为护理工作者掌握的主要书写方法。

（1）执笔。用拇指、食指及中指捏紧笔杆下端,无名指和小指自然贴紧在中指下面,笔杆上端依在虎口处,笔身倾斜。

（2）运笔。因钢笔字小,运笔的范围也较小。书写一般都是枕肘枕腕,手掌根部外侧枕在桌上,手腕基本虚悬。拇指、食指和中指既执笔又主运笔。

（3）结构与布局。结构上要求笔画匀称,疏密得当,搭配适宜。布局上是从左至右横写,且横要成行。

（4）字体的选用。一般选用行书、楷书。护理工作者还应努力掌握仿宋体的写法。仿宋体是楷书常用的三种印刷体之一。它字体秀丽,横平竖直呈方形之势,笔画不分粗细,顿笔讲究,给人工整之感,特别适宜一些手抄件。

（5）合理选笔种。硬笔书写最常用的是钢笔、圆珠笔、铅笔。钢笔灌水而用,书写时具有软笔的一些特点;圆珠笔书写流利,携带方便;铅笔书写流利且易改动。选择笔种主要是从书写内容是否长期保存考虑。

（6）注意墨水和纸张的选用。对墨水的选用主要是从其耐久性的长短考虑。碳素墨水和蓝黑墨水一般比较耐用,需要存档保存的文件可选用之。在使用碳素墨水时不可和其他墨水混用,否则易发生化学反应,使钢笔书写不流利。对于不需要归档保存的文件可选用非耐久性墨水。

2. 机器书写 指借助机器在载体的平面上留下字、字母或者其他符号的过程。这些机器在使用时各有其操作规则和操作说明,故予以省略。

三、书写特点与功能

（一）书写特点

书写是沟通的重要形式，也是最传统的沟通方式之一，它具有现代通信手段不可替代的优势。书写沟通具有规范性、标准化、长效性和权威性的特点。

1. 规范性和标准化　写字绝不是个人的事情，是关系到国家生活、民族生活和社会生活健康发展的大事情。所以要坚持做到在一切郑重场合的写字，能让人人看得清楚明白，具有全社会的通用性。为此就要做到写字"规范化"和"标准化"。写字"规范化"就是不写已被语言文字法所否定的地方体和行业体；"标准化"就是不写未被语言文字法所承认的个人应用体和社会流行体。总之，写字要写符合语言文字法要求的手写体。

2. 长效性和权威性　解放战争前夕，云南省省主席龙云手下关押着一批著名民主人士。特务头子沈醉奉命带了一批人去云南，准备杀掉那些民主人士。龙云当时正在秘密与共产党联系，进行谈判，不愿意杀害这批民主人士，就拍电报请示蒋介石。蒋介石当时口授了八个字："情有可原，罪无可逭（逃）。"龙云见手令犯难，旁边有人出主意，将电文改为"罪无可逭，情有可原"给沈醉看，沈醉一看，这分明是不杀之意。又打电报给蒋介石，问这八个字是不是真的。蒋介石怀疑自己当时口授颠倒了，也就不了了之。

（二）书写功能

传统的书写工具即纸笔系统，主要有三种功能。

1. 用于听写　即当别人用嘴讲话时，自己用笔在纸上对其所讲内容做书面文字记录。传统纸笔系统的这一功能极弱，因为中国人讲话的速度一般为每分钟120～140字，而长时间用手写字的速度则一般为每分钟20～30字左右。在前者的速度快于后者4～7倍的情况下，大量的内容被漏记。

2. 用于想写　即当自己一边想，一边用笔在纸上对自己所想的内容做书面文字记录。传统纸笔系统的这一功能更弱，因为中国人思维的速度一般为每分钟400～600字，而长时间用手写字的速度则一般为每分钟20～30字左右。在前者的速度快于后者10～30倍的情况下，海量的内容被漏记。

3. 用于看写　即当自己一边看，一边用笔在纸上将自己所看到的内容做书面文字记录。毋庸赘言，传统纸笔系统的这一功能也很弱。

（三）书写作用

1. 提高人的艺术修养　好的书写体现了一个人的艺术水准。书写者经过一定阶段的练习和积累就有了一定的技法，于是就有了书法。书法是儒家的"六艺"之一，是我国一门历史十分悠久的艺术，几千年来一直散发着独特的魅力，它体现了人的内心世界，表现了精神美、气质美。古人学习，必先练书写，并且还有诸多的规制，一个重要的目的就是为了怡情养性。因此，坚持书写并且注意提高技法，必然能够陶冶情操,提高艺术修养。古人有"字如其人"之说,即认为从一个人的字迹就可以看出此人的道德品质和艺术修养。笔者虽然认为此说将人品与字迹相连有偏颇,但是字迹的确能够反映一个人的艺术修养,一个胸无点墨、粗俗不堪的人是不可能写出一手俊秀、飘逸的字的。

2. 提高分析判断能力　电脑打字虽然速度快,但是学习是一个综合过程,太快就失去了很多的思考和学习的机会。比如忘记一些不常用的汉字或词组等,最后导致拿起笔就忘记了字的写法,甚至经常写错别字。而书写能够调动书写者的手、眼、脑等各个器官,使它们都得到训练,同时一笔一画地书写,可以使人更好地记住字的笔画与结构,提高个人的分析判断能力。最后,书写在日常生活中还有着自己的独特作用。现在的考试还是以书写为主,因此一份书写工整、漂亮的试卷能得到阅卷老师的好感,自然其得分就会高。在就业竞争激烈的今天,一份书写漂亮的简历也能为竞争增加筹码。

第四节　提高汉字书写水平

据《佛山日报》报道,最近不少家长和老师反映,孩子可以在键盘上快笔如飞,一拿笔写字就是歪歪扭扭。这些孩子大都认为可以用电脑打字替代手写,还有一部分学生甚至认为,电脑越来越普及,手写很麻烦、易出错,写字根本没必要练。

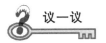

试问:电脑能取代书写吗?

文字书写,字如其人。一般人的文字书写虽然不能按书法家的标准来严格要求,但是文字书写应给人起码的美感。书面语言表达要遵循约定俗成的文体,要根据文字沟通的需要,灵活地运用不同的文体来表达自己的思想。

一、书写汉字基本要求

在平时的工作、学习、生活中,书写是很平常的事,所以许多人常常忽视:字迹潦草,字体古怪,让人像读"天书"似的。它既影响了工作,也影响了沟通。提高汉字的书写水平,就是为了使文字的沟通作用发挥得更好。

书写汉字的最基本要求是在写得正确的基础上,做到清楚、均衡、整齐、熟练、规范。

清楚,指笔画要分明,横要像横,捺要像捺,哪里顿笔,哪里起笔,都要有一定的规矩,不可信手涂鸦。对于形体相似的字更要写清楚,如"仅"和"反","无"和"天","人"和"入","已"和"己","乌"和"鸟",稍不清楚,就可能产生歧义。

均衡,指根据字的笔画多少长短合理安排字的结构。如"国、园、周"的外框,必须宽窄适度;"直、上、盆、进"字底笔画须长而有力;"毋、匆、易"横折钩不能垂直,等等。

整齐,指字的大小要相称。笔画多的不出格,笔画少的不蜷居一隅。如欧阳询体的"谢"字,尽管有三个很不规整的"言、身、寸"部分组成,外观却很整齐。

熟练,指书写速度快。但一定要注意应符合汉字的笔画、偏旁的结构规律,不能潦草。

规范,指书写的字、词等要符合用字规范,用的简化字是参照国家正式规定的简化字表,即《简化字总表》《第一批异体字整理表》《现代汉语常用字表》。不得随意简化或不分场合写繁体字。

在写好字的情况下,还应注意文面的清楚、匀称、整齐。清楚指没有或很少涂改;匀称指全部字要大小适中,粗细合宜;整齐指字行的平直,不要忽上忽下,叫人看不顺眼,要保持字迹前后一致,不要有时认真,有时潦草,以保证阅读内容不被误解。

在掌握基本要求的前提下,如何提高汉字的书写水平呢?一要充分认识书写的作用,二要从基本功做起。要充分认识提高汉字书写水平的意义,它不仅对语言沟通作用的发挥有重要作用,而且对于护理工作者认真履行自己的职责,圆满完成岗位工作有直接关系。

 专家指导

怎样书写才算好字

只要认识汉字的人都会写字,但要把它写成一种艺术品,却是不那么容易做到的。为什么呢?因为掌握书写点画、线条美的规律和文字结构美的规律,需要有一个实践过程和领悟过程。往往一个东西,人人看了都感到美观,但美在什么地方,就说不出来了。汉字的形态美的规律是怎样的?怎样才能达到形态美?

把汉字看成是由点画按自然美的规律构成的,是自然界的一种有形的物体。它不是躺在纸上,而是立在空间中的。每一个字,就是一个完整的物体,它又是一幅文字作品的一个成分。在一幅文字作品中,虽然各个字都不相同,却在整体结构上呈现着和谐的统一美。每一个字,都有恰当的结构、形势和位置。它们共同形成一种气势特点。一篇好的字幅,好像一首美的视觉音乐,通过视觉对比的旋律,给人以美的享受。

大家知道,篇幅由字构成,字由点画构成。点画写不好,字不会好;同样,篇幅安排也是有一定的规律的,如果不按篇幅组织规律排布各字,即使单个字写得好,从篇幅整体上看也是不会美观的。

汉字是由象形图画演变而来的。所以,它的基本构成要素仍然保留着图形的痕迹,有些表示抽象意义字,是由表示具体事物的象形构件延伸而成的。因此即使汉字的结构复杂化,也使汉字产生了表现意象的功能,单是点画的形态和相互间的关系,就可引起人们的丰富的想象和品味。构成汉字的最基本的笔画是点、横、竖、撇、捺、勾、拐,而这些笔画在不同的字体和书体中是不同的。而不论这些笔画怎样

变化，它们之间的组合搭配只遵循实用性、整体性、美观性三个原则。实用性，就要让字体简洁，易识易写。整体性，就要让字体的各个笔画之间、各个字之间，在整个篇幅之内，在形势和意向上互相照应联系起来，而不是随意堆积起来；各个笔画和各个字的大小、长短、粗细、依托、勾连、位置、空白等都有一个合适的比例。美观性，就要让字形符合自然界物体形象美的特性，即稳定、平衡，对称、均匀、圆曲、流畅、活跃、劲力、含蓄、明朗、节奏、悦色、自然等。

汉字的这一特点，使每一个字都能成为一幅独立的意象图案，一篇具有艺术性的字幅，成为一幅具有一定气势和意象的图画。

二、书写技能要求

书写技能要求主要是指对标准规范汉字的正确书写。虽然它也包含一定的用笔、结构规则和布局，但就整体来说，是注重于"技能"的把握，是一种功用性很强，而艺术性与精神性较低的实用书写技能。简单地说，就是"写字"，将字写得正确、规范。

书写技能要求包括：

（1）掌握执笔、运笔的方法，纠正不正确的动作和姿势。

（2）笔画清楚、工整，正确、规范，熟练有力，匀称美观。

（3）掌握规范的汉字笔画的书写和间架结构的安排，纠正有关的书写毛病。

（4）书写款式要求：纸面干净、整洁，留有天地，左右余出适当的空间，布局合理，行款整齐。

（5）以提高硬笔楷书的书写技能为主，兼顾行书；提倡写好毛笔字。

三、书写速度与书写质量

（一）书写速度

1. 确立书写速度观念　应确立写字速度是写字质量重要组成部分的观念；根据不同书写目的调控不同书写速度的观念；运用任何书写速度都必须以写好字为前提，保证不损害文字功能的观念；掌握多种书写速度才能适应学习、工作和社会生活多样书写需要的观念等。

2. 写快和写好相统一　任何技能动作的训练与培养，都必须追求一个比较理想有效的速度，把速度作为衡量技能高低的指标。但是孤立的写字速度不能构成一个完善的指标，它必须以质量为前提，要严格地受写字质量的制约，如果不以质量为基础，写字动作越快写的字越多，所写的字就越无法认识，就会给社会带来灾难性的后果。在社会的各行各业，普遍存在写字如同"天书"的现象，写字潦草难辨，多是由于只求快速写字、不求把字写好造成的。这种忽视写字质量，把写好和写快分割开来，把写字速度放在第一位的做法和现象，已经给社会生活的各个方面造成了不良影响，甚至需要国家运用制定语言文字法的手段来解决社会用字的混乱局面。

(二) 书写质量

交往书写，是与交往对象(主要指朋友和熟人)进行信息交流的书写。这种书写情境一般不具有在教育情境下书写的严肃性，写出的字会明显表现出"个人应用体"的倾向，写字的动作过程或笔画会有可以认可的连带和省减，书写速度自然要快一些。但应当写得清楚才能使对方顺利地辨认和阅读，达到交往的目的，这是控制交往书写速度的重要原则。要表现出交往书写的责任感、自我尊重的责任感和尊重交往对象的责任感，用这种责任感控制写字速度，就不会让速度快到辨认困难的程度。

为了建立合理的写字速度，当前有两个系列的写字质量指标，必须在写字教学中着重地加以贯彻。一个是《国家通用语言文字法》的通用质量指标，另一个是国家教育行政部门的教学质量指标。这两个系列的写字质量指标，都是形成合理有效写字速度的制约和决定因素。

书写错误原因

汉字难写，早有公论。难写，除笔画繁多外，还有形体近似的因素。①笔画繁多，就自创简化字或滥用代用字。如用"白C"代替"白细胞"；用"麻会"代替"麻醉科会诊"；用"肺A"代替"肺动脉"；以"V注"代替"静脉注射"；用"吸O_2"代替"吸氧"等。②因另一个形近字或形近部件的干扰，而使形体写错，笔画不对。由于形体相近，差别很细微，很容易误写：或粗心大意，或根本没分辨清楚，或一时没记住。书写错误，大致有以下几种情形：

1. 写错字常见的六种情况
 (1) 增笔。例如：预防(頊)　传染(柒)　孕妇(孕)　喉咙(喉)
 (2) 减笔。例如：主诉(诉)　感冒(昌)　秃顶(秃)
 (3) 易位。例如：疟疾(疟)
 (4) 变形。例如：滴虫(滴)
 (5) 类化。例如：狭隘(猾)
 (6) 自创。例如：面貌(百乳)

2. 写别字不外乎三种情况
 (1) 形别。例如：病入膏肓(盲)　脉搏短绌(拙)
 (2) 音别。例如：畸形(奇)　烦躁(燥)
 (3) 义别。例如：神经(精)

100个常见别字及其原因

2005年4月22日，语言文字刊物《咬文嚼字》在创刊10周年大会上，公布了

"当代汉语出版物中最常见的100个别字"。

这100个别字产生的原因:①读音相近。②字形相似。③意义混淆。④不明典故。⑤无视规则。附100个常见别字(括号中的字为正字):

按(安)装　甘败(拜)下风　自抱(暴)自弃　针贬(砭)　泊(舶)来品　脉膊(搏)　松驰(弛)　一愁(筹)莫展　穿(川)流不息　精萃(粹)　重迭(叠)　渡(度)假村　防(妨)碍　幅(辐)射　一幅(副)对联　天翻地复(覆)　言简意骇(赅)　气慨(概)　一股(鼓)作气　悬梁刺骨(股)　粗旷(犷)　食不裹(果)腹　震憾(撼)　凑和(合)　侯(候)车室　迫不急(及)待　既(即)使　一如继(既)往　草管(菅)人命　娇(矫)揉造作　挖墙角(脚)　一诺千斤(金)　不径(胫)而走　峻(竣)工　不落巢(窠)白　烩(脍)炙人口　打腊(蜡)　死皮癞(赖)脸　兰(蓝)天白云　鼎立(力)相助　再接再励(厉)　老俩(两)口　黄梁(粱)美梦　了(瞭)望　水笼(龙)头　杀戳(戮)　痉孪(挛)　美仑(轮)美奂　罗(啰)唆　蛛丝蚂(马)迹　萎糜(靡)不振　沉缅(湎)　名(明)信片　默(墨)守成规　大姆(拇)指　沤(呕)心沥血　凭(平)添　出奇(其)不意　修茸(葺)　亲(青)睐　磬(罄)竹难书　入场卷(券)　声名雀(鹊)起　发韧(轫)　搔(瘙)痒　欣尝(赏)　谈笑风声(生)　人情事(世)故　有持(恃)无恐　额首(手)称庆　追朔(溯)　鬼鬼崇崇(祟祟)　金榜提(题)名　走头(投)无路　趋之若鹜(鹜)　迁徒(徙)　洁白无暇(瑕)　九宵(霄)　渲(宣)泄　寒喧(暄)　弦(旋)律　赝(赝)品　不能自已(己)　尤(犹)如猛虎下山　竭泽而鱼(渔)　滥芋(竽)充数　世外桃园(源)　脏(赃)款　醮(蘸)酱　蜇(蛰)伏　装祯(帧)　饮鸠(鸩)止渴　坐阵(镇)　旁证(征)博引　灸(炙)手可热　九洲(州)　床第(笫)之私　姿(恣)意妄为　编篡(纂)　做(坐)月子

(1) 阅读有没有发声或做出轻微发声动作的习惯?

(2) 能否一次眼停就可认识一个短语或短句,并能整体理解它的意思?这样每分钟能阅读多少字?是否养成了把目光射到句子中间进行整体认识的习惯?

(3) 有没有回视、停留或用手指、笔尖指着阅读的习惯?能否准确而又均匀地控制视线,在读物中间垂直地迅速滑动?

(4) 能否根据字形和构词法,以及词语在句中或上下文的位置推测词义?用压缩和转换的方法以及利用关联词理解长句和复句,从而迅速地抓住句群中重要信息,提高对语段的预测能力?

(5) 能否迅速地抓住中心句和提示语把握段意?根据文章标题、重点段、重点句迅速抓住全文的中心思想?

思考与练习

1. 对照"读书卫生的习惯",检查自己的阅读情况。

读书要讲究卫生,坐姿要端正,眼睛与书本之间的距离应保持约 30 cm,连续看书一小时左右,要休息或向远处眺望一会儿,不要在光线昏暗或阳光直射下读书,不躺在床上看书,不边走路边看书,不在开动的车厢里看书。读书卫生的基本要求是:眼睛:视距正确,光线适中,注意间歇;躯体:坐姿端正,不驼背,不卧读;大脑:有张有弛,不过度疲劳。

2. 将目光集中在表格中心,限定在 25 秒内按数字顺序找出它们所在位置,平均每秒找到一个数字。检验方法:

6	1	18	22	14
12	10	15	3	25
2	20	5	23	13
16	21	8	11	7
9	4	17	19	24

舒利泰表

(1) 阅读 25 个数字,最短共需几秒钟?
(2) 找出所有偶数数字的位置,最短需要几秒钟?
(3) 找出所有奇数数字的位置,最短需要几秒钟?
(4) 找出表中 5 的倍数有几个以及它们的位置,最短需要几秒钟?
(5) 找出表中 3 的倍数有几个以及它们的位置,最短需要几秒钟?

3. 阅读消息,理解教育部强调学生重视书写能力的必要性。

教育部强调:学生重视键盘莫忽视书写能力

能用电脑键盘熟练打字的孩子,是否也写得一笔好字? 教育部有关负责人近日接受新华社记者采访时指出,当前,各地教育行政部门、中小学校在重视学生掌握计算机汉字输入技术的同时,仍要高度重视和加强写字教学,家长也应积极配合,共同培养孩子从小养成良好的书写习惯,把有着悠久历史的中国汉字写好、写美。

这位负责人说,规范、端正、整洁地书写汉字,是学生终身学习能力的基础。养成良好的写字习惯,具备熟练的写字技能,具有初步的书法欣赏能力,是现代中国公民应有的基本素养。坚持正确的写字姿势,书写认真仔细、规范整洁,能够促进学生良好品格和意志力的发展。教育部对此多次提出明确要求,现在关键在于落实,要把写字纳入课程表。

这位负责人指出,加强写字教学,培养学生良好的写字习惯是所有教师的共同任务。教师应在教学中明确对学生写字的要求,要特别重视学生日常写字,各科作业都应要求书写规范、认真、端正,真正做到"提笔就是练字时"。教师都要以正确、认真的书写作学生的表率,在潜移默化中促进学生良好书写习惯的养成。要把学生的写字习惯、基本的写字技能,作为评价教师教学水平、学校办学水平的一个方面。

4. 下面的观点,您是否赞同?

西方"笔迹学"(1987 年由法国人米松首先提出的)专门对书写字母的线条、形式、大小、笔势、连接、方向、字距、签名字体进行研究,从而捕捉书写者的有关信息。一般地说,书写龙飞凤舞,气势磅礴者,性格放任浪漫;字迹清晰整齐拘泥者,性格谨慎纤弱;字小而清楚,是有耐心和观察力的表现;杂乱无章者,则是性格粗鲁的表现;字端正,性格也庄重;字潦草,性格也马虎;书写苍劲浑厚,性格也老成持重;书写流畅潇洒,性格也开朗豁达。当然,如果一向书写工整的人突然字迹潦草,那就意味着他此时心烦意乱。

笔迹分析的基本内容

书面整洁情况:书面干净整洁者,书写者举止高雅,穿着较讲究,衣服干净整齐,较注重自己的仪表和形象,并多有较强的自尊心和荣誉感。如书有多处涂抹现象,说明书写者可能有着穿着随便、不修边幅、不拘小节等性格特征。

字体大小情况:字体大,不受格线的限制,说明书写者性格趋于外向,待人热情,兴趣广泛、思维开阔,做事有大刀阔斧之风,但多有不拘小节、缺乏耐心、不够精益求精等不足。字体小,性格偏于内向,有良好的专注力和自控力,做事耐心、谨慎,看问题比较透彻,但心胸不够开阔,遇事想不开。字体大小不一,说明书写者随机应变能力较强,处事灵活,但缺乏自制力。

字体结构情况:结构严谨,书写者有较强的逻辑思维能力,性格笃实,思虑周全,办事认真谨慎,责任心强,但容易循规蹈矩。结构松散,书写者发散思维能力较强,思维有广度,为人热情大方,心直口快,心胸宽阔,不斤斤计较,并能宽容他人的过失,但往往不拘小节。

笔压轻重情况:笔压重,书写者精力比较充沛,为人有主见,个性刚强,做事果断,有毅力,有开拓能力,但主观性强、固执。笔压轻,书写者缺乏自信,意志薄弱,有依赖性,遇到困难容易退缩。笔压轻重不一,书写者想象思维能力较强,但情绪不稳定,做事犹豫不决。

书写速度情况:如全篇文字连笔较多,速度较快,说明书写者思维敏捷,动作迅速,效率较高,但有时性急,容易感情冲动。如笔速较慢,说明书写者头脑反应不是很快,行动较慢,但性情和蔼,富于耐心,办事讲究准确性。

字行平直情况:字行平直,书写者做事有主见,只要自己认定的事,一般不为他人所左右。字行上倾,书写者积极向上,有进取精神。这种人常常雄心勃勃,有远大的抱负,并常能以较大的热情付诸实践。如字行过分上倾,书写者除有上述特征之外,还往往非常固执。字行下倾,书写者看问题非常实际,有消极心理,遇到问题看阴暗面、消极面太多,容易悲观失望。字行忽高忽低,书写者情绪不稳定,常常随着生活中的高兴事或烦恼事或兴奋或悲伤,心理调控能力较弱。

通篇布局情况:这要看左右留边空白大小及行与行之间排列是否整齐。左边空白大,书写者有把握事物全局的能力,能统筹安排,并为人和善、谦虚,能注意倾听他人意见,体察他人长处。右边空白大,书写者凭直觉办事,不喜欢推理,性格比较固执,做事易走极端,遇到困难容易消极。左右不留空白,书写者有着很强的占有欲和控制欲,比较自私。行与行之间排列整齐,书写者有良好的教养,正直,不搞邪门歪道;头脑清晰,做事有条不紊,讲究计划性、系统性和程序性;有较强的自尊心、责任感和荣誉感。行与行之间排列不整齐,说明书写者头脑比较简单,条理性较差,做事马马虎虎,缺乏责任感。

5. 试书写一段对话,检验你的速度和准确度。
6. 你能快速阅读并描述下列各图吗?

近视的人可以把男人看成美女!

柱子是圆的还是方的?

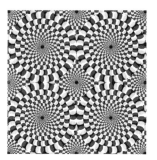

是静的还是动的？
（看则静，不看则动）

究竟是骷髅还是两个美女？

狮子在哪里？

看到什么了？除了树，还有呢？
有没有看到婴儿啊？

请以虔诚的心境，用力注视图形中央的四个黑点30秒，然后闭上眼睛仰头朝上，眼睛再慢慢张开看天花板，你看到了什么？

十二个人，还是十三个人？

附录

附录一 医学领域容易读错的常用字

字	例词	范读	错读	字	例词	范读	错读
B				参	参差	cēn	cān
荸	荸荠	bí	bǒ	差	参差	cī	chā
哺	哺乳	bǔ	pò	痴	白痴	chī	zhī
瘭	瘭疽	biāo	piāo	毳	毳毛	cuì	qiào
瓿	安瓿	bù	pò	瘥	病瘥	chài	chā
檗	小檗碱	bò	yè	搐	抽搐	chù	chū
砭	针砭	biān	fá	猝	猝发	cù	zú
吡	吡啶	bǐ	pī	萃	萃取	cuì	zú
痹	小儿麻痹	bì	pí	处	处方	chǔ	cù
焙	焙烧	bèi	péi	瘳	病瘳	chōu	miù
贲	贲门	bēn	pēn	酢	酢浆草	cù	zhà
卟	卟吩	bǔ	pǔ	腠	腠理	còu	zòu
濒	濒死	bīn	pín	绌	短绌	chù	zhuō
薄	薄荷	bò	báo	瘈	瘈疭	chì	qì
跛	跛腿	bǒ	pō	雌	雌雄	cí	cī
屏	屏气	bǐng	píng	伺	伺候	cì	sì
胞	细胞	bāo	pào	糙	粗糙	cāo	zào
C				怔	怔忡	chōng	zhōng
颤	房颤	chàn	zhàn	臭	臭氧	chòu	xiù
炽	炽燥	chì	shí	撮	撮药	cuō	zuī
卒	卒中	cù	zú	皴	皴裂	cūn	jùn
蟾	蟾酥	chán	zhān	**D**			
偿	代偿	cháng	shǎng	怛	惨怛	dá	dàn
豉	豆豉	chǐ	shī	堕	堕胎	duò	zhuì
唇	唇裂	chún	qún	靛	靛基质	diàn	dìng
痤	痤疮	cuó	zuò	胴	胴体	dòng	tóng
瞠	瞠目	chēng	táng	搭	搭肩	dā	dá
雌	雌激素	cí	cǐ	缔	结缔组织	dì	tì
眵	眼眵	chī	shǐ	膻	膻中	dàn	tán

字	例词	范读	错读	字	例词	范读	错读
酊	碘酊	dīng	dǐng	骺	骨骺	hóu	gòu
髑	髑髅	dú	zhú	诃	诃子	hē	kě
靆	糖靆	dài	gān	**J**			
大	大黄	dài	dà	睑	眼睑	jiǎn	liǎn
E				畸	畸形	jī	qí
腭	腭弓	è	é	艽	秦艽	jiāo	jiǔ
垩	白垩	è	yà	矫	矫正	jiǎo	jiào
F				痉	痉挛	jìng	jīng
氟	氟骨症	fú	fù	胛	肩胛	jiǎ	jià
抚	抚摸	fǔ	wú	疖	疖子	jiē	jié
肤	肤轻松	fū	fǔ	疥	疥疮	jiè	gài
敷	敷料	fū	fù	蓟	大蓟	jì	sū
乏	乏力	fá	fàn	颊	面颊	jiá	xiá
沸	沸点	fèi	fú	咀	咀嚼肌	jǔ	zǔ
腓	腓骨	féi	pái	窘	窘迫	jiǒng	jūn
服	服药	fú	fù	龟	龟裂	jūn	guī
G				疽	坏疽	jū	zǔ
肱	肱骨	gōng	hóng	棘	骨棘	jí	jì
癸	癸二酸	guǐ	kuí	臼	臼齿	jiù	qiú
冠	冠心病	guān	guàn	皲	皲裂	jūn	yūn
骼	骨骼肌	gé	luò	稽	稽留热	jī	qǐ
蛤	蛤蚧	gé	qià	拮	拮抗	jié	jí
汞	汞溴红	gǒng	gōng	革	病革	jié	gé
佝	佝偻病	gōu	gǒu	浸	浸润	jìn	qīn
睾	睾丸	gāo	gǎo	酵	酵母菌	jiào	xiào
杆	杆菌	gǎn	gān	**K**			
栝	栝楼	guā	kuò	咯	咯血	kǎ	luò
夹	夹肢窝	gā	jiā	骷	骷髅	kū	gǔ
铬	嗜铬细胞	gè	luò	渴	口渴	kě	kē
枸	枸杞	gǒu	jù	眶	眼眶	kuàng	kuāng
H				卡	卡介苗	kǎ	qiǎ
骸	尸骸	hái	hài	廓	胸廓	kuò	guō
踝	踝关节	huái	kē	芤	芤脉	kōu	kǒng
肓	膏肓	huāng	máng	括	括约肌	kuò	guā
痪	瘫痪	huàn	huò	抠	抠出	kōu	òu
褐	褐色	hè	è	髋	髋骨	kuān	kuà
颌	下颌	hé	hàn	窠	窠臼	kē	cháo

字	例词	范读	错读	字	例词	范读	错读
髁	内（侧）髁	kē	huái	凝	凝固	níng	yíng
看	看病	kàn	kān	嫩	鲜嫩	nèn	lèng
颏	颏孔	kē	hài	溺	便溺	niào	nì
馈	负反馈	kuì	guì		P		
龛	龛影	kān	kàn	盘	胎盘	pán	pó
亢	亢进	kàng	kāng	脾	脾脏	pí	pǐ
窥	内窥镜	kuī	guī	胚	胚胎	pēi	pī
	L			毗	毗邻	pí	bǐ
氯	氯霉素	lǜ	lù	脯	胸脯	pú	fǔ
楝	楝皮	liàn	jiǎn	疱	疱疹	pào	bāo
瘌	瘌痢	là	cì	癖	异癖症	pǐ	pì
瘰	瘰疬	luǒ	lěi	朴	厚朴	pò	pǔ
胴	胴纹	luó	wō	炮	炮制中药	páo	pào
酪	干酪	lào	luò	胼	胼胝体	pián	bìng
卵	卵巢	luǎn	luǒ	蹒	蹒跚	pán	mǎn
蝲	蝲蛄	là	cì	珀	琥珀酰胆碱	pò	báo
肋	肋骨	lèi	lè		Q		
裸	裸露	luǒ	kē	脐	肚脐	qí	jì
落	落枕	lào	luò	荨	荨麻疹	qián	xún
挒	挒伤	liè	lì	杞	枸杞	qǐ	jǐ
敛	收敛	liǎn	liàn	芪	黄芪	qí	sì
络	经络	luò	lè	倾	倾倒	qīng	qiōng
苓	茯苓	líng	lìng	氰	氰化钾	qíng	qīng
罹	罹病	lí	luó	龋	龋齿	qǔ	yǔ
	M			茜	茜草	qiàn	xī
眸	双眸	móu	méi	髂	髂骨	qià	kè
谧	安谧	mì	yì	憔	憔悴	qiáo	jiāo
脉	搭脉	mài	mò	祛	祛疾	qū	qù
泌	分泌	mì	bì	穹	穹窿	qióng	kōng
娩	分娩	miǎn	wǎn	壳	枳壳	qiào	kē
	N			嵌	嵌顿	qiàn	kān
衄	鼻衄	nǜ	niū		R		
酿	酿酒	niàng	rǎng	蠕	肠蠕动	rú	rǔ
搦	搦搦	nuò	nì	妊	妊娠	rèn	rén
疟	疟疾	nüè	yào	润	湿润	rùn	rèn
蛲	蛲虫	náo	ráo	桡	桡骨	ráo	náo

续表

字	例词	范读	错读	字	例词	范读	错读
S				膝	膝关节	xī	qī
数	频数	shuò	shù	询	查询	xún	xùn
虱	虱子	shī	sè	霰	霰粒肿	xiàn	sǎn
宿	宿疾	sù	xiǔ	斜	斜方肌	xié	qià
缩	缩砂密	sù	suō	眩	目眩	xuàn	xuán
髓	骨髓	suǐ	suí	芎	川芎	xiōng	qióng
噬	吞噬	shì	wū	楔	楔骨	xiē	qì
殖	骨殖	shi	zhí	薤	薤白	xiè	jiǔ
螫	虫螫	shì	zhē	行	阴阳五行	xíng	háng
搔	搔痒	sāo	náo	癣	牛皮癣	xuǎn	xiǎn
摄	X光摄片	shè	niè	淆	混淆	xiáo	yáo
枢	中枢	shū	qū	纤	肌纤维	xiān	qiān
腧	腧穴	shù	yú	痫	癫痫	xián	jiān
吮	吮吸	shǔn	yǔn	械	医疗器械	xiè	jiè
遂	半身不遂	suí	suì	屑	鳞屑	xiè	xiāo
娠	妊娠	shēn	chén	絮	絮状物	xù	rú
T				囟	囟门	xìn	lǔ
剔	剔牙	tī	cì	氙	氙气	xiān	shān
吞	吞咽	tūn	tèng	弦	弦脉	xián	xuán
涕	鼻涕	tì	dì	莶	豨莶	xiān	qiān
啼	夜啼	tí	tián	酗	酗酒	xù	xiōng
臀	臀部	tún	diàn	莘	细莘	xīn	shēn
蜕	蜕膜	tuì	tuō	缬	缬氨酸	xié	jí
绦	绦虫	tāo	tiáo	峡	子宫峡部	xiá	jiá
唾	唾液	tuò	chuí	Y			
汀	克汀病	tīng	dīng	芫	芫荽	yán	yuán
W				溢	脑溢血	yì	yè
痏	痏疮	wěi	yù	龈	牙龈	yín	gēn
危	危重患者	wēi	wéi	妪	老妪	yù	qū
㖞	㖞斜	wāi	wō	郁	抑郁症	yù	yǒu
腕	手腕	wàn	wǎn	硬	硬脑膜	yìng	gēng
紊	心律紊乱	wěn	wén	噎	哽噎	yē	yī
肟	甲醛肟	wò	wū	熨	熨帖	yùn	yù
X				蕴	蕴含	yùn	wēn
蕈	毒蕈碱	xùn	tán	射	射干	yè	shè
涎	流涎	xián	yán	赝	赝碱	yàn	yīng

续表

字	例词	范读	错读	字	例词	范读	错读
	Z			稚	幼稚细胞	zhì	yǎ
枳	枳壳	zhǐ	zhī	滞	停滞	zhì	dài
灼	灼热	zhuó	sháo	摘	摘除术	zhāi	zhé
术	白术	zhú	shù	鸠	鸠尾穴	zhèn	chén
髭	髭须	zī	cǐ	赭	代赭石	zhě	zhū
汁	乳汁	zhī	jì	胝	胼胝	zhī	dǐ
滋	滋养动脉	zī	cí	龇	龇牙	zī	cǐ
嘱	医嘱	zhǔ	shǔ	拙	呆拙	zhuō	chū
炙	炙甘草	zhì	jiǔ	浊	浊音	zhuó	zhú
渍	污渍	zì	zé	甾	甾类	zāi	zī
趾	趾骨	zhǐ	shí	疭	瘛疭	zòng	cóng
唑	噻唑	zuò	cuò	赘	赘生物	zhuì	áo
瘵	痨瘵	zhài	jì	缜	缜密	zhěn	shèn
栀	栀子	zhī	ba	滓	渣滓	zǐ	zé
窒	窒息	zhì	shì	粘	肠粘连	zhān	nián
肘	肘关节	zhǒu	cùn	跖	跖骨	zhí	shí
脂	脂肪	zhī	zhǐ	砧	砧骨	zhēn	zhàn
眦	内眦	zì	cǐ	颤	寒颤	zhàn	chàn
脏	内脏	zàng	zāng	潴	潴留	zhū	chǔ
藏	藏红花	zàng	cháng				

附录二 医学领域容易写错的常用字

字	例　词	错别字	字	例　词	错别字
A			喋	喋呤	蝶
癌	乳腺癌	疝	带	带菌	伄
氨	氨基比林	安	杜	杜冷丁	度
嗳	嗳气	爱	断	断层	段
碍	障碍	阂	骶	骶骨	底
B			蛋	蛋白	旦
鼻	鼻塞	毕	跌	跌打损伤	趺
痹	小儿麻痹	痹	导	导管	孕
襞	胃皱襞	壁	袋	冰袋	伄
斑	红斑狼疮	班	带	绷带	代
苄	氨苄青	卞	**F**		
瓣	瓣膜	办	妨	妨碍	防
辨	辨证论治	辩	废	残废	废
扁	扁桃体	偏	肺	肺活量	肺
薄	苔白薄	簿	副	副作用	付
搏	脉搏	博	风	麻风病	疯
贲	贲门	喷	辐	辐射	幅
C			附	附睾	付
察	临床观察	纹	茯	茯基	伏
弛	松弛	驰	腹	腹膜	肤
测	测量	侧	辅	辅助检查	补
偿	代偿	赔	富	丰富	实
传	传染	傅	**G**		
绌	脉搏短绌	拙	绀	紫绀	甘
肠	肠道	肪	睾	睾丸	皋
餐	午餐	歺	感	感染	丢
疮	疮疤	疮	膈	横膈	隔
创	创伤	刽	格	体格检查	骼
长	长期	常	骼	骨骼	胳
成	成形	呈	冠	冠心病	冠(寇)
D			管	食管	菅
疸	黄疸	胆	构	人体构造	枒
楝	川楝子	棟	钩	钩虫	钓
窦	窦道	窒	**H**		
苔	苜苔	荟	弧	弧菌	孤

续表

字	例　词	错别字	字	例　词	错别字
肓	膏肓	盲	阑	阑尾	兰
盒	药盒	合	力	心力衰竭	律
恢	恢复	回	蓝	美蓝	兰
含	含片	舍	梨	梨状窝	犁
候	征候	侯	敛	收敛	欽
喉	咽喉	猴	茛	莨菪	莨
恍	恍惚	晃	链	链霉素	连
惚	恍惚	忽	列	前列腺	裂
	J		量	药量	易
界	心界	介	临	临床	临
棘	棘突	棘	蜡	石蜡	腊
忌	禁忌	忌	芩	黄芩	苓
痫	癫痫	痫	鳞	鳞癌	磷
碱	胆碱	矸（硷）	瘤	肿瘤	痛
检	体检	杆	裸	裸体	裸
建	建立	建	啰	啰音	罗
腱	肌腱	健	氯	氯霉素	氮
筋	筋膜	筯	律	心律不齐	率
脚	手脚	脚	卵	卵巢	卯
浆	糖浆	酱	挛	痉挛	挛
疖	疖肿	痔		M	
结	窦房结	节	脉	脉搏	眿
解	解剖	介	密	密闭	蜜
睑	倒睫	睑	慢	慢性胃炎	忄
经	神经病	精	靡	萎靡	糜
灸	针灸	炙	貌	面貌	狐
镜	显微镜	鉼	模	模糊	煤
径	直径	经	糜	糜烂	靡
酒	酒精	汛	蔓	蔓延	漫
菌	细菌	苗	绵	海绵体	棉
	K		弥	弥漫	迷
咯	咯血	咳（喀）	面	面貌	百
溃	胃溃疡	溃	鸣	耳鸣	呜
括	包括	刮	棉	石棉	绵
	L		霉	氯霉素	梅（枚）
龄	年龄	令		N	
栗	起栗	粟	囊	胶囊	束

续表

字	例词	错别字	字	例词	错别字
腻	口腻	肚	肾	肾脏	贤
凝	凝血	沈	输	输血	轫
疟	疟疾	疟	熟	成熟	热
P			栓	栓塞	拴
疱	大疱	泡	暑	中暑	署
脾	脾脏	皮	梢	末梢	稍
膨	膨胀	澎	漱	漱口	嗽
朴	厚朴	扑	衰	衰竭	衷
萄	葡萄糖	芍	**T**		
炮	炮制	泡	停	停止	仃
频	尿频	濒	绦	绦虫	涤
陪	陪客	倍	糖	糖尿病	矿
瓶	引流瓶	并	秃	秃顶	秃
Q			蜕	蜕膜	脱
痊	痊愈	全	**W**		
芪	黄芪	芪	萎	萎缩	瘘
芩	黄芩	苓	痿	阳痿	萎
签	标签	杆	围	围产	囲
抢	抢救	抡	网	网膜	冈
庆	庆大霉素	庆	窝	心窝	窝
嵌	嵌顿	欣	恶	恶寒	务
髂	髂骨	髂	污	污垢	汚
R			**X**		
茸	鹿茸	茸	徙	迁徙	徒
茹	竹茹	筎	膝	膝盖	膝
染	感染	染	隙	空隙	隙
韧	韧带	韧	效	无效	効
绒	绒毛	绒	囟	囟门	卤
S			像	图像	象
丧	丧失	丧	胸	肺胸	胸
瘙	皮肤瘙痒	搔	癣	足癣	鲜
算	计算机	标	酗	酗酒	汹
嗽	咳嗽	嗽	悬	悬雍垂	县
锁	锁骨	琐	形	形状	型
诉	主诉	诉	**Y**		
粟	罂粟	栗	盐	生理盐水	盐
遂	半身不遂	逐	原	原因	厉

附录二 医学领域容易写错的常用字

续表

字	例 词	错别字	字	例 词	错别字
厌	会厌	庆		Z	
验	检验	骀	脏	心脏	胀
液	黏液	汇	藏	藏而不泻	芷
遗	遗传	遣	躁	烦躁	燥
意	注意	忌	增	增生	坛
吟	呻吟	哈	整	整齐	奎
荧	荧光	萤	摘	摘除	摘
罂	罂粟	婴	诊	诊断	疹
影	造影	彬	疹	皮疹	诊
游	游走	逰	征	征候	怔
淤	(瘀)淤血	郁	栀	山栀	枝
延	延髓	廷	折	骨折	拆
原	致热原	源	胝	胼胝体	胝
衍	衍生物	衔	炷	艾炷灸	柱
幼	幼稚细胞	幻	趾	足趾	指
雍	悬雍垂	壅	稚	幼稚	雅
预	预防	予	赘	赘生物	坠
原	抗原	元	燥	燥热	躁
圆	卵圆孔	园	振	振水音	震
晕	晕海宁	荤	震	震颤	振
应	变态反应	映	谵	谵妄	沾
孕	怀孕	孕	正	正骨	整
疣	扁平疣	疣	绽	破绽	锭

附录三　影得学习法

一、"影得"简介

1. 关于"影得"

"影得",顾名思义就是看电影,有心得。影视欣赏的宗旨就是看沟通主题电影,谈学习沟通心得。

"影得学习法"引自于西方的一种教育方式 case study(案例教学),这种方式最早起源于哈佛商学院。典型的做法就是拿着 A 公司的例子跟 B 公司一起比较,形象具体,效果更好。"影得"能够为困惑的职场人士奉献启迪和方法,为企业内部培训呈送工具和素材,为中小企业构建组织学习框架,为企业、学校配套精彩的内化课程。"影得"学习法是一种优秀的学习法。美国哈佛大学和宾夕法尼亚大学都在推广这一学习方法。

2. "影得"的两个理念、三个特点、四个因素、五个宗旨

两个理念:在工作中看电影,在电影中看工作;让娱乐多一分思考,让工作多一分精彩。

三个特点:①学习效率高,理论讲解寓于电影,轻松讲透,用于学习的时间是通常学习时间的三分之一;②图文并茂,学习轻松;③深刻理解,经久不忘,学习效果明显。

四个因素:实践证明,高效组织学习的四个关键要素是学习状态、学习内容、学习系统、学习技术。

五个宗旨:因生动而吸引、因吸引而思考、因思考而感悟、因感悟而行动、因行动而改变形成五个宗旨,形成一个学习、思考、行动的认识——实践循环,在这个循环当中掌握知识和理念,改变行为和习惯。

二、沟通主题电影推荐

1. 后来的我们;2. 朗读者;3. 心灵捕手;4. 风雨哈佛路;5. 社交网络;6. 少年时代;7. 妮尔的芳心;8. 蒙娜丽莎的微笑;9. 千里走单骑;10. 通天塔;11. 钢琴课;12. 摩登时代;13. 穿普拉达的女王;14. 对她说;15. 心灵点滴;16. 国王的演讲;17. 义海雄风。

附录四 人际沟通英文词汇索引

A

authentication information 验证信息
active listener 主动倾听者
attitude 态度

B

belief 信念
boundary language 界域语
body movement(kinesics) 身体动作(身体语言学)

C

channel 渠道
check 核实
communication in the interview 面试沟通
communication skill 沟通技巧
complementary and alternative 补充替代
communication 沟通
conflict 冲突
control 控制
content dimension 内容向度
communication competence 沟通能力
critical listening 批判式倾听

D

dispaly of feelings 情感表露
decode 解码

E

emotional quotient 情商
emotional intelligence 情绪智力水平
empathic listening 情感移入式倾听
empathy 移情
encode 编码
etiquette 礼仪
explain 阐释
express emotions 表达情感
expression 表情

external noise 外在噪音

F

face-to-face conversation 面对面交谈

G

general chat 一般性交谈
gesture 手势
group chat 小组交谈
guidance-cooperative mode 指导—合作型模式

I

impersonal communication 非人际沟通
interpersonal network 人际网络
interpersonal communication 人际沟通
indication relationship 显示关系
individual conversation 个别交谈
information factor 信息因素
internet communication 网络沟通
interpersonal relationship 人际关系
interpersonal attraction 人际吸引
interpersonal cognition 人际认知
interpersonal distance 人际距离
interview etiquette 面试礼仪
intrapersonal communication 自我沟通

J

Johari Window 约哈瑞窗口

L

language environment 语言环境
language communication 语言沟通
listening 倾听
linear communication model 线性沟通模式

M

maintenance role 维护角色
mass communication 大众沟通
message 信息

续表

mutual participation mode 共同参与型模式	relational dimension 关系向度
N	receiver 媒介接收者
noise 噪音	reflect 反映
non-face-to-face coversation 非面对面交谈	role 角色
non-verbal communication 非语言沟通	**S**
non-verbal symbol 非语言符号	sender 发送者
P	sign language 手势语
pace 速度	sitting posture 坐姿
paralanguage 辅助语言	situationality 情境性
passive listener 被动倾听者	small group communication 小团体沟通
physiological noise 生理噪音	squatting posture 蹲姿
physical environment 物理环境	standing posture 站姿
pitch 音高	self-concept 自我概念
proxemics 人际距离学	self-disclosure 自我坦露
public communication 公共沟通	**T**
psychological noise 心理噪音	therapeutic communication 治疗性沟通
Q	**V**
quality (of voice) （声音）质量	verbal symbol 语言符号
question 提问	**W**
R	written language communication 书面语言沟通
rate (of speech) （说话）速度	

附录五 《人际沟通》课程标准

第一部分 导 言

一、课程性质和任务

人际沟通是研究人们相互之间交换信息、相互影响和作用的特点及其规律的一门学科。

《人际沟通》作为高等教育的一门必修课程，着重阐述人际沟通理论在学习生活和工作中的实际运用，并进行相应的沟通能力训练。其任务主要是培养学生良好的协作精神和沟通态度，提高人际沟通的能力，和谐人际关系。

二、课程基本理念

《人际沟通》课程的开设，为进一步探索并建立良好的职业性人际关系提供了便利。其要义在于确立"以人为本"的宗旨，全面推进人的现代化、社会化的综合素质进程。

1. 快乐沟通，成功沟通

即在沟通中体验快乐，在沟通中分享成功。《人际沟通》课程的核心是如何掌握并运用语言和非语言技巧，创造和谐的人际关系。因此，如何改进人际沟通技能将贯穿全书始终。本书编写和教学凸显"学生主体、能力目标、任务训练"的宗旨。对于老师来说，要秉承"教是为了不教"的观念；对于学生来说，要坚持"考是为了不考"的信念。师生生活化地、创造性地分享人际沟通，营造"在快乐中沟通，在沟通中分享快乐"的氛围，让学生置于"三位一体"的情境中，即学生在课堂中既是观众、演员，又是导演，在学中做、做中学、做中教，这样，教学过程就是师生将教材这一"脚本"的艺术创作成果，定格于特定荧幕的"课堂"；教材也就成为教本、学本、练本"三本合一"的综合体。

2. 学生主体，实战实用

即构建以学生为主体的教学体系，作为教材/读物必须回答"学生怎样学"，必须帮助教师"如何生活化地传授沟通的概念和原理"，让学生好学，教师好教；构建人际沟通的训练体系，注重实用，力戒"说教型"，力主"教练型"，重点突出如何理解与实践，而不在于检验人际沟通的理论模型，最大限度地调动教与学的积极性。教学地点就不局限于课堂，社区、医院、车站、码头都是教学活动的场所。

三、课程设计

全面科学构建学科框架、理论体系、知识体系、基本概念。

本书分为五大知识论域：谁在沟通？沟通内容？如何沟通？沟通形式？沟通目的？与之相对应的是五大知识模块——沟通的主体是人，沟通的内容是信息，沟通的手段是语言和非语言,沟通的形式是听、说、读、写(倾听、交谈与演讲、阅读与书写)、沟通的目的是交流信息与和谐人际关系。

全书共分九章。其内在的逻辑体系表现为:第一章沟通概论,第二章人际沟通,前两章为总分关系;第三章人际关系,与第二章为手段、目的关系;第四章言语沟通,第五章非语言沟通,这两章是人际沟通的具体手段;第六章倾听,第七章交谈,第八章演讲,第九章阅读和书写,这四章是人际沟通的表现方式。

第二部分 课程目标

第一章 沟通概论

认知目标

1. 解释沟通的含义和特征。
2. 识别沟通的过程、要素。

能力目标

1. 举例说明沟通的特点和功能。
2. 客观评估自身的沟通能力。
3. 运用沟通的知识原理,与陌生人进行一次沟通实践。

情感目标

1. 认识沟通的重要性。
2. 树立敢于沟通的意识。

第二章 人际沟通

认知目标

1. 解释人际沟通的含义。
2. 分析人际沟通的特征。

能力目标

1. 正确运用移情和情商,和谐人际关系。
2. 恰当运用自我暴露和自我概念,建立人际关系。
3. 利用内向性格和外向性格的积极影响,完善自己的性格。
4. 积极应对网络沟通对人际沟通的消极影响。

情感目标

1. 在人际沟通中认识人际信任和约哈瑞窗的重要性。
2. 在人际沟通中认识理解他人的重要性。

第三章 人际关系

认知目标

1. 解释人际关系的含义、因素、特点。
2. 说明人际关系三个因素之间的内在联系。

3. 了解人际关系的相关理论。

能力目标

1. 正确运用人际行为模式,建立和巩固人际关系。

2. 科学应用控制程度,和谐人际关系。

3. 应用自我辩解理论和PAC角色理论,正确处理人际冲突。

情感目标

感受人际吸引规律的好人缘的品质。

第四章 言语沟通

认知目标

1. 识别语言和言语的区别与联系。

2. 了解言语沟通类型和言语沟通功能。

能力目标

1. 运用言语沟通的原则,尝试与不同的人进行沟通。

2. 在与人交往中表现出言语沟通的综合艺术素养。

3. 按照言语沟通的要求,评估自己的言语能力和言语修养。

情感目标

在人际沟通中表现出高尚的言语修养和审美品位。

第五章 非语言沟通

认知目标

1. 识记非语言沟通的三种方式。

2. 辨别非语言沟通的类型。

3. 了解非语言沟通的特点和作用。

能力目标

1. 正确运用非语言进行有效沟通。

2. 在非语言沟通中展示良好的形象。

情感目标

在非语言沟通中表现出得体的态度和行为修养。

第六章 倾听

认知目标

1. 了解倾听的过程。

2. 认识倾听的重要性。

能力目标

评估自己的倾听水平,克服倾听障碍,确保有效倾听。

情感目标

确立善于倾听是人际沟通的重要品德的理念。

第七章　交谈

认知目标

1. 了解交谈的含义和特点。
2. 熟悉交谈的过程。
3. 认识交谈的重要性。

能力目标

运用提问艺术和核实技巧,进行交谈实践。

情感目标

初步养成良好的交谈态度,遵守交谈的规范。

第八章　演讲

认知目标

1. 识别演讲与交谈的联系与区别。
2. 了解演讲的过程与特点。
3. 分析演讲三要素之间的联系。

能力目标

1. 正确选择运用演讲类型。
2. 撰写一篇演讲稿。
3. 开展一次演讲活动,并进行评估。

情感目标

在撰写演讲稿和展示演讲中,体会人际沟通的乐趣,激发热爱生活、敢于沟通、乐于沟通的美好情感。

第九章　阅读和书写

认知目标

1. 了解阅读的过程。
2. 识别阅读的方法。
3. 熟悉阅读能力的构成。
4. 识记书写的要素。
5. 熟悉书写的功能。

能力目标

1. 运用阅读效率原理,提高阅读速度与阅读质量。
2. 按照书写技能要求,提高书写质量与书写速度。

情感目标

1. 初步养成正确阅读、热爱阅读、快乐阅读的情感。
2. 初步养成热爱祖国语言文字、正确使用语言文字的情感。

第三部分 课程实施建议

一、学时安排

篇　章	内　　容	学时	理论	实践
第一章	沟通概论	3	2	1
第二章	人际沟通	4	2	2
第三章	人际关系	4	2	2
第四章	言语沟通	4	2	2
第五章	非语言沟通	4	2	2
第六章	倾听	3	2	1
第七章	交谈	4	2	2
第八章	演讲	6	3	3
第九章	阅读和书写	4	2	2
合　计		36	19	17

二、活动建议

本课程是一门实践性很强的课程。教学活动除理论讲授外,主要采取讨论、模拟、游戏、角色扮演、影视赏析等强化能力训练,并通过直接观察能力训练和沟通实践等方式做出评价。

三、评价和考核

1. 评价目的

评价的目的在于体现快乐沟通、成功沟通的激励功能,既是为了确认学生学习进度和水平以及教师教学的效果,也是为调节和控制教学过程提供决策的依据。

2. 评价原则

学习评价必须遵循本课程标准的基本理念。评价既注重结果,更注重过程,特别强调学生参与评价的积极性。

3. 评价方式

在评价过程中,要通过学生自主评价、小组或班级的集体评价、教师的导向性评价等方式,充分发挥学生主体在评价中的作用。

4. 评价标准

学生"学"的评价,分为认知评价、情感评价、能力评价。认知评价主要包括了解和理解两个层次。"了解"是指知道有关的知识和原理,能够再认或再现;"理解"是指对有关知识和原理能较全面、较深入地把握。情感评价主要是评价学生不良情感、观念的变化情况,正确情感观念的体验和内化情况,以引导学生积极进步。能力评价分为"分析判断""参与践行"两个层次。其要求是在理解的基础上,能运用所学知识,分析判断社会生活有关沟通现象,并能在沟通实践活动中解决实际问题。

参 考 文 献

[1] 阿德勒. 沟通的艺术[M]. 北京:北京联合出版公司,2017
[2] 斯图尔特. 沟通之桥[M]. 北京:北京大学出版社,2017
[3] 董天策. 传播学导论[M]. 成都:四川大学出版社,1995
[4] 戴维·丰塔纳. 实用社交技巧[M]. 胡新和,等译. 北京:生活·读书·新知三联书店,1996
[5] 尼基·斯坦顿. 沟通圣经[M]. 北京:北京联合出版公司,2015
[6] 张国良. 传播学原理[M]. 上海:复旦大学出版社,1995
[7] 申明,郭小龙. 管理沟通[M]. 北京:企业管理出版社,1997
[8] 李元授. 交际心理学[M]. 武汉:华中理工大学出版社,1997
[9] 黄华新,朱法贞. 现代人际关系学[M]. 杭州:浙江大学出版社,1995
[10] 胡旋. 卡耐基成功之道全书[M]. 沈阳:沈阳出版社,1996
[11] 秦朔. 传播成功学[M]. 广州:广州出版社,1998
[12] 陈道德. 传播学教程[M]. 武汉:武汉测绘科技大学出版社,1996
[13] 肯·白克凯特·白克. 乐在沟通[M]. 顾淑馨,译. 广州:中山大学出版社,1999
[14] 王家瑾. 人际沟通[M]. 重庆:重庆出版社,1999
[15] 桑德拉·黑贝尔斯,威沃尔. 有效沟通[M]. 李业昆,译. 北京:华夏出版社,2002
[16] 黄陈碧苑,廖卢慧贞,文锦燕. 交往技巧的运用与分析[M]. 北京:清华大学出版社,2005
[17] 罗宾斯,亨塞克. 交往技巧与能力训练[M]. 刘中显,等译. 北京:电子工业出版社,2005
[18] 贾启艾. 护理文化[M]. 北京:人民卫生出版社,2005
[19] 贾启艾. 护士职业化[M]. 南京:东南大学出版社,2014
[20] 克雷格·柯伯格,马克·柯伯格. 改变自己,改变世界[M]. 顾大僖,等译. 上海:学林出版社,2013

后　记

1997年卫生部把《人际沟通》作为中等护理专业的必修课程，拟出了《人际沟通》的大纲，召开相关人员的研讨会。当时，人们对该门学科性质了解甚微。我作为江苏省这门课程的唯一参与者，对此也是说不出子丑寅卯。邀我参加，是源于我在1992年由国家教委教材条件装备司批复东南大学出版社出版的《护士用语及写作技巧》，书中提及护患沟通的问题。教师的责任感和使命感，迫使我着手研究这一课题。一年多时间，拿出《人际沟通》讲义，然后又在校内试用一年多；承蒙东南大学出版社厚爱，2002年7月出炉，赶上秋季开学用书。现在看来，这本《人际沟通》应该是国内较早的有关这方面的著作，比起卫生部2004年8月的统编教材《护理人际沟通》，整整早了4年。

《人际沟通》在全国发行很看好，2005年底，东南大学出版社朱珉编辑建议我修订《人际沟通》，我用4月的时间，在2006年4月赶出了《人际沟通》第2版，作为21世纪高等学校教材。3年多来，朱珉编辑告诉我，教材发行"相当地好"，经济效益和社会效益"双丰收"。我也告诉她，《人际沟通》获得了淮安市政府哲学社会科学进步奖3等奖，江苏联合职业技术学院教学成果2等奖。

《人际沟通》能走得这么远，这么好，我必须感谢读者对我的关爱。在《人际沟通》课上，我的学生建议，将《人际沟通》的适用范围再扩大些，让更多的人受益。有鉴于此，我用一年多时间，修订了《人际沟通》第4版。

《人际沟通》第4版的最大特色在于，适宜读者的广泛性，学习方式的灵活性，学习过程的愉悦性，学习效果的显著性。

让我们在阅读《人际沟通》第4版过程中，分享沟通的快乐，体验这些特色，我愿倾听您的感受：电子邮箱 jqahywx@sina.com；QQ304868298；微信号 jqahywx。

贾启艾
2018年12月